中公文庫

さまよえる湖

スヴェン・ヘディン
鈴木啓造訳

中央公論新社

序　言

二年前、『大馬《ターマー》の逃亡』の序言のなかで、わたしは、中国政府に服務して、一九三三年から三五年にかけてアジアの内奥部で行うことを許された探検を、三部作に書きあげるというプランを持っている、と書いた。『大馬《ターマー》の逃亡』は一九三五年の秋に、『シルク・ロード』は一九三六年に出版された。本書でもって三部作は完結する。

本文のさし絵は一部分は鉛筆書きのスケッチに基づいてあとから仕上げ、一部分は探検のあいだにその場で描いたものである。終りの二章には、比較のために一八九六年から一九〇一年にかけてのさし絵をつけた。これらはすでに『中央アジア旅行の科学的成果』[*1]において公けにしたが、一般社会向けの著書にはまだしていない。

写真は同僚のフンメル[*2]、陳《チェン》[*3]、ベリマン[*4]、尤《ヨウ》[*5]、龔《コン》[*6]、アンボルト[*7]によるものである。彼らが本書に自由に使わせてくれたので、数多くの写真をそえることができたのをありがたく思っている。

今回スウェーデン政府および国会の寛大な援助のおかげで、一九二七年から三五年にかけて行われたわれわれの探検に関する一連の科学的研究が出版されるが[*8]、それらのうち、ノーリン[*9]、ヘルナー[*10]とわたしが書いたロプ・ノール地域の詳細にわたる叙述もまた刊行される。それには、今まで全く地図に描かれたことのないこの土地の地図も、当然載せなければならない。本書に付した地図は単に暫定的なものと考えていただきたい。次の書物にはベリマンの編集によるロプ・ノールの墳墓発掘およびその他の新疆《シンキャン》における考古学的コレクションが載る。この著作は明年春に出版されることになっている。

終りに、『さまよえる湖』の校正と作製に協力してくれたフォルケ・ベリマンに感謝の意を表する。

一九三七年九月三〇日、ストックホルムにて

スヴェン・ヘディン

目次

さまよえる湖

一　ロプ・ノールへの旅立ち

　一九三四年の復活祭（四月一日、日曜日）はわれわれの重大な日のひとつになった。というのは、われわれはコルラにおける一か月間の監禁[*1]から解放されたのだ。馬仲英《マーチュンイン》[*2]つまり大馬《ターマー》はそのトンガン人[*3]の部隊とともに敗北を喫し、西方へ逃げてしまった。勝ち誇った北方軍――ベクティエフ将軍[*4]指揮下の赤色白色ロシア人、モンゴル人、中国人たち――はいまや東トルキスタン[*5]の小さな町の支配者となった。ベクティエフの通知によれば、新疆《シンキャン》[*6]督弁の盛世才《ションシーツアイ》[*7]は、われわれが東方ロプ・ノール付近の砂漠地帯にまで引きさがり、二か月したら主都ウルムチ[*8]へ行ってよい、と提案したということである。トンガン人の敗残兵や匪賊《ひぞく》のために、そのあたりはまだ道中不安であった。

　督弁はロプ・ノールのことなどまだ一度も聞いたことがないのはたしかであって、その決定を、われわれ、とくにわたしがいかに喜んだかをご存知なかった。わたしは二千年前に花開き、またさまよえる湖がタリム河の最下流といっしょに一九二一年にもとの湖床に戻ってきた地方[*9]を、もう一度見たいと熱望していたのである。

　三月末の何日かを、われわれは朝から晩まで、新しい軽テントを縫ったり、村で手に入れることのできる食糧品――小麦粉、米、卵《たまご》など――を買い入れ、分類して積みこんだり、自動車を修理したり、余ったガソリンを積んだり、また最後に自分たちのものを荷作りしたりして、せっせと働いた。必要ないものは、前にわれわれが入っていた牢獄《ろうごく》*10のなかの封印した空部屋に残した。同じくこわれたトラックも、われわれが帰って来るまで兵隊の監視下に置いてもらうことにした。

かなり大きな冒険にふみ出す際にはいつもそうだが、最後の瞬間まで片付かないこまごましたことがいっぱいあるものだ。仕立屋、指物師、鍛冶《かじ》屋たちが勘定書を持ってくる。われわれが気前よく品物を買入れると聞いて、あたりの村々から農民がやって来る。まだシャベルやバケツや銅の缶《かん》などがいくつか足りない。時間が経ち、出発できるようになったときには、もう正午を過ぎていた。中庭の門が開かれた。それは低い灰色の粘土《ねんど》の塀《へい》と家並みとのあいだにある狭い道に面していた。大勢の野次馬のそばを、ずっしりと荷を積んだ車がゴトゴト騒音をあげてほこりの中へと走り出した。

戦時中、大多数の民間人が平和な土地を探しているようなとき、灌漑《かんがい》用水路のことに気をかけるようなものなどひとりもいない。そのため、今では街道《かいどう》に水があふれているところもあった。三台のトラックが轟音《ごうおん》をあげて走って行くと、車輪のまわりで水しぶきがあがった。乗用車《リムジン》は立往生したので、あたりの農家から何人かの農民の力を借り、ロープにたよって引っぱり出さなければならなかった。

三月一一日に、襲撃された記念すべき地点でわれわれは数分間停車し、柳の幹にトンガン人の弾丸がまだ突きささっているのを認めた。さしあたっては小さいもろい木の橋以外、何

荷車にとって全くいやな橋、コルラの南にて。

も危険は迫っていない。その橋は――何とも不思議なことに――われわれの重い積荷をもちこたえた。柳の並木道は終った。最後の農家の前に何人かの女が見えた。それから先は叢林《そうりん》も立木もないステップ帯[*11]であり、不毛の「ゴビ」[*12]を越えて南へと旅は続くのである。

この砂漠の帯は狭く、われわれは再び砂《さ》塵《じん》の雲の中を、障害物の多い、草の生えたやわらかな土地の上をガタガタ走った。たくさんの水路のそばを通ったが、二、三のものはかなり大きかった。ひとつの橋はトラックが乗ったらたわんだので、この危ない代物《しろもの》をまっすぐに直すのに少々時間を要した。夕暮に、今はわずかなトルコ人家族が住んでいるだけの広い村シネガのはずれの家にたどりついた。草木の生えた小さな円錐《えんすい》状の粘土《ねんど》質の丘、まばらな木立、無人のままになっているたくさんの農家などがまじりあっている中を通り抜け、みすぼらしい木の橋がかかっている水路を渡って、われわれは第五二キャンプの適地を探し、かなり大きな灌漑用水路の岸辺に設営した。

シネガとその周辺地域の村の長老――その肩書はトルコ語ではベグ、中国語では郷約《シャンユエ》という――はサイドゥルという名の紳士であった。彼は何でも用立てましょうと申し出た。われわれがヨーロッパと中国からやって来た上品な人間であって、勝手気儘《きまま》に掠奪《りゃくだつ》し、取りあげたものには決して代価を支払うことのない粗暴なトンガン人ではないことが彼には分ったのだ。彼はオアシスのなかで入手し得る大量の小麦粉、米、卵、羊などを調達してくれると約束した。彼はわれわれを満足させようとして、引き受けたことはすべて実行した。

夕方、キャンプが静まるまでには長いことかかった。技師のイエオリ・ゼーデルボム、エッフェ・ヒルと二人のモンゴル人運転手、セラトとジョムチャはいつものように車輛《しゃりょう》を検査して、あちこちに起った故障を直しておかなければならなかった。夜半頃、ギシギシきしむ牛車が数台通り過ぎて、御者のかけ声がしじまのなかに鋭く響いた。家へ帰って行く避難民であった。

翌日、イエオリ、中国人の技師C・C・龔《コン》、コザックのガガーリン[*13]とわたしは乗用車《リムジン》で三二キロ余り南方のコンチェ・ダリア沿いのカラ・クム地方へ予備的な小規模の偵察ドライヴをした。ステップから砂漠への移行地帯は例によって粘土層から成り立っていて、車輪や牛馬のひずめの下でごく微細な粉末に砕《くだ》かれ、自動車が通ると見透《みとお》しのきかない塵雲《じんうん》となって巻きあがった。道の両側には粘土層の丘があって、その上には乏しい草やタマリスク[*14]がまばらに生えていた。この地方で最初に通り過ぎた農家にはポプラの小さな林があった。

この土地が戦争にまきこまれていることははっきりしていた。ここでも農家にはほとんど人の気配がなかった。いろいろと支障は多かったが、金をやったり説得したりして、このごちゃごちゃした道のなかで、尉犂県《ユーリー》[*15]（この地方の中心地でコンチェ・ダリア[*16]のほとりにあり、東トルコ語ではコンチェという）に行く最も良い道を案内してくれる農家の若い娘を見つけた。元気のいい娘だった。「おいでよ」と叫んで、彼女は軽やかに走り出した。われわれはゆっくり注意しながら彼女について行った。この地方で早く走ることは全く不可能だった。ほどなく彼女はしだれ柳の並木道まで案内し、そこで立ちどまって、この並木道がコンチェに通じていると言った。

シネガの年老いた東トルコ人。

この小さな、戦争によって疲弊《ひへい》しきったあわれな村では、人はまだ自動車を見たことがなかったので、二、三〇〇人ほどの全住民がたちまち珍客のまわりに集まった。

衙門《ヤーメン》（役所）への道はさほど苦労せずに分った。そこには中国人のアンバン[*17]すなわち尉犂県《ユーリー》の長官が住んでいた。本街道からかなり離れた場所にあるが、この役所は決して悪いものではなかった。それは普通の中国風スタイルの数戸の木造家屋から成り立ち、それぞれの家屋は小さな四角形の中庭によって互いにへだてられていた。コンチェの全住民を従えて、龔《コン》とわたしが一番奥の中庭の平らな石でできている歩道を歩いてゆくと、アンバン自身が出迎えてくれた。彼はきまじめな、不安気ともいえる表情をした、小柄なやせた蒼白《あおじろ》い男であった。彼が驚いたのもふしぎではない。戦時中にはさまざまなことが起り得るのだ。しかし龔《コン》がその同国人を安心させたので、彼は簡素な応接室へ入るようにわれわれをていねいに招いてくれた。われわれが今度の戦争のあいだに三回もコンチェに出没して掠奪を行ったトンガン人の群の一味ではないことを、喜んでいる様子だった。いずれのばあいにも生きのびるために、彼は砂漠へ逃避しなければならなかったのだ。

　こうした冒険的な体験を思い出したので、彼はわれわれに対してかなり服従的ないんぎんな態度を示したのであろう。われわれの関心や意図について何もたずねなかったし、旅券を見せてくれということさえ全くなかった。まず彼はこう考えたにちがいない。もしわれわれが北方軍に属しているならば、われわれの背後には督弁の盛世才《ションシーツァイ》がひかえている。もしわれわれが大騎兵隊の偵察隊であって、事態がきわどくなりはじめたら、適当な時点に四度目の砂漠逃避をすればよい、と。しかし龔《コン》が如才なく応待したので、わずか数分のうちに彼はわれわれの願いを充たすために権限内のことならば何でもしましょうと約束してくれた。

　カヌーが一ダース必要だとわれわれがいうと、アンバンはこれにくわしい若い東トルコ人を呼んだ。彼は、目下のところコンチェには舟一隻ないが、しかしここから七〇里つまり三五キロメートルのところにあるチョン・ケル（大湖）地方にはきっとあるだろう、と請け合った。たった一昼夜で舟は乗組員と棹《かい》をつけてコンチェにそろう、とのことだ。彼はカヌーを一対《つい》ずつまたは三隻ずつ横木で結びつけ、そのうえに荷物を置くための板を渡すように、と助言してくれた。こうした三隻分の乗物は一五〇〇斤《きん》すなわち九〇〇キロを運搬できるだろう。これに要する板や木も同じくすぐ調達する。食糧品の一部を、河を下って二、三日行程のところに車で送る必要がある。羊については別に心配することはない。羊飼いたちはその群を徳門堡《トメンプ》という地点まで放牧していった。そこで新しい河クム・ダリアがコンチェ・ダリアの旧河床から離れて行くのである。*18

われわれはシネガのキャンプへ帰ろうとして起ちあがった。しかしアンバンは、こんな落ち着かない時期に平和的な気持を抱いた愉快な人びとにめぐり合ったことを明らかに幸せに感じていたので、もっとここに居て質素な夕食を彼とともにしてくれとしきりにせがんだ。断れば彼を傷つけるかも知れないので、われわれは半時間したら戻って来ると約束した。

太陽が沈んで夕闇《ゆうやみ》がひろがる前に、すぐ近くにあるコンチェ・ダリアの左岸へ降りて行きたかった。ボートに適した碇泊《ていはく》地と、新しい湖を発見するための長い河旅の出発点が問題だった。

小さな入江に大きな車輪の車が二台、洗うために水に乗り入れてあり、また馬たちも元気をとりもどす水浴びをしていた。この入江のやや上《かみ》の方で、岸は深みに急にそそり立つ土手となっていた。この地を泊地にえらび、ここに注文したカヌーを四月四日の正午まで繋留《けいりゅう》しておくことにきめた。

わたしは人生のさぐり得ない不可思議な道について思いをめぐらした。わたしは今や再びこの地を眺《なが》めた。一八九六年の春、最初に訪れたこの地を[*19]。その時には、三八年という長い年月ののち、もう一度ここに来るだろうなどとは夢にも思わなかった。

コンチェ・ダリアはここかしこ森や藪《やぶ》におおわれ、鋭く切れこんでいる岸と右岸近くの細長い島のあいだを流れて堂々たる印象を与えていた。たった一隻、こわれたカヌーが半ば水びたしになっていた。自分たちでととのえたちっぽけな船隊に乗り組んで出発し、流れと橈のまにまに、かつてはひどく乾燥していた砂漠を通って、はるか彼方《かなた》の目的地すなわち謎《なぞ》に包まれたさまよえる湖[*20]に到達することをわたしは渇望したのである。

そうするうちにアンバンの役所では夕食の準備ができた。東トルコのごちそう、つまり乾ぶどうを入れ羊のあぶらであげた米のプディング、にんじんとたまねぎ、ピルメン（ねり粉をころもにした細切りの羊肉）、かき卵、羊肉の煮《に》つけなど、本格的なイスラム料理ばかりであって、中国風料理は全くなかった。

食事が終り、われわれは立ちあがって別れを告げた。黄昏《たそがれ》の色が濃くなり、新しい夜がはじまった。イエオリは、ヘッド・ライトなしでも前の轍《わだち》を見つけてそのあとをたどるのはわけもないことだ、と請けあった。しかし、いくらも行かないうちに泥《どろ》にはまりこんで動きがつかなくなり、車をもっと堅い地面の上にもって行こうとつとめたがむだだった。とうとう彼は何人かの農夫を探しに歩いて行かなければならなかったが、彼らはすぐにわれわれを助け出して正しい道へ押し出してくれた。それからはヘッド・ライトをつけ、まもなくこの好運な偵察ドライヴをおえてキャンプに到着した。

四月三日もシネガで過ごした。われわれ水上グループのもの——ダヴィッド・フンメル博士、技師のC・C・龔《コン》、パーカー・C・陳《チェン》、それにわたしと四人のコザックのうちの二人と中国人の召使二人——は雑多な荷物を集めて梱包《こんぽう》した。コックの賈貴《チアコイ》は食糧や炊事《すいじ》道具、食器、予備品などで多忙だった。東トルコ人のイブラヒムは一九二八年にベリマンに仕えたのだが、彼をまた傭い入れた。彼は熟達したカモシカ猟師であった。彼は妻子と舅姑《しゅうとしゅうとめ》をシネガに残してきていたので、給料の一部の前借りを申し出たが、われわれは喜んで許可した。

一五人の食糧二か月分を含む水上用の積荷全部は夕暮に三台の車に積みこみ、これらの車は夜コンチェへ行って、新しい友人つまりアンバンに届け出なければならなかった。四台目の車は翌日同じ道をテント二張、われわれのベッド、炊事用具などを運ぶことになっていた。

夜明けにボート・グループのメンバーは「自動車グループ」に別れを告げた。彼らは内陸の迂回《うかい》路を経て、河のよく知られた屈曲部すなわちサイ・チェケへ現れることになっていたが、そこは一八九六年にわたしが野営したところであった。またここで、ふたつのグループは出会うことになっていた。出会いの特定の時刻はとくにきめておかなかった——陸路も水路もかなりあやふやだったから。最初に到着したグループがもう一方の到着を待つことにした。人の住んでいるところから離れすぎないうちは、お互いに接触を保っておくことが重要であった。カヌー・グループは自動車隊の人びとと別れてしまえば、ひとっ子ひとりいない地域で自分自身を頼りにするしかなくなるのだ。

コンチェでわれわれはすぐにアンバンをたずねたが、彼はわれわれの注文したものはすべて河の岸辺に用意してあると告げて、そこまで案内してくれた。われわれの選んだ乗船場所は、前にくらべていまは全く変ってみえた。そこには六隻の大型カヌーと同数の小型のものが、それぞれ岸辺の土手の斜面に突き立てた橈にしばりつけてあった。そこにはまたカヌー二隻分の幅《はば》にぴったりする長さの板がひと重ねと、もっと長い棒がひと山あった。

一〇人の「スチ」すなわち「水夫」実は「漕ぎ手」をアンバンが紹介してくれた。サディクとハイトとロツィはチョン・ケル出身、サイドゥルとハシムとムサ・アフンはコンチェ出身、サイトとアファイレとアブドラヒムとオスマンとは下流二、三日行程にあるアク・スペ村出身であった。乗組員の長にはサイドゥルを選んだ。

カヌーはタリム河のヤルカンド[*21]下流から終点に至るまでの流域全般で普通に使われている乗物であって、一本のポプラの幹を斧《おの》でくり抜いて作ってある。中くらいの大きさのカヌーは長さ約四メートルであるが、幅が大へんせまいので、ひとりの人間が足をなげ出し、ふなばたを手で支えてやっと舟底に腰をすえることができる。わきにはゆとりが全くない。この乗物の断面は下部がポプラの幹なりに丸くなっているので、水のうえで積荷を移動させるとひっくり返りやすい。しかし漕ぎ手たちは、ノルウェー北部地方の人びとが川で筏《いかだ》流しをするのと同様、舟のあやつり方が確実で熟達している。漕ぎ手はともにまっすぐ立つかまたは坐るかして、幅広い橈で舟を器用にあやつる。急ぐときにはふたりの漕ぎ手を使うが、す

コンチェでカヌーの航行準備をする。

ると舟は水音をたてながら水上を速く滑《すべ》ってゆく。しろうとが急な動きに馴《な》れて身のこなしを合わせ、平衡《へいこう》を保つのを学ぶには数日かかる。

　ところでわれわれは約二か月の水上旅行のあいだ、舟の上で仕事をしなければならなかった。わたしは新しい河クム・ダリアの詳細な地図を作製しようとし、陳《チェン》はその水量、水深、流速、河幅その他多くのことを計ろうとしていた。フンメルの任務は植物と動物とくに鳥類を収集し標本を作ることであった。これに加えて食糧品、テント、ベッド、必要品等の重要な積荷があったのだから、このように揺れるカヌー一隻ずつではひどい目にあうに違いなかった。そのため、乗組員にボートを二隻ずつ結び合わせて中央部に板で甲板をそなえさせた。わたしが空箱の机で仕事をするときには、それぞれのカヌーに片足ずつかけて、甲板の最前部の板に腰をかけた。うしろにはぐるぐる巻きにしたベッドを固くしばりつけて背もたれに用いた。漕ぎ手のひとり、サディクは右側のカヌーのへさきに坐る

わたしの漕ぎ手サディク。

か立つかし、他のひとりのハイトは左側のともにいた。彼らは何日もほとんど間断なく漕ぎつづけたので、橈の力で流れに乗るよりもおおむね早く進んだ。

陳《チェン》は彼のダブル・カヌーを測定に都合のよいようにしつらえ、箱で器具用の低い机をいくつかととのえた。フンメルの乗物はすでに実験室そのままの様相を呈した。技師の龔《コン》は最初のころはわれわれといっしょであって、いつも陳《チェン》と行動をともにしてその測定を助けた。

四隻目のダブル・カヌーは、キリスト教に改宗した中国人で、スウェーデンの伝道所から派遣されたコックの賈貴《チアコイ》と若いコザックのエラシン・ソコレンコが切りまわしていた。彼らは料理用の炉や炊事道具や食糧の一部をかかえていた。もうひとりのコザックはセミレーチエンスク[*22]出身のコンスタンティン・ソロンで、トルコ語、ロシア語、さらに中国語、モンゴル語を話したが、鳥類剝製《はくせい》の標本を作るときにはフンメルの助手になり、大へんな器用さを示した。

グラグラ揺れる丸木舟も、横木と甲板で互いにしっかり結びつけることによって、たちまち揺れず安定よく水に浮かぶのは分りきっている。食糧品がダブル・カヌーには重すぎることがはっきりしたので、積載力のある乗物ふたつに積みこんだが、これらは何と三隻のカヌーをそれぞれ連結してひとつにしたものであった。結局われわれは全部で一四隻のカヌーを買い入れた。この河をずっとロプ・ノールまでも征服しようというこの誇らしい全船隊は、わずか六〇スウェーデン・クローネしかかからなかった。

　これらの準備すべてに丸一日かかったので、岸辺にふたつのテントを張った。われわれの仲間がコンチェのバザールでさらに八〇〇〇斤つまり四八〇〇キロの小麦粉を見つけ出し、これをその夜と翌日とに馬車でアク・スペ村まで運ばなければならなかった。貨物のうち、とくに米、卵、くるみ、ロープ、予備の橈、何本かの長い棒を買い入れた。網やその他の漁具はアク・スペで調達することになっていたが、旅行中一度も必要になったことがなかった。コンチェに来たまずしい農民とか戦争にしぼり取られた商人とかは、買い入れた商品に正直に支払ってくれるお客がとうとう見つかったことを喜んでいた。舟の乗組員つまり「スチ」には一か月に五銀ドルを支払い、その他すべてのものを無料にしてやり、また彼らの家族を養うために一か月分の賃金を前払いした。最後の瞬間にひとり足りないことに気づき、一一人目の「スチ」、コンチェ出身のアパクを傭い入れた。

　夕方おそくなって物見高い人びとの群もやっとまばらになりはじめ、われわれはテントの中で夜の休息にひたることができた。

　翌朝かなり早く出発しようという希望は水泡《すいほう》に帰し、気を遣《つか》わなければならないこまごましたことが、まだ無数にあった。フンメルと陳《チェン》とわたしの舟用のござと日除《ひよ》けを調達した。漕ぎ手たちは自分の持物をもって来て、一隻のダブル・カヌーにしまいこんだ。最後に陳《チェン》は岸辺の高みに坐り、供給者たちに中国の両《リャン》紙幣で支払った。三五両が一銀ドルに相当した。

一九三四年四月五日、すでに午後になってはいたが、そのときすべてが舟に整理して積みこまれて固くしばりつけられ、乗組員も橈を手にして各自の席についた。アンバンを先頭に、その小さな町の住民全部が岸辺で何時間も辛抱《しんぼう》強く待っていた。まだ人間がひとりも入りこんだことのない地方におもむこうとするわれわれの出発を、彼らは目のあたり見たかったのである。こんなことは彼らすべてが生まれてから見たことがなかったし、またなぜわれわれがこんなに法外な食糧品の用意をして新しい河の水路に由って東のかた砂漠のなかへ出かけようとしているのか、理解できるものは誰もいなかった。キャラヴァンといっしょに広く土地を周遊したことのある少数の商人たちは、一三年前に新しくできた河クム・ダリアの流れが甘粛《カンスー》＊23の町敦煌《トンホアン》＊24まで続いているという噂《うわさ》を聞いていた。水流が十分であるかぎり砂漠を通って行くのは楽な事だろうが、しかし流れをさかのぼって帰途につくことができるのだろうか。この問題にいささか触れるについては、もちろん理由があった。けれどもわたしとしては河筋全体を終点まで地図に作るのが主要なことであった。われわれがどうなろうと、それはあとで心配することにした。今では自動車があるし、もし走行できない地形であっても、万一のばあいには常に水と鳥と魚のある河に沿って戻って来ることができるのだ。われわれの旅行には冒険とかけのあわい光がたゆたっていたが、その故にこそまた満足感は高まるのであった。水上旅行もしばらくのあいだはまだ多くの基地がある。大きな冒険は最後の基地から離れたその日の行程から始まるのだ。

岸辺に数人の少年が坐って、掌《てのひら》を丸くくぼませて濁《にご》った河水をすすっていた。

「準備よいか」とわたしは聞いた。

「準備完了！」と答えがかえってきた。

「離岸せよ！」へさきの漕ぎ手サディクは橈を垂直に河に入れて全力を集中し、一方、とものハイトは舟を岸から水中へと押し出した。数回押して、舟は岸から離れて河の中に滑り出し、すぐに流れに乗った。右岸寄りの細長い島は右舷《うげん》に消えた。われわれの航跡に、二隻または三隻を結び合わせたカヌーの列がつづいた。やがてコンチェの小屋や灰色の粘土の家や住民が背後に薄れてゆき、それらの静かな並びから、何人かの切れ切れの叫び声が聞えた。

「フダ・ヨル・フェルズン（お大事に）」と。

二　水上第一日

何とすばらしく、何と壮大なことか！　いかにわたしが耽溺《たんでき》したか、とても言葉で言いあらわせるものではない。まるひと月もトンガン人の軍隊のもとでわれわれは生命をおびやかされ、牢獄《ろうごく》の壁のなかには自由の片鱗《へんりん》すらなかった。現在われわれは荒野の中に居て、好感のもてる二人のコザックに警護されているだけであって、また彼らとしてもこの舟の旅行はきびしい軍務を快く中断することであった。近々のうちに、世界のこの部分に居る最後の人間に訣別《けつべつ》することになろう。またもやわたしはアジアの河のうえで生活を送ることになった。こうした旅行に関して、わたしは忘れがたい貴重な思い出を胸に抱いている。一八九九年、わたしは渡し舟でタリム河の全長を流れくだり、翌年には、当時存在したデルタの湾曲した支流をカヌーで通り、地図を作製した。*1 一九〇七年にはヤク*2の皮を縫い合わせたボートでチベットのブラフマプトラ河*3の上流のツァンポ河に、短かったがしかし忘れがたい、絵のような旅行を企てた。*4 九年後、渡し舟でユーフラテス河をジュラブルスからフェルジアまで一一〇〇キロを下り、*5 一九三〇年には中国のジャンクで灤河《ルアンホ》を熱河《ローホ》から海岸まで下った。*6

　そしていまわたしは再びアジアで牧歌的な河の旅を始めたのだ。しかし、この新たな旅は前のものにくらべてより大きな意義をもっていた。これは水文学《すいもんがく》*7上の、また第四紀*8の地質学上の問題を充足する要石《かなめ》を打ち建てるはずであり、この問題はまた「さまよえる湖」と関連するものであった。それ故、コンチェ・ダリアとその延長であるクム・ダリアの旅は、以前のどの水上旅行よりも興味をそそられ魅惑《みわく》的であるとわたしには思われた。

　われわれは水の上で生活した。水、――それは移動の手段として役立ち、遠い目的地へ不断に近づけてくれるものであった。コンチェ・ダリアの流れはゆるやかに深くなり、気まぐれに曲りくねった河床を、東に向かってねっとりと重々しく流れていた。われわれが旅をしている水路は本流のタリム河にまとまる水系の最も下流の部分であった。われわれは東へ行けば行くほど小さくなってゆく河を滑《すべ》るように進んだ。あと二、三日の行程でタリム河から

ダブル・カヌーに乗っている著者。(フンメル写)

出ている最後の小支流を通過するだろうし、流れを奪い取って本流の水量をより少なくしている沿岸湖や湿地の連続が始まることだろう。

とりわけ、一九三〇年の冬から三一年にかけてのニルス・ヘルナーとパーカー・C・陳《チエン》の旅行によって、われわれは河が敦煌《トンホアン》から三日行程のところまで行っているという見解は誤りであることを知っていた。新しい湖ロプ・ノールがどこにあるか、またクム・ダリアがどこで終っているかについても、われわれは知っていた。問題は、この河がヘルナーや陳《チエン》がデルタ支流を調査したあたりまで舟で行くことができるかどうか、ということであった。四月五日に始めた長い発見旅行の大きな緊張はこの点にあった。

われわれがその上を滑ってゆく灰緑色の水は遠隔の地方から流れ出ていた。この河の水をコップに満たせばのどの渇《かわ》きをいやすことはできるが、しかしこの水の一滴一滴は、小川や支流となってタリム河に集まってくるために、どこで雲から地上へと降りそそいだのかを洩《も》らしてはくれない。パミール[9]やカラ・コルム[10]や西部チベットの永遠の雪原や青く微光を発する氷河に源を発して、奔流《ほんりゅう》はカシュガル[11]・ダリア、ゲズ・ダリア、ラスカン・ダリアを流れてゆく。崑崙《クンルン》の高みから新たな水がカラ・カシュ、ユルン・カシュを通ってコータン・ダリアへと流れてくる。そしてこの河は夏期の二、三か月のあいだはタリム河と合流する。そして天《ティエン》山《シャン》[12]とハン・テングリ[13]はアクス・ダリアによって河の本流へと水を与えている。けれどもわれわれのカヌーの下で音をたてて流れている水の本質的な部分は、われわれが三月上旬にカラ・シャール[14]の町のところで渡ったハイドゥ・ゴル河の水源がある天山《ティエンシャン》の各所に由来している。

われわれがしばらくのあいだ生活しなければならないこの河から汲んだコップ一杯の水を飲むというのは、泉や渓流から飲むのと同じではない。この水には何か全く特別にすばらしいことがあるのであって、この飲物は北、西、南でタリム盆地《ぼんち》をとり囲んでいる最も高い荒れ果てた山岳地帯のいくつかを環状に連ねた地域、すなわち真の内陸アジア、完全な極奥アジアの水の混合を含んでいるのである。このことには間もなく慣れるが、しかし、東へ流れて行く途中でゆっくりと乾《ひ》上ってゆく河の水源地帯を形成しているこの巨大な山岳の世界に思いをはせると、最初のうちは荘厳な感情に包まれるのである。その山々からのあいさつを受け、水を飲んで、氷河や万年雪の境界に接するはるかな山なみに思いをはせるのである。オヴィス・ポリ[15]つまりマルコ・ポーロのいうところの強く弓形にそった角をもった野生の羊が自由に生き、そして岩から岩へと軽やかに跳躍するあの山なみに。岸辺でオロンゴカモシカ[*16]や野生のヤクが神聖な安らぎのなかで草を食んでいる、雪しろ水の流れの響きが聞えるように思われる。チベット人猟師の単調な歌や彼らの銃声の段々と消えてゆくこだまに耳をすます。この河が流れはじめたばかりの地方では野生のロバの群がとびまわり、飢えた狼《おおかみ》におそわれるのであった。キルギス人[*17]やモンゴル人がユルト[*18]を設営した天山《ティエンシャン》の高地の谷にある牧場で、羊の群と羊飼いとがこの水を飲んだのであり、その最後の流れがいよいよ速く東へとわれわれを運んで行くのである。

この流れの源流が永遠に鳴り響く歌をうたいはじめる地方すべてを、わたしは馬やヤクやラクダのキャラヴァンで旅行し、この地とはじめて知りあったのだが、それ以来四四年が過ぎ去った。[*19]それ故わたしがこの新たな旅行を再会と感じ、水面に軽やかにまた静かに踊る渦《うず》を親友とみなしたのも、あながち驚くには足りないことである。ここでわたしは家に居るような満ち足りた感じを抱いたのである。

ああ、君らはムズ・ターグ[*20]の氷河から、タグドゥムバッシュ・パミール[*21]から、わたしが一九〇七年から一九〇八年にかけての冬にチベットを通ってタシ・ルンポ[*22]の僧院都市を目指して死の行進を始めた[*23]あの恐るべき高地からやって来たんだね。わたしの白いラダキ[*24]が君らの氷のように冷たい、身の毛のよだつような河床を通ってわたしをのせて行ったとき、そのまわりでどんなに泡《あわ》だちとどろいたか、おぼえているだろうか。

タリム河は他のほとんどの河と同様、その運命はさまざまな段階において人生に似ている。

最初は子供らしく、高い山なみの苔《こけ》や熔岩《ようがん》の間で小川が片言《かたこと》をしゃべっているが、しかし成長して若者になると、さからいがたい力で最も堅い岩をも打ち抜いて道を開いてゆく、突進し沸騰《ふっとう》する荒々しい川になるのである。それは合流して荒れ狂う強さを発揮し、男ざかりの時期には山々のあいだにある大きな障害を乗り越えて、もっと平坦な地域を一層おだやかに一層ゆっくりと流れるのである。河は年老いる。その流れはますますゆるやかにますます静かになってゆく。生涯《しょうがい》かけて集めてきた力はもはや大きくなることはなく、弱まってゆく。河は人間と同様人生の盛りを越してしまったのだ。今ではもう戦うことなく、おだやかになってのろのろと流れて行き、水量は次第に減少し、ついには死滅して、その墓場であるロプ・ノールすなわち「さまよえる湖」に救いもなく入って行くのである。

タリム河の最下流に関していえば、もうひとつの大仕事を仕上げることができないほど、老齢や苦労のために衰弱してはいなかったことを、二、三日後にわれわれは感知しなければならなかった。その活力は存続していて一九二一年に突発した。すなわち、この河は外見は老いて弱々しく、静かに休息しているようにみえたにもかかわらず、数百年の桎梏《しっこく》をうち破って新しい道を貫通したのである。

そして現在、われわれは小きざみに曲りくねったこの河の上を東南東へと移動しているのである。凹《おう》状の河岸段丘は水のために鋭く侵蝕《しんしょく》され、普通垂直になっていて一、二メートルの高さだが、一方、反対側の凸《とつ》状の河岸線は水際まで深い泥土《でいど》層であって、ゆるやかに傾斜している。岸辺にはポプラが疎林《そりん》をなして、またはポツンポツンと生えているが、それらは丈《たけ》の高いピラミッド・ポプラではなく、東トルキスタン全域に多くみられる丈の低い円形の樹冠をもったポプルス・ディウェルシフォリアである。木々のあいだにはとげだらけのブッシュやタマリスクや葦《あし》の原があって、時折、羊や山羊の群を連れた牧人をみかける。

左岸には棒、木の枝、柴、葦の束《たば》などでできた最も単純な様式の小屋（サットマ）が建っている。夜、ここに牧人が泊り、羊は囲いの中に保護される。真向いにひとつの狭い水路があって近くの沿岸湖に通じているが、これはこの河の全流域に沿ってその生命力を消耗させている寄食者たちのひとつである。増水時には小さな川が浅い湖に流れこみ、その表面からの不断の蒸発は水路による排水と同じ作用をしている。

われわれは静かに快適に滑るように流れ下った。風が無く、水面は鏡のようになめらかで、奇妙なカヌーの姿が鮮明に映っている。数隻のボートはわれわれの前に、数隻は後にいる。けれども航行の順序は絶えず変っていた。時には先頭になり、時には殿《しんが》りになった。どの舟でも漕ぎ手が歌うのが聞えた。歌の単調で憂うつなリズムは労働の支えになる。漕ぎ手は歌えば疲れない。ともあれ彼は歌をやめるまでは疲労を意識しないのだ。最初のひと漕ぎから歌が始まり、橈《かい》の水音が伴奏する。時折、舟がひとかたまりに集まって進むとき、漕ぎ手全員がいっしょにあるいは一種の対唱で歌い、各舟がそのリフレーンに声を合わせる。歌のレパトリーは広くはなく、同じ節まわしが毎日くりかえされ、朝から晩まで河の上に響くのである。誰でもすぐにこれを暗記してしまうが、しかし飽きるということもなく、歌なしで漕ぐということはほとんど考えられなくなる。

わたしは書きもの机に使っている箱に向かって坐り、その上に地図用紙No.1をひろげる。コンパス、時計、鉛筆がわたしの最も重要な道具である。時たま五分くらいは方位を測定する必要のないこともあったが、普通はほとんど一分ごとに進路が変る。そのためわたしは絶えず仕事を続け、時々方向がしばらく変らずにいるとき、やっと日記帳にあれこれ書き入れることができる。

陳《チェン》もまた忙しく、しょっちゅう流れと進行の速度を測定している。しばしば水深を測り、さらにここかしこで河幅を測ることもまた陳《チェン》の仕事である。

三隻のカヌーを結び合わせた舟の上にフンメルの研究室があった。彼はいつでも植物や昆虫や鳥類のことにかかりきりで、われわれの目にとまらないことがしばしばあった。

太陽は地平線にかかり、ブッシュや木々の幹や河岸段丘はそのかがやきを受けて赤く染まった。時計は六時を指した。その時突然、わたしの前で櫂をあやつっていたサディクが叫んだ。「エルデク・ケルディ」と。

「エルデク」とは東トルコ語で野鴨《のがも》の意味であって、「ケルディ」とは「来た」である。

地図に没頭していたので、わたしは一瞬サディクが数時間前にコンチェを去って以来見る最初の野鴨をわたしに気づかせようとしたのだと考えた。しかし彼はそういうと同時に数名の乗馬者を指し示した。彼らは左岸をわれわれと並行してやって来て馬を止め、話したいという合図を送ってきた。その時乗馬者のひとりは白髯《はくぜん》の老人でわたしの旧《ふる》い忠実な召使のエルデクだということが分った。「野鴨」は三〇年以上も経ってから、生きているうちにもう一度昔の主人に会うためにやって来たのだ。[*25]

そこでわたしは岸へ寄せるように命じた。われわれは河をななめに漕ぎ渡って、ふたりの乗馬者が馬から下りているところに上陸した。白髯の男は岸辺の高さ約二メートルのがけを滑りおりて舟に乗ってきた。眼に涙を浮かべて彼はわたしに挨拶《あいさつ》し、長年にわたる激しい労働でたこができ固くなった手をさしのべた。そうだ、ほんとうにエルデクだ。長い年月は彼にとって苛酷《かこく》であった。彼はやせてしわくちゃで衰弱していて、ひたいには深くしわが寄り、顔は褐色《かっしょく》に日焼けし、頬《ほお》ひげと口ひげはもじゃもじゃの房になって胸に垂れさがっていた。ひどくくたびれた毛皮の帽子を頭にのせていた。色があせ、さけ目のできた「チャパン」つまり普通の様式の東トルコの上衣を着て、身体には紐《ひも》をまきつけていた。

エルデク。

彼のすり切れた長靴は何年にもわたって砂漠や草原や山々を数えきれないほど走ったものであることが分る。

「よく来てくれたエルデク、三二年前に別れてからどうしていた?」

「旦那《だんな》さまにお仕えしてからあとは、神さまが守っていて下さいました。別につらいこともありませんでしたが、旦那さまにいつかもう一度お目にかかりたいという望みは、ずっ

ヤンギ・ケルの東トルコ人。

と前からあきらめておりました」

「わたしがよりによって今日、流れを下って来るということが、なぜおまえに分ったのかね」

「ええ、大方一月ほど前、旦那さまがとうとうコルラに戻っておいでだという噂《うわさ》がヤンギ・ケル[*26]のわたしの家に伝わってきました。それ以来というもの、旦那さまにお目にかかるまで全く落ち着きませんでした。三二年前にカシュガルでお別れしたとき、旦那さまはもう一度戻ってくると約束なさいました。永いこと待っておりましたが、旦那さまはお出でになりません。あの当時の召使は大勢死にましたが、まだ何人かは生きています。わたしはいま幸せです。望みがとうとうかなえられたのですから」

　このエルデクは一八九九年の一一月に召使になったが、そのときわたしは舟で大きなタリムの流れを下り、その直後、冬の氷の中にはまりこんだのであった。彼はヤンギ・ケルとチエルチェン・ダリア畔のタトランとのあいだでタクラ・マカン砂漠を横断したのに加わった四人のうちのひとりであった。一八九九年一二月三一日の大晦日《おおみそか》から一九〇〇年の元旦にかけて、彼はわたしと三人の仲間たちといっしょに大砂漠の心臓部で小さなキャンプ・ファイアを囲んで坐っていた。一九〇〇年の三月に行った、一六〇〇年前から乾上っているクム・ダリアの河床を通るという意義深い旅にも彼は参加した。その年の三月二八日における楼蘭《ロウラン》遺跡[*27]の発見にあたっては、彼は名誉ある役割を演じた。その時、彼はラクダの一番歩きやすい道をみつけようとしてひとりのコザックと先行し、人間の手によって建てられた大昔の木造家屋を最初に見出したふたりの先触れのうちのひとりとなった。予備的な発掘のさい、彼はわれわれの唯一のシャベルを忘れたので、次のキャンプ地からひとりで取りに戻らねばならなかった。

　夜のあいだに砂嵐が突発した。エルデクは踏みあとを見失ったが、怖《おそ》れることなくさらに道を進み、幸運にもひとつの寺院の廃墟に到達し、そこから二、三の美しい木彫を持ってきた。それらは現在ストックホルムの東アジア・コレクションに保管されている。彼はシャベルを見つけ出すまで気をゆるめなかった。二日後、彼はキャラヴァンに出会い、わたしも他の人びとも大喜びをした。われわれは彼に再会するという希望をほとんど棄てていたのである。

　エルデクによる寺院廃墟の発見は、当時わたしの旅行計画全体をひっくりかえすものだった。発見したものが重大な歴史的意義をもっていることがすぐに分ったので、わたしは来春砂漠の中の古い都市に戻って行こうと決めたのである。

　一九〇一年夏、わたしはモンゴル風に変装して、ブリヤート[*28]系コザックのシャグドゥルとカラ・シャール出身のモンゴル人僧侶シュレブ・ラマを連れて北チベットからラサへと突き進んだが、[*29]そのときエルデクをいっしょに連れて行った。そのためにわれわれ自身は無人の土地でなお幾晩かを安眠し、彼に馬とラバの夜番をまかせることができた。

二日間というもの、人跡をみることなく進んだ。第二夜も不安なく就寝した。夜半ごろ突然エルデクがテントの入口から頭を出して、おびえきってささやいた。「ビル・アダム・ケルディ」（人が来た！）と。われわれは銃とピストルで武装して外へとび出し、数人の盗賊にむかって発砲したが、彼らは最も良い馬を二頭盗んでいった。翌朝エルデクはひとりで、しかも歩いてベース・キャンプへ戻らねばならず、そこで、夜のあいだに見たことや盗賊たちが彼の命をねらったのだと思ったことやとか、あらゆる幻影のために半狂乱になっていた。

わたしがこの誠実な男、すなわちわたしの生涯の永遠に過ぎ去った一時期に重要な役割を演じた人物である忠実な「野鴨」を、最後に見たのは一九〇一年一二月二九日であった。

漕ぎ手のサディクが「エルデク・ケルディ」といったのは普通の野鴨を意味したのではなく、わたしの旧い旅の仲間でしかも忠実な召使のことをいっていたというのがはっきりしてしまうと、この短い知らせの「エルデク・ケルディ」とエルデクのとくに不吉な言葉「ビル・アダム・ケルディ」とが似通っていることを思い出した。また、嵐がテントのまわりで悲しげに吼《ほ》え、風に吹きちぎられた雲が威嚇《いかく》的な竜のように月の下を遠ざかって行った、あのチベットの暗い夜のことをわたしは思い起したのである。その言葉は現在にも十分あてはまり得るものであった。あのときの叫び声、「人が」（ビル・アダム）というのは、盗賊団がわれわれの馬をかなり離れたところからおどかして逃走させるために谷間に送りこんだ斥候《せっこう》のことであった。さて三三年経って今やって来た男は善良なエルデクにほかならなかった。歳月は彼を通り越してしまった。しかし、われわれは昔の追憶にいつまでもふけっているわけにはいかなかった。

　コンチェ・ダリアのほとりでわれわれに会うためにエルデクといっしょに来たもうひとりの乗馬者は、彼の息子のサディクであった。エルデクはわれわれと別れてから数年後に結婚した。彼も息子もヤンギ・ケルのすぐ近くのチャラに葦でつくった小屋を持っていた。彼らは魚とか野鴨や雁《がん》やまたその卵で暮らしを立てていた。その地域は今度の戦争のあいだに二、三度トンガン人の掠奪を受け、彼らは馬と羊数匹を持って行かれた。

　一八九九年から一九〇〇年にかけての冬、わたしはヤンギ・ケルのほとりにベース・キャンプを設営した。舟はタリム河に張りつめた氷にとじこめられた。この河は当時は大河であった。東トルキスタン全体から流れ出る水は全部その河床を流れたが、コンチェ・ダリアは例外で、これは自分自身の道を通り、ずっと下流の方でやっと本流に合流するのだった。今ではただ減りつつある名残《なご》りの水が旧い河床にたまっているにすぎず、わたしが一八九六年、一九〇〇年、一九〇一年[*30]と長いカヌーの旅をしたカラ・コシュン[*31]湖には一滴もとどいてはいなかった。一八七六年から一八七七年にかけてプルジェワルスキー[*32]が発見したこの湖の底は今は陸地であって、ゆっくりと完全に砂漠へと変っていった。湖自体は一九二一年に北の方へ移動し、そして、その新しい湖こそわれわれの目指しているものであって、五〇〇年後に再びよみがえった歴史的な湖ロプ・ノールなのである。より確実な道案内としてはこの河以外に考えられず、その水面をわれわれは東へ東へと進んでいるのである。

　しかし今はこれ以上遅らせることはできなかった。太陽は西方のポプラの幹のあいだにまさに沈もうとしていた。まもなく夕闇《ゆうやみ》が川面にヴェールをひろげ、方向測定はむずかしくなるだろう。エルデクは岸の斜面をよじのぼり、すり切れた鞍《くら》にひらりとまたがって息子といっしょに走り出した。彼は薪《たきぎ》のとれる適当なキャンプ地を探し、木々のあいだにテントを張るための平地をととのえてくれることになっていた。

　河はここでは南東へほとんど直線に流れていて、昼間の最後の微光が消える前にわれわれはふたりの乗馬者が馬をつないだ場所に到着した。数本の小枝を熊手にして、彼らは大枝や柴を岸辺にあるキャンプ地まで掃き寄せた。帰化《コイホア》[*33]からエチン・ゴル[*34]、ハミ[*35]、トゥルファン[*36]、カラ・シャール、コルラ、尉犁《ユーリー》県（コンチェ）と数えて、このキャンプは五十四番目である。この森林地帯はウズン・ブルンすなわち「長い湾曲」と呼ばれている。

　叫び声をあげ橈の水音をたてて、小舟は一列に並んで接岸した。この長い舟旅で、われわれが荒野の客になるのはこれがはじめてであった。乗組員はただちに自分の役割をみつけた。テント、箱、炊事道具がすぐに陸揚げされた。コックの賈貴《チアコイ》が簡単な調理用かまどを野天にセットしているあいだに、エルデクと息子は薪を集め、何人かの漕ぎ手はバケツや缶《かん》に河の水を汲みこんだ。

　フンメル、陳《チェン》、龔《コン》とわたしが夜を過ごすテントには、われわれ四人の寝袋と日常の必要品をとりそろえた小箱が備わっていた。その出入口から、まばらなポプラやタマリスクやブッシュのあいだに河が見えていたが、まもなくたそがれと暗闇にとざされた。ほどなくかまどで火がパチパチ音を立て、お茶を入れる湯が沸いた。賈貴《チアコイ》とコザックたちには専用のテン

コンチェ・ダリア畔、アオヤギが巣をかけているポプラの老木。

トがあったが、しかし水夫たちは野天の火のそばで眠るほうがよかった。

凶暴なトンガン人の軍隊のためにコルラで過ごしたあの気のもめた一か月の後、再びありがたいことに野天にいて、火が夜の闇を照らすのをみつめているのは気持がよいことだった。第一枚目の地図は有望のようにみえたので、わたしはついにこのきまぐれなさまよえる湖に通ずる途上にあるという思いにひたった。今までにこの湖を見たヨーロッパ人はただひとり、大学講師のニルス・ヘルナーだけであって、彼はパーカー・C・陳《チェン》とともに一九三〇年から一九三一年にかけての冬、東方から砂漠を通ってそこへ行き、その精密な地図を作りあげたのである。

第一日目には、何か重苦しい春の暑さをこぼす必要はなかった。軽やかなすがすがしい微風が時折河と森林地帯を吹き過ぎた。夕方にはじっと坐って作図するには涼しすぎるくらいになった。夜気温はマイナス〇・八度に下った。

羊皮製の寝袋があるというのはすばらしいことだった。真っ赤におこった石炭を入れた最初の鉄の火鉢《ひばち》が持ちこまれると、快適な暖かさがテントの中にひろがり、われわれのこわばった四肢もほぐれてきた。

野菜スープとバタ付きパン、チーズ、肉だんご、じゃがいもにコーヒーとケーキから成る夕食がすむと、エルデクが訪ねてきてわたしと数時間、彼の一生の運命について楽しく語った。われわれは楼蘭《ロウラン》を発見したあの砂漠における緊張した日々の回想にひたった。エルデクは置き忘れたシャベルを探しに行ったことを話したが、どんなに些細《ささい》なことも忘れてはいなかった。

おそくなって、やっと炉の灼熱《しゃくねつ》の火は消え、ウズン・ブルンの風通しのよい住居に夜の静寂が降りてきた。

三　探検隊、サイ・チェケに集合

日の出どきに、もうキャンプはにぎやかになった。コザックたちが、新しい薪《たきぎ》や柴を集めたり、お茶や料理用の水を汲んでくるように命じているのが聞えた。われわれが寝袋から身をくねらせて新鮮な朝の大気の中に出ると、火鉢《ひばち》が運びこまれて、テントは暖かくなった。

わたしについていえば、家に居るときと同じように衣服を脱いで眠り、ブリキ製の大きな洗面器のお湯で顔を洗う。ひげ剃《そ》りをわたしはあまり几帳《きちょうめん》面にやらないが、それでもそういうぜいたくを三日に一度はしていた。

服を着るか着ないうちに、もうテントのまんなかの丈《たけ》の低い箱に、お茶と温かい料理とパンとバターがならんだ。中国風に料理された米は毎日のメニューに必ずのっている。なかでも最も重要なものは何といっても羊の肉である。コンチェ・ダリアを旅しているかぎり、毎日羊飼いのキャンプのそばを通り、羊を買うことができる。賈貴《チアコイ》は羊肉を完全にスウェーデン風の料理法でつくることができるが、また薄いあぶらみを羊肉の小片のあいだにはさみ、串《くし》にさして火であぶるという、トルコ風の「シシュリク」もできる。

河の旅でキャンプを撤収することは、あらゆるものをラクダに背負わせなければならない砂漠の旅にくらべると、はるかに簡単である。各自の箱に詰めこみ、寝袋とテントを巻き、全積荷をボートの定められた場所にきちんと置く。あっという間にすべて準備はととのい、櫂《かい》は岸を突き、ボートは流れの中にすべり出し、絶え間なく流れる河の水に運ばれてゆくのである。

新しい日がはじまった。独特の風景が、曙光《しょこう》のなかに、その輪郭《りんかく》と色彩を静かにおごそかにくりひろげた。空はかがやくまでに澄《ちょうめい》明である。岸辺には、灌木《かんぼく》や葦《あし》の乾いた叢林《そうりん》のあいだ、ところどころに、荒れ果て、放置された森があらわれた。ただ空だけが、水面にうつるそのかげとともに青く、その他はすべて褐色と黄色味をおびた灰色である。木々にはまだ葉がないが、もう芽ぐみはじめている。砂とほこりと切り開かれた河岸の斜面は灰色で、ただタマリスクだけが緑に映えていた。またカヌーも、人びとの色あせてぼろぼろになったチャパンも灰色だが、それでも散開した小船隊は絵画的な光景を呈し、歌声が冷たい大気の中に澄んで響いた。

右岸にタリム河の一支流が注ぎこんでいる。それは本来の姿よりもはるかに力強くみえる——水面には流れが全然みえず、コンチェ・ダリアにはほんのわずかしか注ぎこんではいない。全くの凪《なぎ》である。はるかな距離にわたって河は鏡のようにかがやき、岸辺とその木々を映している。ただボートだけが漕ぎ手たちによって不断に前へ前へと運ばれ、鏡をしばらくのあいだかき乱した。時折、鴨《かも》やその他の水鳥がさわがしいばたばたいう羽音を響かせて空中に飛び立ったり、魚のバチャリとはねたりするのが聞えた。

このあたり、岸辺の崖《がけ》は二メートルか時には三メートルの高さである。垂直に切り立っていて、水の力でえぐられ、オーバーハングしていることもまれではない。そのへりには黄ばんだ去年の葦がゆれている。根が掛け布のように水の中にどっさり垂れさがり、水がそのまわりを軽やかに流れているので、根は蛇《へび》のようにくねっている。

今や河は第一日よりも気まぐれになった。二、三回半円形にまがったあと、河はまっすぐ南にむかい、すぐにまた北、南南東、北北西、南南東、北北西へと転じ、奇妙な螺旋形《らせんけい》を描きながら、遠い未知の目的地への道を探し求めている。

目がまわるようだ。東や東南東へ進むあいだ、太陽が日にギラギラ当り、かがやく水の反射が加わって、われわれの目を眩《くら》ます。しかしひとたび河が曲れば、それと気づく間もなく太陽は背中にまわり、光の作用はすべて変ってしまう。このようにして太陽は一日中前へ後へと揺れているように思われた。最初は地平線上で、時間が経つにつれてより高く蒼穹《そうきゅう》にかかって。

昼頃、漕ぎ手たちに少々休息を与え、お茶を飲みお菓子をたべるために、半時間ほど上陸した。この種の昼休みは旅行のあいだじゅう厳守された。賈貴《チアコイ》は急いで火をおこし、数分でお湯をわかす名人であった。

いくつかの湾曲部の岸辺には、密生して絵のような光景を呈している森があった。午後おそく、左岸の森のはずれに五人の乗馬者が現れ、われわれの先廻りをしようとするかのように、流れの方向に馬を急いで走らせた。自動車隊がコルラの南方でトンガン人の騎兵隊に追い越され、射撃されてから、まだ一か月経っていなかった。今また河の上で停められて射撃されるのだろうか。彼らは強盗を働いたり、われわれの食糧品のストックやその他の持物を掠奪《りゃくだつ》したりしようとして、あたりをうろついている大馬《ターマー》の敗残兵ではないだろうか！「銃を用意せよ！」わたしはふたりのコザックに叫んだ。けれども今回は危険が迫っていたのではなかった。少し下流に留まっていたエルデクの息子のサディクが報告したところでは、馬に乗った男たちはトゥルファンの平和な商人たちで、そのときヤル・チェケからクチャ[*37]へと道をたどって、家族ぐるみでこの地にキャンプしている、ということであった。今日のキャンプ地はヤル・チェケであって、コルラ＝チャルクリク間の隊商路とコンチェ・ダリアとが交差するところだが、ここに到着したときには薄暗くなっていた。旅人や商人たちは駄獣や乗馬といっしょに川を渡ることができる。渡し舟は五隻のカヌーをつなぎあわせ、その上に板を置いてできあがっている。それは川の上を横切って張ったロープをつたわって引っぱられる。渡し守《もり》は右岸の、われわれもテントを張ったところに粘土《ねんど》で作った小屋をもっている。

かれこれするうちに、われわれが渡し守の住居のほうへのぼって行くと、戸外の地面にむしろが敷いてあって、陶器の茶碗《ちゃわん》でお茶を出してくれた。主人（渡し守）はこうした珍しい客の訪れに非常に驚き、最初はわれわれをどう扱ってよいか分らなかった。しかし彼は次第に落ち着いて、数匹の羊、とったばかりの魚、焼きたてのパンなどをくれたが、これに対して、この土地ではあまり信頼されていない紙幣いくばくかでお返しをした。フンメルと数隻の遅れた輸送ボートを待っているあいだ、われわれは燃えあがるキャンプ・ファイアのそばに坐り、渡し守にこの土地について知っているすべてのこと、つまり交通とか戦争が商業に及ぼした影響とかについて、また季節による水位の昇降についてなど、基本的な質問をした。

翌朝早く出発したいというわれわれの希望は水泡に帰した。夜中に烈《はげ》しい嵐が突発した。フンメルが目を覚まし、岸辺で眠っていた漕ぎ手たちを起しにボートのほうへ急いでおりて行った。波がひどく打ち寄せればボートは徐々に水びたしになるだろうし、積荷は役に立たなくなるか失われるという危険にさらされる。今、すべてのものは波のとどかないところへ陸揚げされた。テントが吹き飛ばされそうなので、われわれは箱や袋で確保した。そうしておいて、もう一度寝床の中へもぐりこんだが、波は岸辺で絶え間なくとどろいていた。夜が

4月8日の第56キャンプ。

明けたが、その日は出発する気にはならなかった。砂やほこりが空中に充満していた。すぐ目の前にある川が辛うじて見えるほどだった。あたり一帯は見通しのきかない霧でおおわれた。こうした天気に反抗するのは不可能だったので、われわれはテントでくつろいだ。漕ぎ手たちは渡し守の近くに居て、羊の椎骨《ついこつ》で作ったサイコロで遊んでいた。コザックたちは炊事用テントの中でコックの相手をしており、われわれは記録を仕上げたり読んだりして、大いに生活を楽しんだ。

夜はマイナス〇・五度で、翌四月八日の朝は肌《はだ》寒かったので、わたしは毛皮にくるまって坐り、かじかんだ指で地図を描いた。しかし天気は澄みわたり、河の新しい屈曲を後にして進んだ。小さな、黄色にチラチラ光る、葦の生えた島々が岸辺に姿をあらわしたが、細長い不恰好《ぶかっこう》なものなどさまざまであった。とある岬のそばを通り過ぎると、ひとりの老婆が籠《かご》をもって立っていて、手まねで合図してきた。ボートのうちの一隻がとまった。籠にはガチョウの新鮮な卵がいっぱいで、われわれは喜んで買い入れた。第五六キャンプにはチュル・ウル・メチすなわち「蛇《だ》行《こう》する河」という特徴的な名前がついた。

四月九日の夜、気温はなお一層低下し、マイナス一・八度にまでさがった。キャンプを撤収し、すべてをカヌーに積みこむのを待っているあいだ、龔《コン》はあたりの森を歩きまわり、一平方キロあたり八二〇〇本の樹木が生えていると計算した。ほとんどが中程度の樹齢のものだが、また、幹が奇抜にねじまがり、四肢と爪《つめ》を伸ばした竜に似た老木もあった。

われわれはアク・スペという小さな集落へ一寸《ちょっと》寄り道をした。ここへ、コンチェとティッケンリクから、小麦粉、新しいカヌー数隻、漕ぎ手、ロープなどを注文しておいたのだ。アク・スペには、大部分がチャラから移住してきた七〇家族ほどが住んでいて、小麦を栽培している。故郷のタリム河が涸《こ》渇《かつ》したので、彼らは水を求めてここに引越したのである。灌漑《かんがい》用水路の底はいまは河の水面より一メートルも上にあるが、しかし九月一〇月の増水期には水が水路の溝《みぞ》に流れこみ、畑へとひろがる。この小さな移住地には学校さえあるが、それはどちらかというと羊飼いの建てる風通しのよい小屋「サットマ」に似ている。この地の村長サリ・ベグは背の高い頑丈《がんじょう》なトルコ人で、たずねてきて食糧品を贈ってくれた。彼の話すところでは、タリム河はこれから先エシェク・エルディでインチケ・ダリアと合流し、チョン・ケルの水は三つの支流となってコンチェ・ダリアに流れこみ、普通九月と一〇月が増水期で、夏の終りが渇水期であるという。

四月一〇日、われわれは「サリク・ブラン」すなわち「黄色の嵐」によって目を覚ました。これは非常に強い風のことをいうが、しかし「カラ・ブラン」つまり「黒色の嵐」とは比べものにならない。いつも吹いている風もまた東から吹いて来た。われわれはこれにさからって離岸した。全く気の安まらぬ、騒々しい緊迫した旅だった。波は音をたててボートにぶつかり、中に入って来たので、わずかのうちに足湯につかっているようになった。わきかえる水ですべてのものがぬれた。けれども風下の岸辺は快適で気が楽であって、そこでは葦の生えた垂直の侵蝕段丘が風を防いでくれた。しかし、河が東へ曲り、最後の岬をあとにして広い水面に出ると、嵐は、勝手気儘《きまま》に荒れ狂った。波のダンスが再び始まった。漕ぎ手たちはできるだけ早く風を防いでくれる風下へもう一度たどりつこうと全力をふりしぼった。

毛皮にくるまって坐っていても、それでも凍えた。いや、われわれは少し暖まらなければならない。ここには枯死したポプラと左岸にはタマリスクがある。ともあれ上陸して火をおこし、お茶を飲み、バタパンと塩をかけたガチョウの卵を食べようじゃないか！　この日常くりかえす昼休みは、舟旅とかなり努力を要する地図作製の仕事とを快く中断することであった。しかしそのためには四〇分しか割《さ》けなかった。身体の内外が暖まると、急いでボートに戻って出発した。

われわれの漕ぎ手たちは、水面下に待ち伏せしているが、黄色の濃淡で見分けられる不吉な砂州を巧みに避けて行くことをよく心得ている。乗りあげることもごくたまにはあったが、いつもすぐにまた離れた。時折、侵蝕作用のため川の中にたおれて、河床のまんなかのどこか浅いところにひっかかっている、まるごとのポプラの木のそばを通り過ぎることもある。その他の柴や枯れた葦やタマリスクの小枝などが、河底にがっしりのし上げたポプラとその枝々にからみついて、徐々に小さな島をつくりあげ、そのまわりで流れがメロディーをかなでている。雁《がん》がほこらしげに品位を保って頭上を飛んでゆく。太陽は霧のなかに沈んで、みがいてないルビーのようにみえる。キャンプ地のアグチ・タル・トカイすなわち「せまい河口の森林地帯」で、龔《コン》は一平方キロ当り一万五百本の樹木があると計算し、またそれらは地上すれすれのところで直径が平均約二四センチあることを知った。

四月一一日夜の最低気温はマイナス約二・八度であった。春の終りにしては意外な寒さだ。ちょうど秋にむかっているかのようだった。しかし日中は天気が良く、澄みわたってきた。普通は極めて単調な旅に、この日は元気づけられるような中断が起った。

われわれが湾曲部をいくつか通りすぎると、河は力をふりしぼって、かなりの距離にわたって東南東へほとんど一直線に伸びているようにみえた。かなり遠く、前方左手の砂丘の上、タマリスクのあいだに多くの白いテントと大勢の人、馬、乗馬者がみえた。

「あれがサイ・チェケだ」とわたしの漕ぎ手のサディクとハイトが叫んだ。そこ、つまり「砂礫《されき》砂漠の河の湾曲部」のほとりを、残余の探検隊との会合地点にきめておいたのである。

さて、サディクとハイトは今までになかったような勢いで漕ぎ、橈《かい》は弓のようにたわみ、カヌーのへさきには水が泡立ってくだけ、舟は駆り立てられた野鴨のように河の上を飛んでいった。遠景の色どり豊かなたたずまいが、細かいところまで益々はっきりしてきた。何人かがひとかたまりになって岸辺の一番高い砂丘のうえに立ち、他の人びとは舟着場へ駆けおりてくる。仲間全員がみえる。男らしくキッと立つ髯《ひげ》もじゃのベリマン、アメリカ製の眼鏡をかけた尤《ヨウ》、堂々として笑みを浮かべているイエオリ、ブロンドで日焼けしたエッフェ、セラト、ジョムチャそして何人かの中国人の若者たちである。

わたしが陸にあがったちょうどそのとき、エッフェと他の人びとがとどろくような声で「フラー」と叫び、同時に蓄音器がお祭りの行進曲を鳴らした。われわれは大勢と握手し、砂丘のあいだにあるキャンプ地へのぼって行ったが、その間、トゥルファンを往来している商人たちが見守っていた。われわれはベリマンのテントに招かれた。それは、河――われわれがやって来た水路――を見おろすすばらしい眺望がひらけた高みに、趣味豊かに設営されている。コーヒーとバタパンが出た。われわれは水上旅行について、他の人びとは砂と砂漠の骨の折れた旅行について報告した。われわれは自動車をじっとみつめた。夕刻、イエオリがテントに迎え入れてくれた。その中心にはトルガンつまりシチューなべをのせる鉄の環の中で火が燃えていた。スウェーデン人、中国人、ロシア人、トルコ人、モンゴル人たちの日焼けした顔が赤い金色にかがやいていた。そこには白髯《はくぜん》のエルデクも火に照らされて坐っており、またサリ・ベグも姿を現していた。みんなお茶を飲み、いろんな国の言葉でしゃべりあった。色どり豊かな光景であったが、どぎつい色彩はトルガンからたえず立ちのぼる煙のためにぼかされていた。

この地方はいつもはほとんど生きものの気配はなく、たまに羊飼いの野営の煙が見えるくらいのものであるが、晩にわたしが自分のテントのほうへ歩いて行ったとき、川の左岸に珍しい光景がくりひろげられていた。いまはわれわれの近くだけで一六もの火が燃えており、川の上流にむかって真珠の首飾りのようにならんでいた。そこにはクチャやトルファンから来たトルコ人の小商人が野営していた。その華麗なともしびは小さな港町の浜辺を思い起させた。河下にはさらに五つの火がみえた。われわれの召使と漕ぎ手がそこで夕飯を食べているのだった。

「砂礫砂漠の河の湾曲部」――この名称はこの地点で砂漠が河に到達し、死の静寂が支配している乾燥した荒地が、生命つまりコンチェ・ダリアの洋々たる水に手を届かせていることを知らせてくれる。わたしがサイ・チェケでキャンプしたのはこれがはじめてではない。三八年前、一八九六年三月二三日にわたしはここに居た。[*1] そのときわたしはラクダと馬との小さなキャラヴァンといっしょに旅をしていた。

われわれは、すぐにやろうと計画した探検の準備をするため、丸一日以上サイ・チェケでキャンプした。ロプ・ノール行には、陳《チエン》とわたしだけが参加することになった。フンメルはゆっくり行き、採集によい場所に来たら何度でも立ちどまるつもりであった。技師の龔《コン》はここに留まった。ブジェントゥ・ブラクとアルトゥミッシュ・ブラクを通り、ばあいによっては疏勒河《スロホ》[*2]へ往復し、そしてロプ・ノールへ行く、という自動車旅行に参加するためである。彼らはそこで本部に帰る途中、陳《チエン》とわたしを支援してくれることになった。われわれはダブル・ボート六組と一〇人の漕ぎ手をそろえた。持物は荷造りをし、分類して積みこみ、また舟は長旅向けにととのえられた。小麦粉袋をのせるダブル・カヌーには板のデッキを準備した。最も大きい二隻のカヌーはかたく結びあわせ、一五〇斤（一斤＝〇・六キログラム）入りの大きなガソリンのドラム缶《かん》を七個積みこんだ。トラックの荷を軽減するため、われわれがこの燃料を持って、ヤルダン・ブラクの泉近くに置く次の探検隊本部まで流れを下ってゆくのである。

三番目のダブル・カヌーはガガーリン、コックの賈貴《チアコイ》と炊事道具を乗せ、四番目には羊と食糧品を積んだ。五番目と六番目のカヌーは陳《チエン》用とわたし用にきめ、これらのボートには変更を加えずにおいた。

四月一三日朝、二隻の食糧品用ボート、炊事道具用とガソリン用のボートが下流へと出発した。陳《チエン》はフンメルから小さな旅行用薬箱をもらい、医療上の指導を受けた。最後に探検隊員八人全員がお別れのコーヒー・パーティーを開くため、下の舟着場に集まった。われわれみんながいっしょに居るのはこれが最後であった。今やわれわれの道はそれぞれの方向へと分れてゆく。新疆《シンキャン》から中国へと最終的に出発する際にはフンメルとベリマンのふたりが欠け、次回の会合地点つまりヤルダン・ブラクの本部のときにはすでにもっと多くの探検隊員が居ないことになるはずだ。翌日にはトラック隊がヤルダン・ブラクへ出発することになっていた。この旅行の参加者は尤《ヨウ》、龔《コン》、イエオリ、エッフエ、モンゴル人たち、また陳《チエン》とわたしの料理人である賈貴《チアコイ》とフンメルのグループに属する李《リー》を除いた中国人の召使たちであった。

乗船せよ！　さようなら、道中御無事で！　最後の握手。われわれは未知の砂漠へのり出した。われわれのボートは湖や沼の葦のなかにはまりこんでしまうのではないだろうか、自動車は越えることのできない砂、峡谷または円錐丘などにさまたげられることはないだろうか。誰にもそれは分らなかった。われわれが数日前、サイ・チェケの岸辺に魔法を使って作り出したあの大都会は今は消え去り、砂漠の静寂がその安らぎを砂丘やタマリスクのうえにひろげてゆくことであろう。

四　コンチェ・ダリアにおける最後の日々

一九三四年春におけるコンチェ・ダリアの水量について数言を費やす時になった。この計量はパーカー・C・陳《チェン》[*1]がライスの電気流測計を使って、実に細心かつ入念に遂行したものである。ユルドゥズ渓谷に源を発し、バグラッシュ・ケル湖に注ぐハイドゥ・ゴルは、カラシャールの近くで二月二八日に毎秒四五・二六立方メートルの水を流していた。コンチェ・ダリアがコルラにおいて三月五日に二五・七七立方メートルしか流していなかったことは、コルラの上手《かみて》にあるいくつかの水路が、河から相当の水量を取り去っていることを証明している。ヤル・チェケ付近における四月七日の計量の結果は甚《はなは》だ興味深いものがある。ここで河は九四・六五立方メートルを流していたが、この数字の大きさは、この河がタリム河からかなりの分け前を得ていることを示している。サイ・チェケ付近で水量は四月一二日に九六・八七立方メートルに及び、これによって依然としてタリム河からわずかの分け前を得ていることを示している。ここでは河幅は六七・一メートル、最深部は五・五メートルであって、最大流速は毎秒一・〇九九メートルに及んだ。毎秒九六・八七立方メートルというのはわれわれが測ったなかでは最大の量である。両岸にある増水時のしるしとわれわれの得た情報によって判断すれば、秋（九、一〇月）の水量は春よりもはるかに多く、恐らく毎秒数百立方メートルに達するが、そのほとんどはタリム河の増水に由来するものである。

この水はすべてサイ・チェケの下流で砂漠の中にしみこみ、結局なくなってしまう。これを集めて人間の福祉に役立たせることができるかどうかを確かめるのが、われわれの課題であった。東トルキスタンの住民は、周辺に横たわる昆崙《クンルン》、パミール、天山《ティエンシャン》などの山脈から流れ出て、無数の水路によって畑や庭園に分配される水に、ほぼ全面的に依存している。コンチェ・ダリアとそのつづき、すなわち一九二一年以来蘇生したクム・ダリアを通り、砂漠を通ってロプ・ノールへと導かれる水量が、もし適正に利用されたならば、数千の人間に生きてゆく可能性をもたらすことになるであろう。

そうするうちに、われわれの訪れによってコンチェ・ダリア河畔の砂丘のあいだに生まれた絵のような町サイ・チェケを四月一三日にあとにして、われわれは実に立派な軍用道路でも通って行くかのように、流れに任せて未知の砂漠へと進んで行った。細長い、葦《あし》の生えた島が両岸に次から次へとあらわれ、両岸もまた広々とした黄色の葦原になっていた。時折、雁《がん》や鴨《かも》その他の水鳥がバタバタ羽音をたて、鋭い警告の叫び声をあげて飛び立った。葦の密生した小島のそばを通りかかったとき、ひとりの漕ぎ手が島にとび移って半ダースの鴨の卵を持って戻ってきた。雌《めす》の鴨がよしの原から川へ飛び出すときには、卵のある巣から出て来るとみなしてよい。

密生した叢林《そうりん》からエラシンの撃った数発の銃声が聞えた。彼はイノシシに傷を負わせたが、逃げられてしまった。

われわれの少し前で葦の原が燃えて黒煙が立ちのぼっていた。ガソリンのカヌーに火がついたのではないかと思ってドキッとした。いや、危険はない、それはわれわれのうしろにいる。引火しやすい二隻のボートはいつでもキャンプ・ファイアの風上に十分な距離をとって繋留《けいりゅう》しておくこと、とわたしはきびしく命じた。

時折風がおさまり、川は鏡のようにかがやく。そういうときにはブヨがわれわれのまわりを飛びかうので、防虫ネットやシガレット*2でできるだけ防御態勢をととのえる。黄昏《たそがれ》が川面にヴェールをひろげる頃、まばらな樹木と倒木の幹や枝が重なりあったあいだにキャンプを設営した。賈貴《チアコイ》は野天に炊事かまどを築き、すぐに夕食を入れた釜《かま》の下で火がパチパチ音を立てて燃えはじめた。われわれのテントでは陳《チェン》とわたしが強力なランプをともし、その光のもとでこの日の観察に筆を加えた。河は意外に深く、今日は八メートルにも及んだ。

四月一四日朝、出発するとき、キツツキがせっせと木の幹をつついていた。快適なペースでわれわれは森におおわれた両岸のあいだ、澄んだ緑色に光る水の上を滑《すべ》るように進み、再び葦の密生した島のつづきをすれすれに通って行った。セッペ・ニアシギの近くでわれわれは右岸にキャンプしたが、翌朝、チャラのベグすなわち集落の長老アラ・クルがあいさつに来た。彼は小麦粉二六〇斤と新しい橈《かい》五本と漁網をもってきてくれた。アラ・クルはわれわれにサットマつまり羊飼いの小屋でお茶とパンと卵をごちそうしてくれ、羊を一匹贈ってくれた。彼について来たもののうち何人かはヤンギ・ケル出身で、彼らの故郷へわたしが訪れたことをまだ覚えていた。三四年にわたる貧困と生きるためのたたかいも、あの日の記憶を消してしまいはしなかった。訪問者のなかにはまたエルデクの妻と息子の嫁がいた。

少しばかり下流の、クユシュという名のところで、われわれはまた村長のユズプ・ベグに会い、「シシュリク」をごちそうしてもらった。彼についてきた人たちのなかに、老コダイ・クルがいた。彼は一九〇〇年春、乾《ひ》上った河床を旅したとき、わたしといっしょであった。[*3] 腰がまがり、しわだらけになっていたが、わたしにはすぐに見分けがついた。こんなに長い歳月ののちに再会し、当時の冒険の思い出をよみがえらすのは、昔の忠実な召使とわたしにとってうれしいことであった。

コダイ・クル。

さらに河を下って、支流のディルパル河がコンチェ・ダリアに毎秒きっちり一立方メートルの水を注いでいる地点で、われわれは再

グルグル付近の滝、4月16日。

グルグル付近の橋。

び休憩した。川幅六〇メートルのコンチェ・ダリアはなお毎秒九四・九二立方メートルの水量をもち、水深は六・六〇メートル、流速は一・二メートルであった。

その日のキャンプ地は隊員、たずねてきたベグたち、羊飼い、両エルデクの妻たち等で三〇人をくだらぬ人数となった。

四月一六日にわれわれはまたふたつの支流を測定した。グルグル河は二立方メートル、アク・バシュ河は〇・五立方メートルの水を注いでいる。これらはふたつとも、天山《ティエンシャン》から水を得てシャーヤルを過ぎ、クチャの南を流れるインチケ・ダリアから流れ出ている。支流のグルグル河は高さ七五センチのざわめく滝をなしている。下《しも》の方には絵のような木の橋が支流にかかっている。この支流は秋には現在よりもたっぷり一メートルは高くなる。これらの支流はすべて湖つまり沼地であるチョン・ケルから流れ出ているのであろう。ヤルカンド・ダリアすなわち真のタリム河はヤンギ・ケルへ流れて行き、夏にはほぼ完全に乾上ってしまう。

76歳の羊飼い、
アク・パシュのイスラム。

われわれの最後のキャンプ地の近くに、イスラムという七六歳の老人が住んでいた。彼は、前にその父親がそうだったが、この土地で六〇年を過ごしたのである。彼は羊四〇匹、牛二〇頭、馬三頭、ロバ数頭を所有していた

4月16日の第63キャンプ。左手がインチケ・ダリヤの支流、
アク・パシュ。後方はコンチェ・ダリヤ。

が、ほとんど漁業と卵とで生計を立てていた。彼が羊をくれたので、われわれは他の人びとと同様、後にも十分にお礼をした。

まばらな萎縮《いしゅく》したポプラのあいだを流れに乗って下っていると、すがすがしい微風が葦を通って吹いていた。河はめちゃくちゃに曲りくねった。幾度か、もう一息で完全な円をえがくというところで反対の方向にそれて行き、時間ばかりかかるわなから遠ざかる。さらに、羊飼いやほかの旅人が河へ下りてきて、卵や魚をくれる。こういう友好的な訪問はひどく時間をとるので、われわれは人に邪魔《じゃま》されることのない地方にあこがれた。

「七本ポプラ」と呼ばれている森林地帯のすぐ下手《しもて》で、前方から無気味なとどろくような水音が聞えてきた。河幅はわずか二〇メートルとせまくなり、流速は増加した。見張りを立てて、荒れ狂う急流で難破するのを避けるために、われわれは上陸した。それからわたしは全速力を命じ、船隊を危険な場所へ

４月17日、荒れ狂う急流に乗るわたしのカヌー。

と導いた。水音は強くなり、緊張は増し、漕ぎ手たちは悲鳴をあげ、大きく警告の叫び声をあげた。けれどもわたしのダブル・カヌーはすでに急流に巻きこまれ、白く泡《あわ》立つ波があたりにわきかえっていた。漕ぎ手たちは今こそ重大だと考えた。彼らは舟を岸と平行に保ち、危険きわまりない浅瀬と石塊とのあいだを抜けて舟を導いた。カヌーは一瞬のうちに水びたしとなり、もしここで坐《ざ》礁《しょう》すれば、難破はまぬがれないことを知っていたのだ。

ちょうどここで河は鋭くS字形に二度湾曲しているが、これは要注意を意味する。波はカヌーの中へ打ちつけ、まわりにふりかかり、泡立ちさわいで、一瞬一瞬、われわれは川底に乗りあげて顚覆《てんぷく》する覚悟をきめた。命にかかわるかも知れない。ごうごうたる音が背後の叫び声をかき消した。しかしいま、ほとんど通り過ぎた。泡立つ白い波は高さを減じ、河幅は再び広くなり、水もまたゆるやかになった。すべては一分のうちに過ぎた。次の瞬間、わたしの舟は助かって岸に着いた。ほかのものもあとからやって来て、橈で戦い、すきをうかがっている危険物のあいだを通りぬける道を探した。ただガソリンを積んだボートだけが河底に乗りあげた。その他のものは危険な急流を乗り切ってから、陸路づたいに遭難した舟のところに戻り、ガソリン・タンクを幾つかおろして舟を浮かべ、ゆるやかな水のところでまた積みこんだ。

カルパク・オチョグで左岸にキャンプした。みんな緊張した川下りのせいで興奮し、こういうところにこれから先もっと出会うのかどうか気にしていた。「七本ポプラ」のところよりもっと激しい急流では、カヌーはほとんど持ちこたえられないだろう。羊飼いがやって来て羊を一匹くれた。現在、七匹のストックがある。晩には一匹屠《ほふ》って、運よく急流を乗り越えたことを祝った。

四月一八日早朝、われわれが出発したとき、冷たい烈しい東風が吹きつけてきた。二メートルから三メートルの高さの河岸段丘のかげにすべりこむと、とても寒くて、軽い羊の毛皮を持っているのがうれしかった。日中は暖く、二五度にまでなった。ここかしこに枯れたポプラがポツンポツン立っていて、河岸段丘のオーバーハングしたところでは水の中に根をそよがせていた。コッコッと鳴くニワトリやメェメェ啼《な》く羊を何隻かの舟に乗せていたので、船隊は漂流する農家を思わせるものがあった。漕ぎ手たちは歌をうたい、ときには対唱になった。リズミカルな歌は漕ぎ手をくつろがせた。北と北東にクルク・ターグ[*4]が、輪郭《りんかく》は淡いがしかしはっきり認められた。

4月18日、徳門堡付近の堤防決潰箇所の最も東側から北東方を展望。

われわれが、コンチェ・ダリアの右岸にある、極めて興味深い地徳門堡《トメンプ》に到着したのは五時頃だった。ここには岸のへり一杯に高さ四メートルの土塁が走っていて、これを貫いて四つの平行な坑道が、ちょうど開いた扉《とびら》のように掘ってあるので、独特の光景を呈している。塁壁の下には、四年前アンバンの命令で、河を横切って堤防が築かれた。なぜなら、まさにこの地点で、一九二一年にコンチェ・ダリアはその旧い河床を捨て、乾上っていたクルク、つまりクム・ダリアの河床へと新たに流れを変えたのである。クム・ダリアの旧河床は、わたしが一九〇〇年にたどって測量したところである。何年か経つうちに、河はほとんどそっくりそのままクム・ダリアの河床のほうへ移り、「旧河」たるコナ・ダリアはほぼ乾上ってしまった。ただ秋になると、今なおわずかな水がこの道をティッケンリクまで行くが、しかし農業に十分とまではいかない。

そこで人は愚かしくも、人間の手が自然の気まぐれのひとつを圧伏し、コンチェ・ダリアの水量をその旧河床に引き戻し、以前のようにティッケンリク付近の耕地に灌漑《かんがい》することができるだろう、と信じたのである。チャルクリク、ティッケンリク、ヤンギ・ケル、コンチエ、ウルグ・ケルから四〇〇〇人の人びとが召集され、夏、水位が最も低いときに、固いポプラの木を五〇〇本、河を横切って二列に打ち込んだ。ここでは川幅は六九・六メートル、最深部は三・六三メートル、最大流速は〇・六七九メートル、水量は毎秒八〇・一八立方メートルであるが、これは一九三四年四月一九日のことである。各列の杭《くい》はびっしり立っているが、列と列とのあいだには数メートルの間隔がある。そしてこの間隔は四〇〇〇人の労働者によって大急ぎで土、葦、木の根、枝、柴などで埋めなければならなかった。埋め終れば河は河の中に突き出した立派な築堤にぶつかって右へ折れ曲り、水流は岸の塁壁にうがった四つの堀を通って旧河床を求め、十分にそこへ戻ってくるに違いなかった。騒音、どよめき、悲鳴、怒号などが渦《うず》巻いて、四〇〇〇人の男たちは土や柴などの荷をかついで、杭の列のあいだにある隙間《すきま》を埋めるために、堤防に向かって突進した。まるで大会戦でもあるかのように人びとはむらがり、堆積の上を駆けまわり、また立ちどまって荷を空け、新しいのを取りに急いで戻って行った。けれども、すべては空しかった。水は杭のあいだにしみこんでゆき、詰めものを洗い流した。そして秋になって増水すると、堤防全体が押し流され、杭はマッチの軸《じく》のようにぽっきり折れたのである。

その後もこの試み、つまり河に対する絶望的な戦いがくり返されたけれども、効果はなかった。ただ左岸にだけ、こわれた提防の残部が一〇メートルほど見え、右岸には堀のあいだの河岸段丘の上に労働者たちが住んでいた小屋が一〇軒立っている。四つの坑道の底は目下の水面より約二メートル上にあるが、秋にはこれを通っていくらかの水が旧河床へ、そしてティッケンリクへと流れるのである。

この数年前に企てられた試み、すなわち河を制御してその水量を人間の――自然のではなく――法則に従わせようとしたのは、決して最初のことではなかった。河や水流について論じた『水経《すいけい》[*5]』という中国の古記録のなかに、クム・ダリアの下流で行われた苦しいたたかいが報告されているが、それは横断ダムによって河の水を灌漑水路へと規制し、それによって種播《たねま》きに役立たせようという目的をはっきり持つものであった。

上述の書物のなかにひとりの中国の将軍のことが報告されている。彼の名前は索勱《ソマイ》で敦《トン》煌《ホアン》に住み、われわれが現在目指しているちょうどその地方で、楼蘭《ロウラン》の住民に灌漑技術を教える先生となった。紀元後二六〇年頃生まれた彼は粛州《スーチョウ》や敦煌《トンホアン》の兵一万人の先頭に立って、ここに中国の軍事的植民地を設置しようという意図をもって、楼蘭《ロウラン》の町に進入したのである。

索勱《ソマイ》は注浜《チユウピン》河すなわちいわゆる南河（クム・ダリア下流）へ注ぐ流れのところで、河床を横切ってダムを築くために近隣の国々からも人を徴集した。しかし、河がせきとめられるはずの日に、水は猛烈な力でその障堤に落ちかかり、大波がダムを乗り越えた。

「そこで索勱《ソマイ》は力強い声で言った。『王尊《ワンツン》[*6]が節をあげると、黄河《ホワンホ》の堤は水の中に沈みはしなかった。王霸《ワンパ》が全き誠実さの証拠を提出すると、呼陀河《フトホ》は流れを止めた。水の力よりも強い

4月19日、徳門堡の南東方、前景に溜水。

神々は今も昔も同じである』

それから索勤《ソマイ》はみずから祈禱《きとう》と犠牲を捧げた。しかし水は減らなかった。次に彼は兵士を戦闘隊形に配置して武装させた。彼らは太鼓をたたき、荒々しい鬨《とき》の声をあげるとともに激しく剣を振りまわし、矢をはなった。こうして彼らは三日にわたって河と激しく戦った。すると水は退き、減った。そこで灌漑に役立ち、豊作をもたらすようになった。住民はこれを見て奇蹟《きせき》だと思った。索勤《ソマイ》は広大な耕地を経営し、三年後には百万シェッフェル[*7]の穀物を収穫した。威信によって、彼は諸外国で崇拝の対象となった」

以上が昔の物語である。楼蘭《ロウラン》は索勤《ソマイ》の時代のずっと以前から存在していた。しかし、わたしが一九〇〇年と一九〇一年に発見した古代の遺物や文書は、このエネルギッシュな中国の将軍が軍事および農耕の植民地を創設し、太鼓や武器のどよめきよりも一層効果的な手段によって大地の生産力を高めたとき、すなわち二六〇年から三〇〇年に至るまでの時代に由来するものである。

徳門堡《トメンプ》は極めて興味深いところである。ここでわれわれはコンチェ・ダリアのほとりに最後のキャンプをし、ここが生きているポプラの木を見た最後であった。次の旅程は砂の河であり新しい河であるクム・ダリアの上を行くことになる。ロプ・ノールへの全水路は生きている木も羊飼いも小屋もない、またわずかの例外を除いて人間の住居のない荒地を通って行くことであろう。われわれはクム・ダリアを航行する最初の人間になるであろう。われわれはこの河を微細にわたって記録するであろうし、またわたしは厳粛な憂愁《ゆうしゅう》の念をもって、三四年前にラクダに乗って通過したこの地方を再び見ることであろう。そのために、われわれは緊張して翌日と河流の変化によって生ずるであろう著しい場面の変化とを待ちわびたのである。

五　クム・ダリアにおける最初の日々

徳門堡《トメンプ》でわれわれは、一九二一年以後新しくできた河がコンチェ・ダリアの旧河床から出て、新しい流れを砂漠の中に求める場所に別れを告げた。この新しい流れとは、より正確にいえばその太古の河床であって、キリストの時代と紀元後三〇〇年頃まで水を流していた古代の条溝なのである。

水源の分岐点のある徳門堡《トメンプ》で、わたしは漕ぎ手たちや出会ったベグたちに、新しい河の性質とか航行できるかどうかについて問いただした。それについて何か知っているものは誰もいなかったし、カヌーでそこへ行ったことのあるものもいなかった。凶兆の予言者は、われわれが危険な急流や、新しい葦《あし》におおわれふさがれた湖や湿地にはまりこみ、そこで舟が難破するか、または戻ってくる見込みもなく行きづまってしまうだろう、と信じた。

四月二〇日朝、われわれは四人の新しい漕ぎ手を世話してくれた三人の村長たち、イサ、ハブドゥル、エミン・ベグと、コンチェ・ダリアとに別れを告げ、今までにわたしが東トルキスタンで行うことを許されたうちで最も興味深い、地理学上最も稔《みの》り豊かな探検のひとつに向かって岸を離れた。

村長たちと連れの人びとは岸に残ってわれわれの去りゆく小船隊を驚きと気づかわしげなまなざしで見送っていた。多分、彼らはわれわれが滅亡に帰すると考えたのであろう。けれども、彼らはまた希望をもってわれわれについて来た。というのは、気まぐれな河の征服と、灌漑《かんがい》の総体的な改革とを援助してほしいという請願を南京《ナンキン》政府[*1]に提出してくれと、わたしにしつこく頼んでいたのである。

岸を離れるか離れないうちに、河の風景はがらりと変った。われわれは最後の生きているポプラの木々のあいだを滑《すべ》って行った。これらの木々は春の緑を帯びた樹冠《じゅかん》を、このあてにならない河の上にもたげている。南東方に向かうわれわれの航路には、もう生きているポプラは一本も存在しない。森林の河から砂漠の河へという転換が、ひとつの屈曲部で起った。

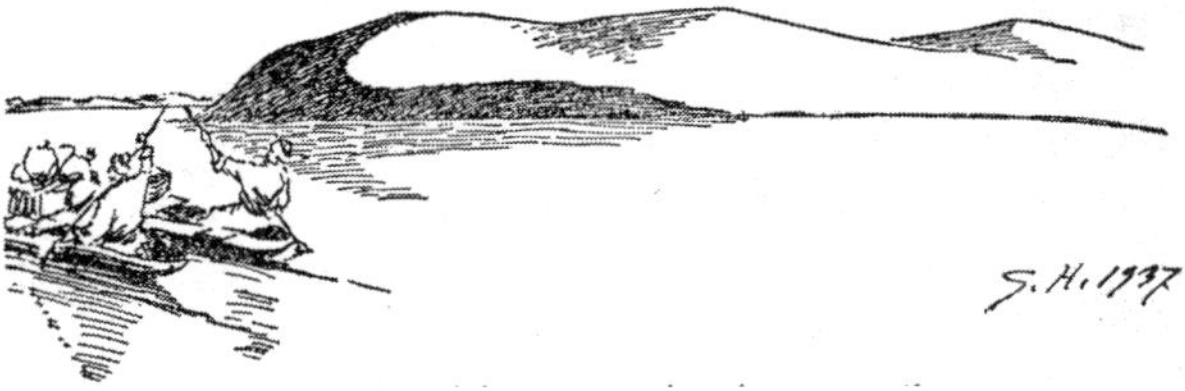

4月20日、右岸の砂丘。

ここをあとにすると、われわれは不毛の荒涼《こうりょう》たる土地に囲まれ、河は平坦《へいたん》で黄色のロプ・ノール砂漠へと入りこんだのである。河は一段と幅が広がり、また浅くなった。この日の行程での最深部は四メートルであった。河岸段丘は鋭く切れこみ、垂直に河に落ちこんでいた。砂丘とタマリスク堆《たい》*2は侵蝕によって切り裂かれ、タマリスクや葦の根がカーテンのように、サラサラとかすかに流れる水の中に垂れている。墓場のような静けさがわれわれを包んだ。砂や粘土《ねんど》の塊《かたまり》が崖《がけ》から河に落ちるときに、この静寂が破られるだけであった。コンチェ・ダリアでは澄んで明るい緑色だった水が、今は濁《にご》り、岸から土が絶えず崩れ落ちるため、灰緑色を呈している。河が戻って来てから、枯死したポプラの小さな茂みも再びよみがえった。ここかしこに灰色でひからびた枯木の幹が姿をみせ、河のまん中に、河底にかくれた砂州に落ちこんだ大枝小枝が突き出していた。今がそうなのだが、水位の低いときには砂州があらわれて、河床のおよそ半分を占める。

　あるいは右側にあるいは左側に、岸辺には黄色の葦の原が広がっている。午後のあいだに、河は高さ約六メートルの不毛の砂丘地帯を貫流した。砂丘のすそは河に洗われ、砂が滑り落ち、流れに押し流されて新しい砂州を造る。ひとつの砂丘の尾根に三匹のカモシカの優美な輪郭《りんかく》があらわれ出た。彼らは不思議そうに数秒のあいだじっとしていた。それから向きを変え、弾力に富んだ跳躍をして、サッと姿を消した。犬のタギルは右岸をついて来たが、カモシカをつかまえようという試みを、あっさり捨ててしまった。これ以外は一日中、生き物は全くあらわれなかった。鳥も魚もいなかった。ところによっては植物すらなく、われわれは周囲すべてを完全な砂漠で取り囲まれた。河は広がって湖になるようだった。すると、方向を定めて澪《みお》筋をたどることがむつかしい。前方で両岸が合わさるようにみえた。けれども漕ぎ手たちは鋭敏な嗅覚《きゅうかく》をもっていた。思いもかけぬところで岬を通り過ぎると、その背後に新しい眺望が開けてくる。それから流れはかなりのあいだまっすぐになる。大気はもやっている。遠くで空と河とはひとつに溶けあっているようだ。とある湾から果てしない大洋へ乗り出して行く、と空想することもできた。わたしは絶えず双眼鏡を使った。どんよりと黄昏《たそがれ》がおりてきた。太陽は霧の中に沈んだ。暗くなる前にわれわれは右岸に上陸し、テントを張り、夕べの火をともした。

わたしはさきほど、この物語にまだ登場しなかった探検隊の一員について述べた。犬のタギルで、羊飼いが羊の監視に使うアジアの野犬の雑種である。タリムの水上旅行で犬を舟に乗せて行ったことを思い出し、今度も四足の仲間を連れて行かなければ、と考えた。タリム旅行のときわたしの旅仲間であったドヴレットとヨルダッシュ[*3]という二匹の犬のことをどんなによく思い出すことか。彼らは舟の上でわたしの孤独をなぐさめ、わたしを大いに喜ばせてくれた。日中、暑いうちは彼らは甲板の下の涼しい日陰にあえぎながら横になっていたが、太陽が地平線に沈むと上へあがって来て、舟の前部に張ったテントに活気をもたらした。ウサギ、カモシカ、あるいは羊飼いや牧羊犬といっしょにいる羊などが眼に入ると、河に飛びこんで岸に泳ぎつき、狩りとか戦いをはじめる。それからいつも岸沿いに跳びながら舟について来てる。そのあげくに疲れてまたこちらに泳いで来て、誰かが首すじをつかんで舟にひっぱりあげてやると、喜んでいた。またわたしはドヴレットが死に、タリムの岸に葬ったときの悲しみを思い出した。良い忠実な友達を失ったような気がしたものである。

さて、わたしはまたヨルダッシュつまり「仲間」を探した。けれどもコルラでは、どんなに探しても無駄《むだ》だった。犬も、戦争の起っているところでは他のすべてのものと同じく、飢えてしまったのである。尉犂《ユーリー》県（コンチェ）で、ようやく二匹の牧羊犬を手に入れることができた。一匹は黄色で、フンメルが取り、もう一匹は赤褐色つまりトルコ語で「タギル」という色で、ロプ・ノール行に加わり、われわれといっしょにいるあいだじゅう、タギルと呼ばれた。

タギルはりこうな才能ある犬だった。はじめから彼は自己の任務、すなわちテントやボートのところで見張りをするということを心得ていた。彼は確かな鋭い判断をもち、敵味方の区別をよくわきまえていた。わたしのチベット犬タッカルは荒っぽい危険な奴《やつ》で、わたしの腹心になって以来、自分の二本足の同国人であるチベット人に対して、押えきれぬ憎悪《ぞうお》の念をもって接するようになった。これとは反対に、タギルは時たま出会う羊飼いに、いつでも親しげであった。彼らがわれわれに対して何も悪事をたくらんだりしてはいないことが、彼には分っていたのだ。わたしが東トルキスタンの羊飼いにはほとんど似ていないにもかかわらず、彼は最初に会ったときから、わたしにこの上なく親しい態度で接し、われわれはすぐさま仲の良い友達になった。彼は背が高く、もじゃもじゃで短く切った耳をして、そりかえった房状の尾をもち、毛皮は、夏、日ざしが暑くなればなるほど必要なくなる性質のものであった。彼は荷物用カヌーにある自分の居場所を捨てて、水中に飛びこんでさわやかな水浴をし、その後、岸に沿ってわれわれについて来るのが常であった。彼が犬の身としては実にややこしい問題にまきこまれたとき、断乎たる態度をとった実例を、わたしは後でお話しようと思う。

そうするうちに、新しく生まれた歴史的な河における第一日は終りに達した。わたしは——左岸におけるノーリンの稔《みの》り豊かな調査と、アンボルトの精密な天文学的測地学的観察につづいて——河流全域を記録し、一九〇一年のわたしの予言が正しかったことを、自分自身の眼でたしかめた最初の人間であることを、うれしく思い、また感謝した。これで、わたしは乾期および雨期におけるクム・ダリアが、ほとんどわたしの河であるかのような感じを抱いた。三四年前にわたしが幸運にも征服したこの砂漠にはいりこんで行って、濁《にご》った水路をたどるというのは、身のひきしまるような思いであった。われわれのカヌーは、道のない河床に印したわたし自身のラクダの足跡の上を、滑るように進んだ。この足跡は三四年のあいだに、春の烈しい東の暴風によって、きっとかき消されたことだろう。しかし、一九〇〇年三月にわたしのキャラヴァンが前進した、まさにその河床が此処《ここ》なのであった。さしあたり毎日が新たな驚きをもたらすことだろう。カヌーで河の終点まで突き進むということが、うまくゆくだろうか。あるいは、凶兆の予言者があくまでも正しくて、ここでおまえの誇らしげな感情のうねりが静まるのだ、という無情な運命がわれわれの行く手をはばむことになるのだろうか。

夜になって空は晴れわたり、永遠の星がわれわれのキャンプの上にきらめいていた。炊事《すいじ》場と漕ぎ手たちのたき火から煙が星にむかって立ちのぼり、われわれのまわりには砂漠が沈黙を守り、神秘の無限をたたえて横たわっていた。

新しい日は烈しい風とともにはじまった。われわれは出発し、風をふせいでくれたコンチェ・ダリアの森を恋しく思った。現在、土地はむき出しで、恐ろしいばかりに不毛であった。河岸段丘は高さが二メートルにおよんでいたので、われわれはその麓《ふもと》で風よけができるのではないかと探し求めた。

数時間後に、トゥルファンとティッケンリクのあいだの隊商路が河と交差する地点に達した。営盤《インパン》はすぐ近くであって、そこは二、三千年前、古代の「シルク・ロード」沿いに中国人の堡塁《ほうるい》と寺院とがあったところである。一九二八年二月二〇日、わたしは、この町からティッケンリクに通ずる道が営盤《インパン》で大きな河と交差するので、渡し舟でなければ渡ることができないという情報を、トゥルファンではじめて得た。それでタリム水系の水がふたたび旧河床に戻って来たことがはっきりしたのだが、この河床とは、はるか東方、古代都市楼蘭《ロウラン》の北で分岐してデルタをなしているものである。

ひどく風が吹いたので、トゥルファン路の渡し場に上陸するのが好都合であった。数隻の小舟が岸辺にあり、われわれが上陸すると渡し守《もり》のオスマンが来ておじぎをした。彼は、自動車隊がシンディ渓谷の入口に三日間いて、そこからティッケンリクのベグたちとわたしに宛てて手紙を出した、と報告した。彼はベリマンからわたしに宛てた手紙を右岸に置いて来たので、身を切るような風の中をボートで河を渡った。しばらく経ってから戻って来て、チャパンや帯のなかを探したが、手紙はみつからなかった。明らかに風と河とにもって行かれてしまったのだ。

陳《チェン》は中国語でティッケンリクのベグたちに、小麦粉九〇〇斤と羊一三匹をヤルダン・ブラクへ送ってほしいと手紙を書いた。

風は嵐《あらし》に近いものになった。わたしは舟の上の書きもの机の前に坐っているあいだ、毛皮を着ていた。河では波が泡立ち荒れ狂って、ボートを洗い流さんばかりだった。こんな天気では旅を続けることができない。ボートは水びたしになって沈んでしまうだろう。われわれはキャンプすることにきめた。

右岸の尾根道に数名の乗馬者と小さなキャラヴァンが、砂塵《さじん》を通してくっきり目立った。明らかにトゥルファンに向かう商人たちであった。彼らはオスマンにこちらへ来るようにという合図を送った。彼はボートで行こうとしたが、すぐに戻って来た。波がふなばたを越えたのだ。もう一度やり直して、ボートのへさきにくだける、白く泡立つ波と戦った。とうとう彼はボートを半ば水びたしにしながら帰りつくことができた。夕方、ロチ・アフンという名の男がわれわれに宛てた一臼《うす》分の小麦粉をもってティッケンリクからやってきた。最初トルコ兵が一〇〇人、後にロシア兵五〇〇人がトゥルファンからコルラへ行く途中で通過して以来、この村には食糧品がほとんどなくなった。トルコ人は取りあげたものにお金を払わなかったが、ロシア人――われわれは彼らにコルラで出会ったのだが――は一〇〇斤につき二六〇両を支払った。今、価格は二五〇両にさがった。ブルグルでわれわれは同じ目方の小麦粉に四五両を支払った。六月から七月にウルムチでは価格が一万四千両にあがった。しかしそこではまた紙幣価値は一銀ドルに対し四〇〇両に下落した。

ロチはイスプ・アフンから小麦粉一シェッフェルを持って来た。イスプ・アフンは三八年前にこの地でわたしの道案内人であったキルグイ・パヴァンの息子である。またまた挨拶《あいさつ》と昔の思い出だ！

嵐の夜が明け、四月二二日は澄みわたったおだやかな天気であった。川幅は二〇〇メートルにも広がったが、最深部はこの日たった三メートルであった。しかし河床はおおむね非常に浅かった。小麦粉を積み、漕ぎ手がひとりしか居なかったダブル・カヌーが砂州に乗りあげた。漕ぎ手が力一杯橈《かい》で押すと、舟は滑り出したが、橈がびくともしなくなり、その男は平衡《へいこう》を失って水に落ち、ひとりぼっちで置き去りにされ、一方、ボートは勝手に流れて行った。われわれが彼の不運を腹をかかえて笑っていると、そのあいだに他のひとりが漕ぎ寄せてその失敗者を救いあげた。わたしの舟もまた乗りあげた。陳《チエン》が早い速度でやって来て、われわれにぶつかった。われわれはぐるりと一回転して離礁《りしょう》した。黒牛の死骸が河のまんなかで河底にひっかかっていた。

両岸は荒涼としていた。しかし、しばらくすると葦の黄色い原のあいだに、枯れたタマリスク堆や命脈を保っている叢林《そうりん》が登場してきた。ここに三人の羊飼いが羊の群をつれて腰をおろしていた。彼らはこわがって、逃げ出したがっていたが、安心させて二匹の肥えた羊を買った。わたしは若い羊飼いに河の名前をたずねた。すると彼は極めて明瞭にクム・ダリアすなわち「砂の河」と答え、クルク・ダリアすなわち「乾上った河」とは言わなかった。わたしがこの前訪れたときには河床には一滴の水もなく、普通クルク・ダリアと呼ばれていたのである。けれども彼はこの流れが何処《どこ》へ行くか、返事をすることができなかった。

枯死し、いじけたポプラが数本、岸辺に墓場の十字架のように立っていた。左側の高い段丘はほとんどオーバーハングせんばかりだった。わたしの舟は幸運にもそのすそを通過したが、次のが通り過ぎようとしたちょうどその時、巨大な土の塊がくずれ、大きな音を立てて河の中に落ちた。そのボートとふたりの漕ぎ手はしたたかシャワーを浴びた。悲鳴や警告の叫び声をあげたり興奮したりしたが、それ以上に陽気で、大笑いをした。

河は長い距離にわたって南東と東南東の方へまっすぐに流れていた。背後に太陽が沈み、前方に黄色の縞《しま》――葦の原――が見え、その上に砂丘が砂の背を巨大なイルカのようにもたげていた。

夕方、われわれは実に冒険的な上陸をした。前方で河が島に沿ってふたつに分れていた。わたしのボートはひどく乗りあげた。他の二隻はそばを通って視界からはずれ、島の北側の岸に着けた。三隻のボートはわれわれよりずっと上手《かみて》の右岸に停止した。離礁してから、われわれはかなり烈しい流れにさからってそちらへ漕いで行き、闇《やみ》が濃くなる頃到着した。まっくらになったが、買貴《チアコイ》とコザックのエラシン、それにふたりの漕ぎ手が乗った炊事用ボートがまだ着いていなかった。彼らははるか河上《かみ》から、銃を発射して居場所を合図してきた。われわれは岸辺で火を燃やして応えた。明らかに彼らは坐礁し、暗闇の中で脱出できずにいるのだ。このため彼らは一晩中坐礁したままで舟の上で眠った。何ともまずいことに、その舟には炊事班全部が乗っていた。しかし平素から慎重な陳《チエン》は「グレープ・ナッツ」、ココア、ママレード等を彼のボートにたくわえておいたので、わが名コックがいなくても立派に切り抜けることができた。

翌朝、われわれはばらばらになった船隊をまとめ、炊事班もまた姿をあらわした。われわれは左側の支流をえらんだが、これはクルク・ターグの麓《ふもと》の、トルコ語で「サイ」と呼ばれる砂利の平地をたどって流れている。支流はせまくなり――河幅はたった三〇メートル――タマリスク堆や粘土の塊や葦のあいだを、掘鑿《くっさく》した水路のようにまっすぐに深く流れている。右岸に羊飼いの小屋や羊の群が見えるようになった。

われわれが葦原のそばを通り過ぎると、四頭のと五頭のとふたつのイノシシの群が大あわてで逃げ出した。いつもはそこで邪魔《じゃま》されることなく自由に根を掘りかえしているのである。

枯れた葦の中でポキポキガサガサ音がして、彼らは狂ったように逃げ去り、エラシンの銃の射程外に消えていった。

河岸段丘は高さ三メートルである。ある場所で、ゆるんだ土が数メートル幅で河の中に落ち、本物の大波をまき起して、すぐそばのボートにとっては全くいやなことであった。

右の方から支流が流れこんでいる、ひとつの岬に通りかかった。その下に強い渦巻があって、漕ぎ手は注意しなければならなかった。しかしわれわれは幸いにも通り過ぎて、また河幅四〇メートルそこそこの支流にすべりこみ、いつものように乾いた薪《たきぎ》のある場所で夕方キャンプを張った。

四月二四日は緊張した一日となった。朝、漕ぎ手たちは左岸からちょっと離れたところで、自動車の轍《わだち》と偵察のためにあちこち歩きまわった五人の足跡を発見した。それでは、自動車隊は通り過ぎたのだ。そして、われわれが会合するようにとりきめておいた、わたしの昔なじみの泉ヤルダン・ブラクまでそう遠くはないのだ。

四時頃、船隊は実にのんびりと幅一〇〇メートルの河を下っていた。その時、ずっと続いていた歌が突然にぎやかな会話に代った。賈貴《チアコイ》とエラシンは灰色のサイを越えて東北のほうをじっとみつめた。サイのへりは黄色の沖積層平地の粘土の丘から約五〇〇メートル離れているようにみえた。

「どうしたんだ」とわたしはたずねた。「自動車とテントと何人かの人が見えます」と彼らは答えた。彼らは上陸して偵察に出ようとしたが、しかしサディクは、あれはタマリスク堆

さまざまな櫂のあやつり方、旅行中走り書きしたスケッチの連作。

にすぎない、と断言した。けれどもわたしは双眼鏡でキャンプであることを認めたし、またしばらくして他のボートから一群の人びとが左岸に集まっていると呼びかけてきた。事態ははっきりした。ここがヤルダン・ブラクから遠くない新しい本部なのだ。

わたしの漕ぎ手はふたりとも足をふんばって立ち、橈をまっすぐ水につっこんで力のかぎり漕いだ。ダブル・カヌーは野鴨《のがも》のように突進し、水はへさきに泡立ち、わたしは今にも橈が折れるのではないかと思った。かなりの距離にわたって河は北北東にまっすぐ流れていて、仲間たちがわれわれの到着を待ちうけていることがもうはっきりと分った。フラーという叫び声。帽子を振る合図。われわれは急いで岸に近づいたが、そこで河は深くなっていた。相当のスピードで小さな岬にぶつかったので、前部の橈をあやつっていたサデイクは釣合がとれずにまっさかさまに河に落ちた。彼は水の中にもぐってしまったが、一秒後には浮かびあがって岸にはいあがり、ぬれた犬のように身ぶるいした。ワッとはやしたて、誰かに出会ったかだの、魚を見たかだの、ずぶぬれになったかだの、ふざけた質問がとんだ。

わたしは岸にとび上り、ベリマン、尤《ヨウ》、龔《コン》、イエオリ、エッフェ、セラト、ジョムチャ、コザックのガガーリンとニコライ、それに召使たちと握手した。乗用車が来て陳《チェン》とわたしと荷物を岸辺から半キロ離れたところにある第七〇キャンプに運んでくれた。

頭上に祖国の旗がひるがえる三人のスウェーデン人のテントの中で、盛大なコーヒー・パーティーがひらかれた。彼らは北方に山稜《さんりょう》がかすかにみえるクルク・ターグの麓に沿った困難な旅行の報告をした。その後、すでにコルラで論議し、また北京《ペキン》でわたしがベリマンと何回も話しあったプランについて、尤《ヨウ》、龔《コン》、エッフェと長いこと歓談した。陳《チェン》とわたしはクム・ダリアをロプ・ノールまで行く旅を続け、フンメルは河に沿って動物学的植物学的採集を継続することになっていた。けれどもこの間、他のものは何をしたらよいだろうか。そこでわたしは、道路の専門家である技師の尤《ヨウ》と龔《コン》に、われわれが、ロプ地方で費やす二か月を、本部からアルトゥミッシュ・ブラクを経由して疏勒河《スロホ》と敦煌《トンホアン》へ行く偵察旅行に利用するよう提議しておいた。敦煌《トンホアン》からコルラへは、二千年前、楼蘭《ロウラン》、ロプ・ノール、クム・ダリアを経由する道があった。約五世紀にわたって、数十万のラクダや牛車がこの道を旅したが、それも紀元後三三〇年頃までで、その頃河と湖が南方へ移動し、楼蘭《ロウラン》は見捨てられて、古代のシルク・ロードのこの部分は衰微したのである。

いまや、湖と河は歴史的なもとの河床に戻ってきたのであって、今こそ、古代のシルク・ロードが息をふきかえす時なのである。最初に南京《ナンキン》政府に提出した請願書のなかで、わたしは甘粛《カンスー》から東トルキスタンに通ずる交通の新動脈が、共和国の最大かつ最遠の領土である新《シン》疆《キャン》と中国本部との結びつきを強めるうえにいかなる意味をもつものであるか、ということを強調した。

ニルス・ヘルナーとパーカー・C・陳《チェン》が、一九三〇年から三一年にかけての冬、敦煌《トンホアン》からロプ・ノール、楼蘭《ロウラン》、クム・ダリア・デルタに向かって勇猛果敢な突進をしたとき、オーレル・スタイン[*4]がもう以前に地図に作っている、砂漠を通る道をたどったのだが、それは自動車の交通には不適当であることが分った。そこでわたしの考えは、北山《ペイシャン》山脈[*5]とクルク・ターグを通る、またはその山麓沿いの、もっと北寄りの平行した道を見出すことにあった。

そしていまこそ、古い道を探し出さなければならないのだ。四月二七日、出発の準備ができた。エッフェのトラックに荷物を積み、乗用車はセラトが運転して偵察用に使うことになった。探検隊の指揮者は尤《ヨウ》と龔《コン》であった。コザックのニコライと、本部に姿をみせていたわたしの旧い道案内人でラクダ猟師のアブドゥ・レヒム[*6]が同行した。ふたりの召使、サンワッツと劉嘉《リウチア》とをあわせると、偵察グループは八人になった。ガソリンは敦煌《トンホアン》往復分、またエンジン・オイルは五〇リットル持った。

彼らの体験はこの物語のなかで特別の一章をなしている。けれども、これに関しては、この冒険が半分しか成功しなかったことを、今もうお伝えしておく必要があると思う。クルク・タークの南麓沿いに東へ進むという試みは、はじめからすぐに実行不可能と分ったので、彼らは山脈の中に入りこむ迂廻路をとった。彼らはベース・キャンプから二四〇キロ走って、孤立した塩泉アルトミッシュ・ブラクに到達した。それ以上東へ進むことはできなかった。というのは、ひどい土地だったのでエンジン・オイルを使いすぎたからである。

新しい「シルク・ロード」を発見したいというわたしの願いは、こうして煙となって四散した。しかし、だからといって、わたしはまたの機会にこの計画を実行しようという希望を、決して捨てたわけではなかった。

それは二千年前のシルク・ロードか、あるいはコルラと敦煌《トンホアン》とのあいだに別の通行可能な連絡路を探し出そうという計画だけではなかった。つまり、陳《チエン》とわたしがヤルダン・ブラクの本部で探検隊の他班の人たちといっしょにすごした三日のあいだに、われわれが時間をかけ、知恵をしぼった計画だけではなかったのである。われわれにはもっと別の計画があった――盛 世才《ションシーツァイ》将軍がわれわれの自由にまかせた二か月という短い期間を、できる限り有効に利用するということが必要であった。

これらの計画のうち最も重要なものは、エルデクが珍しい刺戟的な話をしたことにもとづいてたてられた。彼は、わたしが一九〇〇年に行った最初の探検よりずっと後年になって、南の砂漠で注目すべき発見をした。彼の打ち明けたところによれば、彼はわれわれが楼蘭《ロウラン》で行った発見にさそわれて、あらためて幸運をためしてみようと思ったのだ。たぶん砂漠の奥深くには、黄金やさまざまな貴重品を含んだ遺物や墓が埋蔵されていて、われわれが楼蘭《ロウラン》で発見したものなどは全然くらべものにならないだろう。約一〇年前、つまり一九二四年に彼は最後の旅に出て東へ行き、わたしが一八九六年に発見した、現在は乾上《ひ》っている古いアヴル・ケル湖を通った。

砂漠のなかへ一日行程のところで、エルデクは驚くべきものを発見した。ある場所で彼は埋葬地を見つけたのだが、そこには堅い木材でつくった無数の棺が二層に重なりあって積みあげられていた。彼は多くの棺を開けた。その内側には彫刻や彩色が豪華に施されていた。棺には華麗な絹の衣服をまとい、よく保存された屍体《したい》のほか、奇妙な字や飾りのたくさんついた紙片が無数にあった。

ちょっと離れたところに、戸の開いた家が一軒あるのが見えた。窓の空いたところからまぶしい光がかがやいているのに気づいたが、とてもこわかったのでそばに行くことができなかった。そこにはきっと邪悪な幽霊や妖怪《ようかい》がいて、もし入って行けば打ち殺されるだろうと彼は思ったのだ。楼蘭《ロウラン》の方角に向かってずっと東のほうで、彼は中くらいの高さの望楼をふたつ見つけたが、この話からわれわれは、この地方における古代のシルク・ロードはクム・ダリアの南方を走っていたのではないかと考えるようになった。さらに東方、埋葬地から二日行程の距離に、「ブッドゥハネー」すなわち仏陀の家、たぶん楼蘭《ロウラン》に属していた寺院があった。

エルデクはこのところ空想にふけっていて、たびたびわたしのテントの入口に坐って、頭に浮かんだばかりのことを、こと細かにわたしに告げた。ベリマンとわたしは、この魅力ある不思議な話には、何か事実にもとづくものがあるにちがいないと思わざるを得なかった。われわれは望楼が古い道の位置を定めるのに役立つかも知れないと期待した。また大きな墓地が、わたしが楼蘭《ロウラン》で発見した文書に述べてある場所のひとつの近くであるかどうか知りたく思った。そのため、陳《チェン》とわたしがロプ・ノールへ旅しているあいだに、フォルケ・ベリマンとイエオリ・ゼーデルボムが数人の召使を連れ、エルデクを案内人として、以前アヴル・ケルのあった地方に向かって、砂漠を通って突き進む、ということに決めた。彼らの荷物は、戦争で疲れ切ったこの地方で調達した、なけなしの駄獣に載せて行くことになった。

　ところで、エルデクの魅力ある話は誇張であることがまもなく明らかになった。おそらく彼は、楼蘭《ロウラン》の廃墟の発見に際してわたしが示した強い関心を今なお覚えていて、三四年たったいま、空想力をはたらかせて、その廃墟を荒唐無《こうとうむ》稽《けい》な家やすばらしい墓地に仕立て上げたのであろう。エルデクは年老い、一九〇〇年にはすぐれていた力も忍耐力も消え失せ、記憶力には見捨てられて、夢や希望と現実との区別をつけることができなくなったのである。

　われわれはここで彼に別れを告げてよいだろう。わたしは二度と彼に会うことはなかった。われわれが彼の運命について知るかぎり、その終焉《しゅうえん》は決して幸せではなかった。夏も過ぎた頃、自動車隊は、わたしの著書『シルク・ロード』に述べてあるように、ウルムチで再びわたしと合流した。そこでわたしは仲間から、エルデクはベリマンの砂漠旅行から帰ると、他の召使たちと同じように暇をもらったということを聞いた。

　ある日、彼はティッケンリクのベグたちの前にあらわれ、探検隊からの全く根も葉もない挨拶《あいさつ》を伝え、われわれが米と小麦粉の補給を必要としており、支払いは出発のときにするといった。ベグたちは前にもたびたび調達してくれていて、今度もいかがわしいなどと疑う理由は全くなかった。エルデクはほしいものを手に入れた。けれども河のほとりにあるわれわれの本部へ行くかわりに、まわり道をして彼の郷里であるヤンギ・ケルのほとりのチャラへ行ってしまった。ベグたちは最後にイエオリとエッフェに請求したが、彼らは、その時期には注文などしていない、またエルデクはずっと前にやめた、と答えた。そこでベグたちはこの地の権力者として査問を行った。エルデクは白状し、投獄された。

あわれなエルデク！　わたしと再会しないほうがよかったろうに。彼にとっても――もし彼がまだ生きていたならば――またわたしにとっても最後の出会いの思い出は、最初のそれの思い出とは全く違う種類のものであった。しかしわたしとしては、われわれの舞台からの彼の退場を、東トルコ人における極めて当りまえのエピソードとみなしたので、一九〇〇年の楽しい思い出がこれによって曇らされるようなことは全然なかった。

コルラでサロマヒン大佐[*7]は、一か月半のうちに一〇〇プード[*8]のガソリンと六プードのオイルをこの町に供給すると約束した。いまわたしはコルラの司令官デヴィアシン大尉に宛てて便りをし、この件を思い出させるとともに、最初にまず四プードのオイルをわれわれの負担で用意させるようにたのんだ。この手紙は、一九二八年にベリマンに仕えていたイブラヒムに届けさせた。

シルク・ロードの連中が出発する前、第七〇キャンプには全部でちょうど四三名がいた。

シンディのアブドゥ・レヒム。

そこへさらに数名のトルコ人が馬一頭ロバ九頭小麦粉若干と卵四〇〇個をもってティッケンリクからやって来た。またふたりの羊飼いが羊一八匹をつれてきたので、それを買い入れた。わたしは古い友人で道案内人であったアブドゥ・レヒムに再会して、感動した。一九〇〇年には彼は若くしなやかで、生《い》きのいい騎乗用のラクダにアクロバティックな身軽さでひらりとまたがったものだ。いま彼は老いて弱くなり、さまざまな病苦を訴えた。計画した敦煌《トンホアン》旅行に彼を連れて行くことは冒険ではあったが、しかし彼自身それに熱中していたし、しかも、彼がその地方を知っている唯一の人物であった。旅の途中で彼は病気になり、乗用車《リムジン》でシンゲルへ連れて行かなければならなかった。

いっしょにいた三日のあいだに、われわれは長いこと話しあった。アブドゥ・レヒムがクム・ダリアとロプ・ノールの旅のためにしてくれた説明を聞くのは興味深かった――それはわたしが一九〇一年に提唱した学説と根本的に合致した。いま彼は、河は日に日に減水しているが、七月には再び増水し、晩秋には最高水位に達する、と告げた。それから河は氷結し、再び氷の下で減水する。一三年前に河はクム・ダリアの河床に水を送りはじめ、クム・ダリアの水量はそれ以来毎年増加しつづけ、一九二六年か一九二七年になって、河は満ちあふれ

3人の漕ぎ手。

るようになった。

「ここに水があります」と彼は言った。「なぜ小麦をつくらないのでしょう。クム・ダリア沿いには十分に栽培できる土地があります」

われわれは第七〇キャンプに、ガソリンのボートと、他の人びとに入用なので買い入れた多量の小麦粉と四隻のボートと三人の漕ぎ手を残しておいた。われわれはダブル・カヌーたった五隻と一〇人の漕ぎ手という縮小した船隊で旅行を続けようと思ったのである。

四月二六日に風速毎秒一六・五メートルの小さな「黄色い嵐」があった。すべては霧のなかに消え、クルク・ターグもクム・ダリアも見えなかった。ティー・カップのなかで沈澱《ちんでん》のしくみを勉強することができた。

わが移動都市のうえを新しい夜がおおい、翌朝、われわれは再び旅の仲間と別れることになるのであった。

六　神秘の砂漠に向かって

四月二八日は再び別れの日となった。ふたりの技師、アーヴィング・C・尤《ヨウ》とC・C・龔《コン》は、頑健《がんけん》なエッフェ、機械工兼運転手としてモンゴル人のセラトとジョムチャ、また案内人として老ラクダ猟師のアブドゥ・レヒム、コザックのニコライおよび中国人の召使数人といっしょに、アルトゥミッシュ・ブラクを経、未知の砂漠地帯を通って敦煌《トンホアン》に向かう道路の偵察旅行にすでに出発した。彼らの運命について、われわれは長いこと情報なしでいなければなるまい。わずか数台の自動車で、水も道路もない砂漠の中へ大胆にも入って行くというのは、危険な企てであった。負担に耐えかねて車がストップしたり、またはガソリンやオイルや水が尽きたならば、旅行者は絶望的である。なぜなら、近づきつつある夏の暑さの中を、徒歩で水場までたどりつく見込みはほとんどないからである。けれどもわれわれは南京《ナンキン》の中央政府より、敦煌《トンホアン》から東トルキスタンに通ずる古代のシルク・ロードの進路をたしかめるよう委託されていたから、任務を果すためには、あらゆることを――生命にかけても――しなければならなかった。

自動車隊が東方へ出発する際、わたしは責任を荷なう指揮者の尤《ヨウ》と龔《コン》に次のような命令を出しておいた。敦煌《トンホアン》地方からの帰途、アルトゥミッシュ・ブラクのすぐ南で偵察班をロプ・ノールの北岸に送って、陳《チェン》とわたしがカヌー・グループをひきいてまだこの地方にとどまっているかどうかを確かめるように、というものである。計画全体が冒険的で——わたしは認めなければならないが——全く実に軽率であった。陳《チェン》とわたしにとっては、カヌーの下を流れる水があるかぎり、そして河が東へと伸びているかぎり、その方向に、つまりクム・ダリアがその水をロプ・ノールに注ぎこむ地方にまで旅行を続けるのはたやすいことであった。

けれども、もし自動車隊が帰ってこなかったら、われわれはどうなるのだろうか。計算によれば、また通常の状態であれば、ガソリンは、敦煌《トンホアン》から遠くない疏勒河《スロホ》の末端湖まで行って、ヤルダン・ブラク近くの第七〇ベース・キャンプに戻ってくるのに十分足りるはずである。とはいえ、道が砂地でめりこんで、普通の倍ものガソリンを消費するのではないかなどということは誰にも分らないのだ。このばあい、自動車は敦煌《トンホアン》にまでは行けても、帰っては来られず、しかもそれをわれわれに報告できる見込みは尤《ヨウ》と龔《コン》には全くないのである。また、探検隊員全員が二か月後にウルムチに集結しなければならないと協定しておいて、その半数が新疆《シンキャン》から逃げ出して東の甘粛《カンスー》へ行ったならば、盛 世才《ションシーツァイ》将軍の眼には極めてうさんくさいこととして映るだろうし、またそれが当然である。

もし陳《チェン》とわたしがロプ・ノールでの仕事をやり終えたあとで自動車隊と連絡がつかなければ、他のグループからも多くの援助は期待できないのだ。フンメルからはその仕事がコンチェ・ダリア周辺にあるとしか聞いていない。フォルケ・ベリマンとイエオリ・ゼーデルボムはエルデクを案内人として南方の砂漠へ行って、エルデクの墓地を探すことになっていた。その間、第七〇ベース・キャンプは三人か四人で警備しなければならない。

それ故、自動車隊もカヌー船隊も極めて不安な運命に向かって進んだのである。自動車隊にとっては冬に旅行するほうがはるかに楽であったろう。トラックにたくさんの氷を積みこんで行くことができるからである。しかし、クム・ダリアの地図を作らねばならぬカヌー隊にとっては、河が氷におおわれる寒い季節は適当ではない。

自分のもののように思っている古いクム・ダリアの湾曲部ひとつひとつを地図に作る最初の人間になる、という魅力あるチャンスを前にして、一切の躊躇《ちゅうちょ》は引っこまざるを得なかった。「どうしたら帰って来られるか」という疑問について、わたしは出発の瞬間においても、また常設根拠地である第七〇ベース・キャンプから毎日どんどん遠ざかって行く途中においても、思い及んだことはなかった。いまや何物もわれわれの邪魔をすべきではなかった。わたしが一世代も前から真摯《しんし》な研究を捧げた地域、わたしの唱えた学説がいまわたしの眼前で真実となる地域へ遂に再び戻ることができるようになるために、どれほどの苦労とどれほどの忍耐を要したことであろう。もし誰かが、帰り道は荷物や食糧をもってどういうことになるのですか、とたずねたならば、わたしはこう答えるだけである。

「もし目的地のさまよえる湖にうまく到達すれば、帰りの手だても何とか見つかることでしょう。単独のカヌーはあやつりやすくても、流れをさかのぼって漕ぐのはきつすぎます。もし自動車隊が来なければ、きっと、漕ぎ手をひとり徒歩で河沿いにベース・キャンプへ送って、ティッケンリクからロバと馬を数頭出してもらうことができるでしょう。最悪のばあいには、短時日の行程をとって歩いてこなければなりません」

パーカー・C・陳《チェン》はニルス・ヘルナーの手ほどきで初陣《ういじん》をかざり、その仲間といっしょに三年前ロプ・ノールのまわりを全部歩きまわっているので、事態をわたし同様平静に受けとめ、ちょうどお伽《とぎ》話の冒険のように、この「さまよえる湖」へそして恐らく古代都市楼蘭《ロウラン》の廃墟へと連れもどすことになる新しい旅行を楽しみにしていた。

わが戦隊の「旗艦」はあいかわらずだった。わたしはいつもの通り横板に腰かけ、二隻のカヌーのそれぞれに足を入れ、空箱を書きもの机にした。箱は、机板の下に膝《ひざ》を入れ、また板の下に、地図入れ、双眼鏡その他いろいろなこまごましたものを入れる余地があるように鋸《のこぎり》で切ってあった。ぐるぐる巻きにしたわたしの寝袋は背もたれの役をするが、わたしはいつも前かがみに坐り――机板に肘《ひじ》をつき、右手にペン、左手に煙草《たばこ》をもち、コンパスと時計を前に置いているので、この背もたれをいまはめったに使うことはない。

もう一隻のダブル・カヌーに乗って、陳《チェン》は河の水深と流速の観測を続けると同時に、また橈《かい》を使うと水流よりもどれだけ速く航行できるかについても観察した。三隻目のダブル・カヌーは忠実なコックの賈貴《チアコイ》がロシア・コザックのガガーリンといっしょに管理した。ガガーリンは自ら志願してエラシン・ソコレンコと代り、後者がベース・キャンプの警備に残った。

四隻目と五隻目の舟は食糧品用に使われた。小麦粉きっかり八〇キログラム、米一袋、羊

六四、それに田舎らしさをそえて雄鶏《おんどり》一羽と雌鶏《めんどり》数羽。

持って行くことにきめたものをすべて積みこむにはかなり時間がかかり、出発準備完了の報告を受けたとき、太陽はすでに正午の高さにあった。われわれはクム・ダリアの北岸にある「港」へおりて行き、ベリマン、イエオリ、エラシン、エルデクと、キャンプに属している土着の東トルコ人に別れを告げ、舟に乗りこんで離岸し、東方にあるわれわれの夢の湖へと流れに運ばれて行った。

まだ何艇身も行かないうちに、一羽の雌鶏が大きくコッコッと鳴き、夢中になって羽ばたいて陸地へ飛んで行った。同時に羊が一匹ふなばたを飛び越えて右岸へ泳いで行ったが、地形が平坦ではないのですぐに見えなくなった。従順な家畜も明らかに危険の迫ったのを予感して、まだ時間のあるうちに安全をはかったのである。

再び大砂漠がわれわれを取り囲んだ。河がその河床を捨て去って南に転じて以来、それは数世紀の長きにわたって沈黙し、生気なく広がっていたのである。けれどもいまや水が戻ってきて、古い乾《ひ》上った河床を満たした。葦《あし》、タマリスク、ポプラ等々、植物の種子が流れに乗って下流に運ばれた。彼らは岸辺に付着し、発芽し、根を生やし、新しい生命へと育ってゆくのである。われわれがいま通っている地方には死んだ森や流木は全然なく、岸辺のそこここに葦がびっしり生えていた。それは去年のもので黄色く枯れていたが、新しい緑の葦が育ち、灰色の砂漠の風景に生命と色彩を与えるようになるには長くはかからないだろう。両岸には枯死したタマリスク堆《たい》もまれではなかった。その形はモンゴルのユルトに似て、そのなかには根の残骸《ざんがい》がはいっていた。

河床は広くて浅い。そして水深は二メートル未満である。右岸の葦原に、逃げた羊がぶらついて草を食《は》んでいた。われわれは上陸し、みんなで狩りをした。しかし逃亡者はみんなより速くて、追跡からのがれた。ついにガガーリンが小銃をとって、四発撃った。もちろん大きな銃声が同じ数鳴りひびいた。人に馴《な》れている羊にさえ一発もあたらなかったのだから、野生のカモシカはこの射撃の名人をあまり恐れることはないだろう。

夜のキャンプのうえに月が銀白のかがやきを投げかけ、深い平和があたりにみなぎっていた。

四月二九日夜、気温はプラス〇・七度にまでさがり、この季節にしては異常に低かった。

美しい紫色の花房をつけたタマリスクがポツンポツンと生えているそばを通って行くと、枯死した木々に取り囲まれて、たった一本生きているポプラが円錐丘のうえにあるのが見えた。いろんな種類の水鳥、野鴨、カモメ、アビ、時には小鳥たちもあらわれた。われわれが数週間前に後に残してきたフンメル博士は、春と夏のあいだに鳥類の剝製《はくせい》のかなりなコレクションを手に入れることができるだろう。

北方にはクルク・ターグがはっきり見え、山脈のこちら側には、昔、河が侵蝕してできた、はっきり際《きわ》立った河岸段丘が見えた。左岸の岬の円錐丘の上にタマリスクがあった。これは数世紀のあいだ死んでいたのだが、しかしかくれた生命の閃《ひらめ》きを保持していたため、河が戻ってきたいま、よみがえったのである。

一羽の鷹《たか》が頭上を飛び去り、四頭のカモシカが逃げて行った。

河は奔放《ほんぽう》に曲りくねった。われわれの目的地は東方にあった。しかしわれわれは往々にして西へ流れて行き、夕日のかがやきが正面にきた。九時間で水の上を三一・六キロメートル進んだ。流速は毎秒わずか〇・四四九メートルで、橈を使っても〇・六五二メートルになるにすぎない。つまり平均して毎秒一メートルちょっとになる。最深部は再び五・六メートルになった。われわれのキャンプは枯木の多い砂丘の麓《ふもと》にあるが、その近くで黒い土器の破片をみつけた。

朝、われわれが出発するとき、河は鏡のように光っていた。二、三時間のあいだ河は東北東に向かって、鋭く切れこんだ河岸段丘と、まだ立っているのと倒れている幹とがある、かなりの数の枯死した森のあいだを流れている。クム・ダリアは時として力強く荘厳にみえる。わたしはひととき左岸の円錐丘に上陸した。他の四隻の舟は河の中央にいて、お祭気分の浮々した一幅の絵をなし、そのムードは漕ぎ手たちの歌声で一層高められた。

北へ曲った。河はここでは幅七〇メートルで、河岸段丘は高さ三メートルから四メートルであった。わたしの書きもの机の上には四平方メートルの大きな日除けが四本の支柱のあいだに張ってあった。いま烈しい突風が南から吹いてきて引きちぎり、舟は左岸へ吹き寄せられた。

北方に黄色の砂漠が死の権化《ごんげ》のように広がっていた。そこには長い波状の砂丘が隆起し、

「ヤルダン」の風景が出現した。「ヤルダン」とは風のために独特な状態に形づくられた粘土《ねんど》の塊《かたまり》であって、それぞれが深い切れこみで分断されている。わたしは以前の旅以来、よく覚えている。それらは岸近くにまで及んでいて、ずらりと並んだ巨大な柩《ひつぎ》と棺台にも似て、嵐と乾燥によって破壊された過去の栄光を証明する霊安所のようである。しかしいま、この無限の墓地に再び生命の歌声がひびく――流木や岬のまわりをサラサラ流れる、生き生きとした水の歌声が。いまや、動植物の生命が死からよみがえるための前提条件がととのっているのだ。

　河岸段丘はいまは高さ五メートルで、垂直に落ちこんでいる。下部のやわらかい土が河に洗い流されてできた洞窟のうえに、明るい色をした粘土の固い屋根が突き出していた。その入口の前にはタマリスクや葦の根がもつれあって垂れさがっていることが多かった。粘土の塊が水に落ちるドボンという音がしばしば聞えた。シュピッツベルゲン[*1]やグリーンランドの氷河がカルベン[*2]するように、河岸段丘も粘土の塊をカルベンするのである。

　夕方キャンプを張るまでに、三二一・一キロメートル進んだ。陳《チエン》は最深部四・五メートルを測定した。

　五月一日になった。田舎にでも居るような気がする。雄鶏はときをつくり、雌鶏は甲板の下でコッコッと鳴き、小麦粉袋のあいだにつないである羊は次のキャンプを待ちわびてメエメエ啼《な》いている。

　この快い農家はさらに東方へと滑《すべ》るように進んだ。遠くから急流のざわめきが聞えてきた。

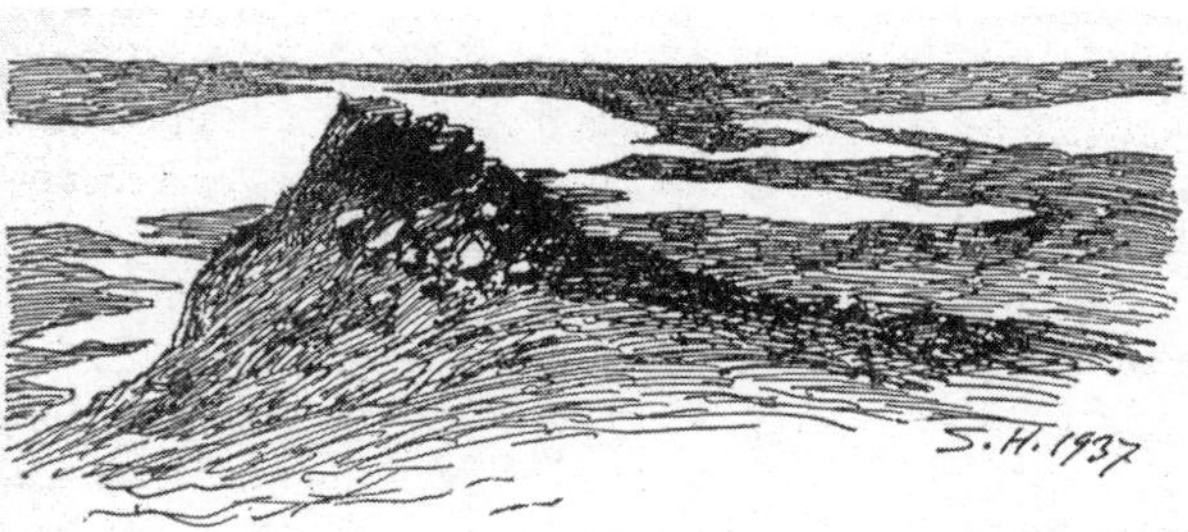

5月1日、左岸から南西を展望、前景は出来そこないのヤルダン。

そこに来た。漕ぎ手たちはボートを流れのまん中に保ち、勢いよく打ちかえす波のあいだをぬって突進した。

しばらくして、われわれは樹齢三、四年の二本の小さいポプラのそばを通った。ポプラはすぐにもっと多くなった。それらは森の最初の植民であり、われわれに森を予感させる先触れであった。森のなかを、数千年前の楼《ロウ》蘭《ラン》時代と同じように、きっと東の嵐が吹き荒れることだろう。少し先の左岸に、春の緑がかがやいているところがあった。ここにもまた一本の生きたポプラが立っていた。われわれは上陸した。それは数百年のあいだ死んでいたが、一九二一年に河が戻ってくると、再び生命をよみがえらせたのである。彼らはハート形のギザギザの葉でできた厚い服を着ていた。そのそばに根づいた若木は小さなランセット[*3]形の葉をつけていた。もっと樹齢が高くなると葉はハート形になる。そのため、このポプラ種には「ポプルス・ディウェルシフォリア」というラテン語の学名がついている。ひととき、緑のかぐわしい木陰に坐って、砂漠における生命の回帰について夢想するの

鋭いかたちで溝ができている右岸の沈積物。5月1日。

は快いことであった。賈貴《チアコイ》は緑の小枝で作った花束をまず最初にわたしに贈ってくれた。彼とガガーリンは舟の上に日除けをつくるため、四阿《あずまや》一軒分もの小枝を持ってきた。

鋭い湾曲、泥のなかにはまりこんだ流木、サラサラ流れる水、生きているタマリスクと葦。河は幅五〇メートルで、垂直の段丘がある。流速が増した。

高い段丘の稜を越えて、砂丘から砂がなだれ落ち、滝のように河に落ちた。もう遠くから耳を聾《ろう》せんばかりの水のとどろきが聞えた。爆弾が命中したあとのように砂ぼこりが立ちのぼった。ここは河幅一〇〇メートルあるが、そこを横切って波動が走った。われわれは陽気に波にゆられた。

その後しばらくのあいだ静かであった。クリスチャンの賈貴《チアコイ》はスウェーデンの伝道所で習った讃美歌を歌った。歌は、これまでキリスト教やイスラム教の聖歌がいちども響いたことのない河面を荘重にただよった。

ふたたび遠方にとどろく音が聞えた。嵐が来るのか。

音は強くなった。疑いもなくまた急流である。偵察のため上陸した。われわれは急流をものともせず、わきかえり泡立つ大波を越えて突進した。「すぐひっくり返るぞ」とサディクは言った。そんなことはなかった——われわれは切り抜けて、すぐにまた静かな水面に来た。

薄暗くなった。キャンプしなければならないので、テントに適した平地を探した。しかしそんな場所は、侵蝕《しんしょく》されたヤルダンの地方ではまれである。最後にわれわれのえらんだキャンプ地は独特であった。それは高さ七メートルのヤルダンの脊梁《せきりょう》であって、その表面は部屋の床《ゆか》のように完全に平坦だった。高いところにテントをたて、炊事場《すいじ》をしつらえた。漕ぎ手たちはその麓の低いところをえらんだ。ヤルダンの脊梁は北北東から南南西の方向に横たわっている。そのひとつの嶺から、目の届くかぎり、重畳《ちょうじょう》たるヤルダンの広大な風景が展開した。河幅はここではたった五〇メートルでわれわれのいる高所からはちっぽけな狭い水路のようにみえる。もし今夜嵐が来たら——わたしは思った——テントは風で吹きとばされてしまう。

けれどもわたしが目覚めたときには、依然として静まりかえっていて、下のほうに河が鏡のように光りかがやいていた。

まもなく航路は八〇メートルから九〇メートルにひろがって、流れもよくなった。小さな砂州のところにじょうご型の渦巻《うずまき》ができていた。砂の崩れる音が絶えずきこえた——河が働き、新しい河床をつくっているのである。サディクは九時間も休みなく歌い続け、他のものも声をあわせている。いつも同じ歌——愛、冒険、戦争、聖人の運命など。この音楽は聞き

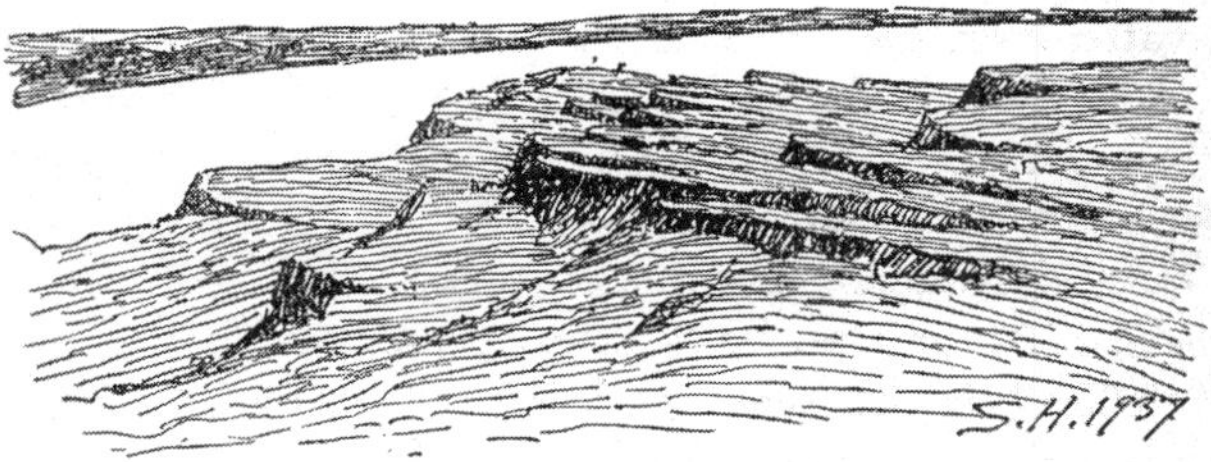

東に向かって河を下る。5月2日。

手にとって全く悩みの種である。しかし、不平を言うつもりはない――人はモーターボートのブルブル……という音にも、やはりむきになって文句をいうものだから。何といったところで、歌は漕ぐのに必要でしかも不可欠なものである。両岸は高さわずか一メートルである。そこにカモシカが草を食んでいた。両側から同時に砂が崩れ落ちた。波が河のまん中でぶつかりあい、大波を起した。われわれは坐礁《ざしょう》した――それはヤルダンであって、その嶺が水面のすぐ下にあったのである。

やや高いヤルダンからわれわれは偵察した。河は河岸段丘にはさまれていて、峡谷のような印象を与えている。三四年前、わたしがこの砂漠を旅したとき、この地方はなんと荒涼として生気がなかったことか。現在は、生命が新しい曙光《しょこう》をその上にひろげていて、なんとすばらしいことだろう。世界のどんな音楽でも、わたしの耳にとっては、水が、泥にはまりこんだ流木の幹のまわりをサラサラ流れながらかなでる、勝利を期した低いメロディより以上に愛らしくひびくことはないだろう。

右岸の塚墓型のヤルダン。5月2日。

風景は性格を変え、一層荒涼となった。流れる水が、どのコースをとろうか迷っているといった状態であった。一九三〇年から三一年にかけての冬、ロプ・ノールとクム・ダリアのデルタをおとずれたことのある陳《チエン》は、ここがまさしくデルタの根もとであると説明した。ある種の緊張をもってわれわれは自問した。われわれをまっすぐロプ・ノールへ連れて行ってくれる最も大きな支流をうまく見つけられるだろうか、あるいは湖と多くの支流の入り組んだ中に迷いこみはしないだろうか、と。

ヤルダンはより高くなった。それらはますます幻想的な形になり、魚、突き出した屋根、下に深い影のある靴型《くつがた》などに似ていた。往々、塔、城壁、古い家、人工の要塞などに、本物と見まごうばかりによく似ていた。待伏せしているライオン、横たわっている竜、謎《なぞ》めいたスフィンクスまたは眠っている犬の形もあった。われわれはお伽《とぎ》の国を通っていた。それは魔法にかけられ、神秘的であって、明灰色、黄色、バラ色に色どられていたが、それでもなお死と無常の烙印《らくいん》を押され、枯木の幹一本すらなく、太古の森の痕跡《こんせき》も全くなかった。

しばらく経って、このすばらしいヤルダンの彫刻は姿を消した。眠っている巨人も夢みる哨兵《しょうへい》もみえなくなった。両岸は高く、平たく、単調になった。河幅は八〇メートルで、一層堂々たる印象を与えた。葦はまばらになり、タマリスクもまれになって、わたしは茂みのそばを通り過ぎるたびに地図に記入することができた。

デルタ支流がひとすじ右に流れ出て、澄んだ流れのない水をたたえた湖に注ぎこんでいる。その支流はずっと下《しも》のほうでまたもとに戻る。南のほうは相当に広い水面で、日光がチカチカひかっていた。沿岸湖はあらかた河の南側にあった。夏のあいだにそれらは全部陳《チエン》が地図に記入し、彼はこの仕事で驚くべきエネルギーを発揮して、敬服に値するやり方でわたしの水路図を完璧《かんぺき》なものにしてくれた。クム・ダリアの北側つまり左側の地方は、前にもいったが、ノーリンとアンボルトによって地図が作られている。

「サル」とは鳶《とび》に対する、威光に満ちたひびきをもつトルコ名であるが、それが一羽、岸の高みに孤独な威厳をみせていた。われわれが通り過ぎるあいだ、鋭いいぶかしげなまなざしで見送っていた。岸辺の安全な場所に数羽の白鳥がおりていた――多分近くに巣があるのだ。孵化《ふか》したての麦わら色の雛《ひな》が母鳥のまわりを泳いでいた。一隻のボートの漕ぎ手たちがこの愛らしい生物を何羽かつかまえたが、わたしはすぐにそれらをつかまえた場所で放させた。そのあとすぐにまた雪白の白鳥の群に出会ってびっくりした。彼らは王者のように気高く羽ばたいて南のほうへ消えていった。

この地点から西方にはもう白鳥の姿はなく、またフンメルはコンチェ・ダリアの全行程、また第七〇ベース・キャンプに至るまで、世界の鳥類のなかで最も美しいこの鳥を、ただの一例も観察しなかったのである。ここ、クム・ダリアのデルタ近くなって、はじめて白鳥はあちこちにつがいになって姿をみせるようになる。ここには葦の生い茂ったかなり大きな島があって、自由に動きまわったり、広々とした水面を見わたしたりすることができるのである。密生した葦がずっと続いているあいだに開けているカラ・コシュンの水面で、一八九六年、一九〇〇年、一九〇一年にわたしはよく白鳥を見かけたが、それらを漁師たちは計略にかけて捕えるのであった。網を張ったり取りこんだりしに数人の漁師が小舟で出かけ、葦がずっと茂っているために白鳥がのんびり泳いでいるのに出会うと、彼らは全速力で舟を動かし、犠牲者に向かってまっすぐ矢のように突き進む。白鳥は危険が迫って水面から飛び立つ暇がないと知ると、葦の中に難を避けようとし、その中へはいりこんで密生した茎《くき》のあいだに身をかくす。狩人は軽々と追跡し、白鳥が泳ぐよりも速く葦のなかを漕ぐ。至るところ丈《たけ》の高い密生した葦の茎ばかりである。白鳥にはそこから逃げ出すチャンスがない。羽根をひろげる余地はないし、狭いところから空中へ飛びあがることなどなおさらできない。結局カヌーが追いつく。白鳥は絶望的に羽根をばたつかせる。狩人は水にとびこみ、つかまえて首をひねる。鳥はすぐさま死んでしまう。

クム・ダリア下流の湖にはまだカラ・コシュンほど密生した葦が続いてもいないし、またそれほどたくましい葦もない。カラ・コシュンでわたしがその茎を測ったら、長さ八メートルで、水面のところではちょうど手で握れるくらいの太さであった。われわれがいま居る水路はまだたった一三歳で、やっと河床をつくりかけているところである。その両岸や沿岸湖に根をおろした葦は新来者であって、まだしっくりしておらず、また南方の、現在は乾上っている湖にあるような群落にそだつだけの時間がない。そうなるためには数世紀もの時間と、変ることのない環境とが必要なのである。クム・ダリア下流とデルタの周辺では、水も動植物もすべてのものが新しい。とりわけこういう理由から、われわれが目下企てている旅行は強く興味をそそるものがある。われわれは、アジアの極奥部における地表の広範なしかも見かけは気まぐれな変化を、自分自身の眼で見るのにぴったりした時機にやって来たのである。魚やいろんな水棲《すいせい》昆虫が河と同じ速さで拡がっていること、植物の中では葦がその足を新しい土地に印した最初の先触れであることなどを、われわれはいますでに観察した。ロプ地方では自然が――東トルキスタンで人間がしているのと同じように――生死をかけて戦っているのである。南方では砂漠が、乾燥が、死が勝利を得た。ここクム・ダリアの周辺では、砂漠が敗れ、生命が動植物の全軍をひきいて、抵抗をおしのけて前へ前へと突進する河という形をとって勝利をおさめたのである。

このすばらしい劇の全貌《ぜんぼう》が眼前に明らかになり、われわれがロプ・ノール問題を最終的に解決したといい得るまでには、まだまだ多くのものを見なければならなかった。それ故、クム・ダリアの旅にまた戻ることにしよう。

われわれは水路が入り組み、湖のようにみえる広がりに到達した。水面と流れと島々の迷路！　空気はどんよりし、われわれは灰青色のもやに包まれ、その中から他のボートがお化けのようにぼんやり浮かび出てきた。船隊は、わきへそれる支流へ姿を消す舟がないようにかたまっていなければならなかった。時折、停止して偵察した。この水の迷路は底知れぬものだった。ひとつのヤルダンは円錐状の頭が切れて、そこに巨大な平石が載っていて、スウエーデンの西海岸にある塚墓と瓜《うり》ふたつであった。

正しいコースを長いこと探したあげく、薄暗くなってきて風が吹き出したために、キャンプせざるを得ず、島や半島や入江のあいだからひらけた水面へやっとのことで出て、そこで小さな島に上陸した。われわれは薪木《たきぎ》を見つけ、メロディアスにひびく波の音を聞きながら眠りについた。

五月三日、本格的な北東風――毎秒一一メートル――で目を覚ました。突進する波がわれわれの島の北岸と東岸にくだけて泡立ち荒れ狂っている。ここにあるヤルダンの土台を波が打ち寄せてえぐりとるのを見ることができた。このようにして年月の経つあいだに、嵐と水とによって風土は形づくられ、均《な》らされ、変ってゆくのである。風と波の絶え間ないとどろきは、楼蘭《ロウラン》時代の思い出を歌う太古の魅惑的なメロディとなって大気を満たした。

われわれの島は長さ二五〇メートル幅八一メートルであって、縦軸《たてじく》は北東から南西の方向すなわちヤルダンにひろくみられる方位に走っている。南方には実に広々とした水面があり、ヤルダンの尾根と島とによって仕切られている。島の北東端にあるひとつのヤルダンの風下に、たくさんの白いカモメがいてさかんに鳴声をたてていた。賈貴《チアコイ》は春に芽生えた藺《い》草のやわらかい茎の一番下の部分を集めた。これは一種の野生のアスパラガスで、実においしい。

われわれのボートは押し流されないように、島の西岸の風下につないである。夕方、天気がものすごくなったので、わたしはその夜ガガーリンと賈貴《チアコイ》をわたしのテントに来させた。夕方の時間は長かった。陳《チェン》はその日の観測の仕上げで手一杯だったし、わたしは記録に没頭した。時間の一部はガガーリンに身の上話をさせてつぶした。

彼はアルハンゲリスク[*4]の生れで、その近くで一九二八年まで百姓をして暮していた。その後、彼は他の二五人の農民といっしょにアルマ・アタ[*5]（フェルニイ）に移住し、土木作業員として使われた。しばらくたって彼はピシュペック[*6]に逃げ、アルハンゲリスクへ戻った。しかし彼は捕えられ、改めてアルマ・アタへ流刑に処された。彼は日に小麦粉またはパン四〇〇グラムを支給された。またまた脱走したが、今度はバクティとチュグチャクへ逃げた。新《シン》疆《キャン》に動乱が起ると、彼は軍隊に引っぱられ、第一連隊に配属された。当時は四個連隊あったが、そのうち第四連隊はのちになって前の三つに配分された。彼はニコライエフ大佐にひきいられてウルムチに来て、山脈を越え、営盤《インパン》、シンディ、ティッケンリクを経由してコルラを目指す五〇〇名の進軍に加わった。ガガーリンはいま三一歳である。彼の父親は亡くなり、母親はアルハンゲリスクに住んでいる。

五月四日も、大気の精のすさまじいとどろきのうちに過ぎた。飛砂やほこりが視界をさえぎった。われわれは、テントが今にも吹き飛ばされはしないか、と固唾《かたず》を呑んでいた。波はわれわれが捕われの身になっているちっぽけな島にあぶくを打ちつけ、ヤルダンの中腹が水の中に崩れ落ちる音が再三再四聞えた。ダブル・カヌーの一隻は夜のあいだに綱が切れて流れ出し、水びたしになって隣の島の岸辺に打ちあげられた。幸いなことに、小麦粉の袋は夕方陸揚げしておいた。

空、土、水――すべては灰色一色の霧となった。二、三日前には水晶のように澄明な水であった湖は、いまや大波がぶつかって土を蚕蝕《さんしょく》し、水底の泥が渦巻きのぼってきて、えんどう豆のスープのように濁ってしまった。羊を一匹屠《ほふ》り、わが忠犬タギルには臓物をごちそうした。三人の漕ぎ手は自分たちの分け前をすぐに食べてしまったので、その後の三日間はパンだけで過ごさなければならなかった。この島で、古い中国の弩《いしゆみ》の仕掛けの部品である陶片をいくつかと、ひとつぶの真珠を見つけた。

五月四日の晩われわれが横になるまで、嵐は五〇時間にわたって荒れ狂った。われわれはこの背信的な水のほうを、あこがれをこめてみつめた。しかし、寝袋にもぐりこんだとき、嵐はあいかわらず小止みなく吹きつづけていて、そのどよめきと大波のとどろきの中でわれわれは眠りと夢とに身を委ねたのであった。

七　知られざる王女の墓へ

五月五日！　記念日――三九年前の今日、わたしはコータン・ダリアの河床に水を発見して、奇蹟《きせき》のように救われたのである。[*7]

まる五〇時間も続いた嵐のあと、今朝もまだ天気は悪く、空は厚い雲におおわれていた。しかしわれわれは荷造りをして舟に乗り、大きな湖を越えて北東へ向かった。この湖は浅く、橈《かい》が至るところで底にぶつかり、水深はおおむね二分の一メートルしかなかった。われわれはひとつのヤルダンの丘に登り、南方にひとすじの支流を見つけた。数時間後、われわれは東方に向かっている流れに乗り入れた。これは、葦《あし》がずっと密生して黄色い島のように浮かびあがっている湖に流れこんでいる。

再びヤルダンの島から偵察した。北にも北東にもやや小さな水面が開けている。われわれは北東に向かって方角を定めていたが、袋小路に行きついたので、東の方を偵察させようとサディクとハイトを派遣した。南西には大きな湖が見えたが、北にはただヤルダンだけであった。われわれはところどころ五、六メートルの幅しかない小さな支水路に入っていった。これは堅い粘土《ねんど》の岸と密生した葦の島のあいだを流れている。一二時半に非常に広い水路に出たので、デルタ支流の主流に到達したのだと思った。左岸沿いに行った。やや遠い内陸に灰色の木の幹が見えた。それらのうちの二本はX形をしていた。これ――未知なるもののシンボル――が、自然のたわむれか人工によるものかを調べなければならなかった。

そこでわれわれは一時に上陸し、西北へ二一〇メートル行った。そこで一軒の家の残骸《ざんがい》を発見した。これは明らかに楼蘭《ロウラン》時代に由来するから、少なくとも一六〇〇年前のものである。この家に向かう途中で、壺《つぼ》とか皿《さら》などの土器の赤色黒色の破片が大量にあるところに行き当った。

5月5日。昔の家付近の河岸。

昔の家の南西壁にあるX型に崩壊した戸口の支柱。

昔の家から西南西を展望。

垂直の支柱が一八本、まだまっすぐに立っていた。壁は葦とタマリスクの小枝を編んで作ってあって、垂直の構造が主となっている。従って建築材料も建築様式も楼蘭《ロウラン》におけるものと同じである。家は幅約八メートル、長さ一四メートルで四室に分れている。縦軸《たてじく》は北東から南西の方向にある。周囲の土地よりも約二メートル高い小さな隆起の上にある。家のまわりにはわりに小さな梁《はり》や木片が散らばっているが、いずれにも全く彫刻は施されていない。室のあいだにはドアの口がある。こういうドアのわくを構成している二本の側柱がゆるんで前に傾き、われわれが見たようなX形になっていたのである。ドアのひとつには敷居がついていた。

一隅に炭のあとのあるかまどが見えた。恐らく家畜小屋として使っていたらしい一室には羊の糞《ふん》がたくさんあった。家の中には土製の容器の破片、動物の角、魚の骨、目のあらい木製の櫛《くし》ひとつ、ナイフの刃一本、壺の底ひとつ、目のつんだ織物の残片、柳籠《かご》の底ひとつなど多くのものがあった。家の南西に塀《へい》で囲まれた中庭がある。塀はほとんどがこわれていた。馬に水を飲ませるのに使った大きな木桶《きおけ》の破片が散らばっていた。

この家は当時どういう目的をもっていたのだろうかとわれわれは自問した。何らかの価値あるものとか文書があった形跡は全くなく、ただごく粗末なものがあるだけだった。ありふれた貧しい農家だったのか、または古代のシルク・ロードに沿った小さな宿駅だったのだろうか。ことによったら楼蘭《ロウラン》に往来する旅行者の宿屋だったのだろうか。

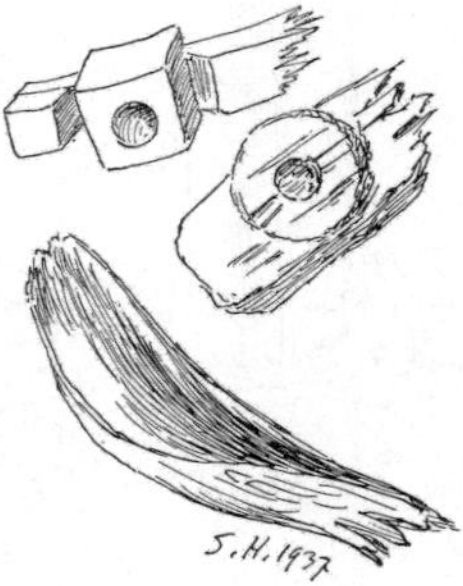

昔の家の木の部分。

われわれはこの場所にギリギリ一時間しかとどまらず、かなり強い北東風のなかをさらに旅を続けた。五時頃またひとつの丘の上から見まわして、東北東と南とのふたつの支流のどちらかを選択することになった。われわれは前者に従った。それはすぐに東北にまがった。蘆の小さな茂みのところで流れが逆流していることが分ったので、そこから引き返した。しかし暗くなったので、右岸に上陸し、薪《たきぎ》のある場所にテントを張った。このキャンプは高さ約四メートルのヤルダンの南東の麓《ふもと》にあった。ヤルダンの最高地点には道標が立ててあった。それはピラミッド形をして、やや小さな木材ででき、巧みに堅牢《けんろう》に組立てられていた

右岸にある、頂がオーバーハングし、下がえぐれているヤルダン。
5月5日。

第76キャンプ、北西に向かって、ピラミッド型をした古代の道標。
その先端に陳がスウェーデンの国旗を掲げた。5月5日。

ので、数世紀にわたる嵐にもゆるぐことはなかった。このピラミッドは高さ三メートルであった。木材には斧《おの》のあとがまだはっきりみえ、その丸い一本は両端が切りととのえてあった。この境界標は疑いもなくかなり大きな街道があったことを示すものであって、その道筋にはこのほかにもこの種の道標が東西にわたってあったことだろう。恐らくシルク・ロードがここかまたは今日われわれが見た家のそばを通っていたのではなかろうか。

陳《チエン》はわたしが三九年前コータン・ダリアで救われたこの日を記念して、ピラミッドの先端にスウェーデンの国旗を掲げてくれた。

いつもの通り嵐のあとには気温が下った。夜八時にはわずか一四度で、われわれは冬に砂漠でするように寝袋にくるまった。

その後の最低気温は七・七度であって、五月六日の朝は東北東の風がピューピュー吹いて、あまりうれしくはなかった。毛皮にくるまってボートに乗り、日除けの屋根はいらなかった。それからさらに河を進んだ。河はここでは分りやすかったが、しかし不規則だった――島、半島、岬、ヤルダンが入り乱れてひとつにまじりあっている。葦の茂みがずっと続いていて、穂をつけた黄色い茎が羽根のようにそよいでいたが、流れは見分けがついた。ひとつのヤルダンから偵察し、再び大きな水面を滑《すべ》って行った。

河は北東か東北東の方向をとる傾向をはっきり示していて、優勢な風向とは正反対で、ヤルダンの縦の方向に平行であった。河の水は、ヤルダンから流出する水のために形成され広げられた脊梁のあいだにある溝《みぞ》のなかへ、ごく自然に手探りしながら入って行く。この傾向

タマリスクと机形のヤルダン。5月6日。

については、われわれはすでに第七三キャンプから注意していた。

かなりの距離にわたってわれわれはヤルダンのあいだを進んだが、コースが北東なので、左右にその縦の側面がみえた。けれども正面から見ると、普通は短かくて柩《ひつぎ》に似ている。北東または南西の端からは、とても狭くみえ、ばあいによってはわずか数メートルの幅しかなく、側面は垂直で上は平坦《へいたん》である。そういうときには、さいころ、城壁にある凹凸《おうとつ》型の胸壁、あるいは塔のようにみえる。往々、それらの輪郭《りんかく》が規則的なので、問題にしているのが道路上につくられた古い望楼《ぼうろう》ではないか、と確かめるために立ちどまらなければならないこともある。もしそうだとしたら、われわれにとって重大な意味をもつことになるだろうから。

再びわれわれは小さい島に上陸した。侵蝕されたヤルダンの最後の残骸である独特の細長い二本の柱にひきよせられたのである。遠方からだと、それらは人間の手で作られたものと思うにちがいない。北方にヤルダンと円錐丘《えんすいきゅう》とから成る風景がみえ、さらに遠くには灰色の「サイ」すな

右岸にあるメサの塊。5月6日。

わちクルク・ターグのいちばん外側にある低い砂礫《されき》の円錐丘がみえる。クルク・ターグはその前山が威《い》嚇《かく》的な層雲のように際立っている。

海鳥が鳴きながらわれわれのまわりを飛んだ——われわれの接近を互いに警告しあっているようであった。いま、記念碑のようなメサのそばを通り過ぎた。メサとは、はるか昔の後期第三紀の沈積物から成る、橙《だいだい》色をした巨大な侵蝕の残部である。それは右手に立っていて、われわれは北東の方向へと進んだ。しかし、しばらく経つと、わたしは弱い流れがわれわれとは逆に流れていることに気づき、南西に向きを変えた。記念碑のようなメサに二度目に近づいたとき、漕ぎ手のボスのサディクがそこへ登って最もよい水路を見つけようと申し出た。しばらくして彼は帰ってきて、眺望は非常に広いが水路が実に乱脈なので、どの方向を取って進んでよいかきめることができないと報告した。そこで彼はわたしに自分で登ってコースを決定してくれとたのんだ。

かれこれするうちに他の漕ぎ手たちも大勢陸にとびあがって、岸辺の葦とでこぼこした粘土の地面のあいだに姿を消した。垂直の段壁を征服するために、サディクはときどき強い手をさしのべてわたしを助けながら、かなり危険な断崖《だんがい》を引っぱりあげてくれたが、そのとき何人かの仲間に会って古い墓を発見したという知らせを受けた。

「あのシャベルを持ってきてくれ」とわたしは答えた。事実、われわれはシャベルをたった一本しか持っていなかった。ことさらにこういうのは、われわれが考古学的発掘を全く意図していなかったことを証拠立てるためである。一四人の男にシャベル一本というのは、出土品に特殊な関心を抱いていないことを意味する。シャベルを持って来たのは、テントのために地面をならしたり、上陸地点を改良したり、キャンプ・ファイアから燃えている炭を運んだり、葦のしげみやその他を通って道を造ったりするためであった。これは一見ささいなことだが、ある意味をもっていた。というのは、これはわれわれが南京《ナンキン》政府から与えられた訓令の一項と密接な関連をもっていたからである。それは教育部長が出したものであって、彼自身は北京《ペキン》のある学者たちに勧められてわれわれの探検隊にすべての考古学的活動や発掘を禁止したのであった。そのためロプ・ノールの旅は一本のシャベルで間に合わせることになって、わたしはいまこう命じたのである。「あのシャベルを持ってきてくれ」と。その後の数時間、わたしは――北京の敵意にもかかわらず――一〇本のシャベルを自由に使えたら、大枚を投じたことだろう。

そうこうするあいだに、墓を発見したものたちはサディクとわたしをメサの西斜面上の興味ある地点へ連れて行った。その場所は海抜一七・五メートルであった。メサの先端はわれわれの上陸地点より二五メートル高かった。

すでに数人の漕ぎ手たちが素手かまたはあたりの地面に散らばっている棒を使って熱心に墓の浅い覆土《ふくど》を取りのけていた。その墓は小さなバルコニーつまりテラスの形をした平面にあって、あきらかに共同墓地であった。なぜならわたしが着いたとき、人びとはすでに墓のふちに三つの頭蓋《ずがい》骨と他の部分の骸骨数点、多種の衣服の切れはしを積みあげていた。

シャベルがとどいて仕事ははかどった。わたしはしばらくそこにいて、発掘を見守った。それは陳《チェン》がぬかりなく注意深く指揮して、一時一〇分から三時三〇分まで行われた。墓は薄板で覆《おお》われ、数本の直立した柱がそのふちを示す標識になっていた。

仕事が進行しているあいだに、わたしはひとりでメサの最も高い先端に登った。地平線のあたりに驚くべき光景が展開した。北方にはクルク・タークがチカチカ輝き、その麓には灰色のサイが横たわっていた。しかもわたしは幻想的な風景に取り組まれていた。曲りくねる青緑色の支流や湖、灰黄色のヤルダン、黄色い葦の縞《しま》模様が入り乱れ、混然としていた。この混乱を地図に書きとどめることは不可能であったろう——たとえ空から写真を撮るという方法をとったとしても。わたし自身は、新たに押し寄せて来てヤルダンのあいだの溝や陥没を満たしている水から成るこの迷路を通るわれわれのルートを、今まで通り地図に記入することで満足しなければならなかった。ヤルダンは黄色の縞になってくっきりと目立ち、いつも北東から南西へと走っている。大体において水平にみえる地表のそこかしこに、この美し

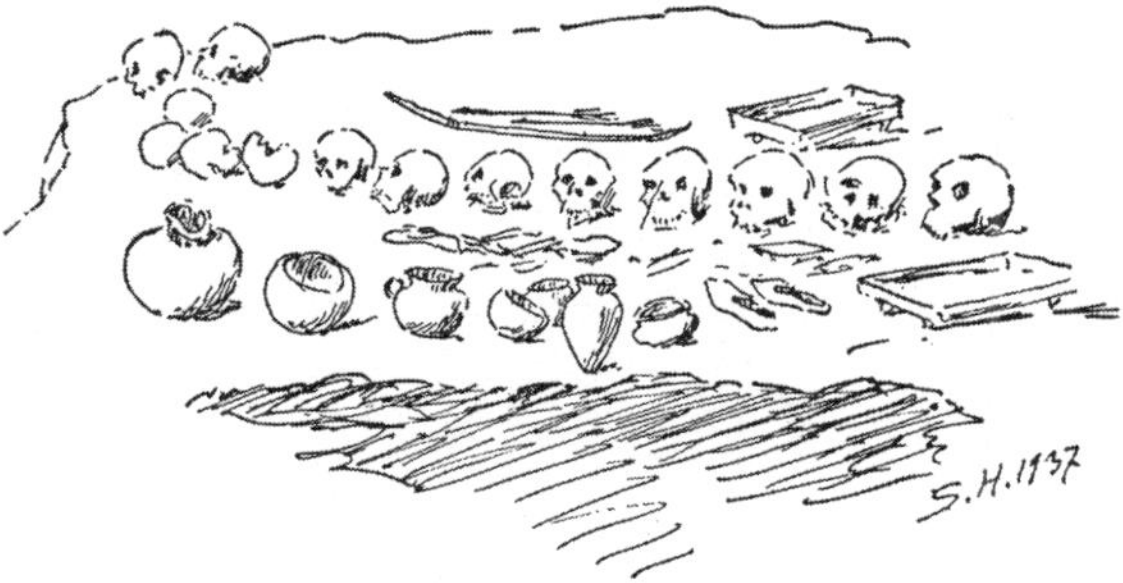

共同墓地（第１号）の出土品。５月６日。

墓から出た器。

い絵のようなメサが赤みを帯びた色調——低いヤルダンのばあいよりもより強調的な——をもって隆起していた。これらは城や砦《とりで》や塔に似ていた。

わたしはスケッチ・ブックを取り出し、地平線を一周する完全なパノラマを描き、コンパスの方位をつけ加えた。これを終えて、ふたたび共同墓地のところへ降りて行くと、墓のふちにはいまや頭骨一五個、四本の短い脚のついた小机四基、弓二張、木製の櫛三つ、円形や楕円《だえん》形の木鉢《きばち》八個、明灰色の土器二個がならべてあった。数本のヘア・ピンは竹製で漆《うるし》が塗ってあった。押しつぶされた円筒形の木器は美しい漆塗りの模様のあとをとどめている。蓋《ふた》つきの小籠、次いで木製紡錘車《ぼうすい》四個、さらに小さな皮の上靴一足、さまざまな色の絹の切れ多数がみつかった。絹の切れのうち何校かはすばらしい柄《がら》だった。鎖縫《くさりぬ》いの細かい刺繍《ししゅう》のある小さな絹の財布数個はとくに美しかった。陳《チエン》はできるだけ写真を撮り、わたしはスケッチをした。

死者は棺に収められてはいなかったように思われる。われわれはその残片がひどく混雑して、板で作った覆いの下にあるのを見出した。板覆いがあるから臆断《おくだん》はできないかも知れないが、恐らく墓は以前に一度盗掘されたことがあるのではないだろうか。できの悪い不完全な容器は一部残しておいたが、その他のものは三つの頭蓋骨を含めて全部持ってきた。

鷹のような眼をした数人の漕ぎ手が、メサの先端からもうひとつの墓を発見した。そしてそれは大きなメサの東側の麓に隆起している別のごく小さなメサの頂上にあった。心なく武骨な手で乱した共同墓地を再び安らぎにゆだねて、われわれは孤独な墓所のほうへ降りて行

婦人の墓（第２号）。５月６日。

った。この日はもうとても旅を続けられないことが分ったので、わたしは墓地の南西のすぐ近くにキャンプするよう命令した。部下たちはみな、調査が続くあいだわれわれといっしょに居たいとせがんだので、わたしはその、死をはらむ楽しみを拒否することができなかった。

孤独な墓所のある小さな円錐状のメサは東北から南西の方向に縦に走っていた。その最高所は海抜九メートルあり、周囲の地面からは七・五メートルであった。大きなメサの高みから、すでに小さな丘には墓があることが分った。というのは、その上にタマリスクの木で作った柱が立っていたからで、メサの頂きはいつもむき出しで不毛だから、それは自然のものではあり得なかった。

たった一本立っている柱は発掘してくれと誘っているようだったので、みんなは仕事にかかった。しかし、このメサの粘土は煉瓦《れんが》のように堅く、もう粘板岩に変りかけていた。そこでその堅い土をたたき割るために、上陸地点から斧《おの》を持ってこなければならなかった。墓は方形であった。それはメサの北西側の縦の面にすぐ近いところにあった。深さ〇・七メートルのところで発掘者は木の蓋にぶつかり、最初は斧で、次いでシャベルで掘り出した。この蓋は極めて良く保存された長さ一・八二メートルの厚板であった。その幅は頭のほうが五二センチ、足のほうが四五センチであって、板の厚さは四センチであった。頭は北東を向いていた。蓋をきれいに片付けると、棺は粘土の囲いとぴったり合っていて、掘った穴をひろげなければ外へ出せないことが分った。そこで、粘土でできている北西側の縦の壁を取り去ることにきめた――時間と労力を要する企てだった。けれどもついに最後の障害もなくなって、棺を注意深く用心して引き出し、メサの高みに置くことができた。

棺はこの沼沢の多い土地を特徴づけるような形をしていた。それはへさきとともを鋸《のこぎり》で切り落し、水平の横木をおぎなった普通のカヌーと瓜《うり》ふたつであった。

メサの外壁をこわす前に、蓋をしている二枚の板を取りはずした。安らぎを乱されることなく永くまどろみ続けてきた未知の死者がいまこそ見られるのだ、とわれわれは緊張しきって期待した。しかしそれに代って、見つかったのは灰色の覆いだけであった。死者はその中にくるまっているのであって、遺体は頭のてっぺんから足の先まで完全に覆いかくされていた。この覆いは極めてもろく、さわっただけで粉々に砕《くだ》け落ちた。頭を覆っている部分を取りのけた――そしていまこそわれわれは砂漠の支配者、こよなく美しい楼蘭《ロウラン》とロプ・ノールの王女をまのあたりにした。

棺と並んだ「未知の王女」。（陳写）

う若い年頃に彼女は突然の死におそわれ、愛に満ちた手によって包まれ、聖なる丘へ運ばれ、そのなかで、後世の子孫たちが彼女の安らかな永い眠りを覚ますまで、二千年のあいだまどろみ続けることになったのである。

　彼女の顔の皮膚は羊皮紙のように固かったが、しかし顔のかたちや輪郭は歳月によって変えられることはなかった。彼女は瞼《まぶた》を閉じて横たわっていた。瞼は少々落ちくぼんだ瞳をおおっていた。唇《くちびる》のまわりには数千年のあいだ消えることのなかった微笑が今なおただよっていて、この謎《なぞ》めいた存在をひとしお感じのよい魅力的なものにしている。しかし彼女はその生涯の冒険の秘密を洩らしてくれることはなく、楼蘭《ロウラン》の多彩な光景、湖沼地帯の春のきざし、カヌーや渡し舟での河旅などの思い出を、墓のなかへ持って行ってしまったのである。

　そして、どのような光景を彼女の眼は眺めたのであろうか。匈奴《きょうど》＊1やその他の蛮族との戦闘に出発する楼蘭《ロウラン》の守備隊、射手と投槍兵をのせた戦車、楼蘭《ロウラン》を通過したり町の宿屋で休んだりする大キャラヴァン、シルク・ロードを通って中国産の高価な絹の荷を西洋へ運ぶ無数のラクダ等々——そしてきっと彼女は愛し愛されたことだろう。けれどもそれをわれわれは全く知り得ないのである。

心中の扉は閉ざされ——
秘密の部屋、その鍵を知るものもなく、
部屋に燃えるランプの油は、
われらとともに消えゆく秘密。

棺の内側の長さは平均一・七一メートルで、この未知の王女はおよそ一・六〇メートルの小柄な女性であった。

午後の太陽が照りつけるなかで、陳《チエン》とわたしは彼女が土に委ねられたときにまとっていた着衣の徹底的な調査をはじめた。彼女は頭にターバンに似た帽子をかぶり、そのまわりに簡素なリボンをつけていた。上体は麻の肌着で包まれ、その下にこれと似た黄色の絹の服を何枚か着ていた。胸は刺繡《ししゅう》で飾った赤い正方形の絹の布で覆われ、青色の地の肌着がそれに続いていた。身体の下の部分は二重の絹で覆われているが、これは一種のスカートで、黄色い絹の衣服や肌着の続きになっていた。同じように白地のスカートは青い衣服の続きにな

第77キャンプ付近のメサ。

っていた。その下に彼女はうすいスカート、ズボンをはき、模様入りの上靴をはいていた。腰には一種の救命帯がぴったり巻きつけてあった。

　われわれはこれらの衣服のすべてから標本を採った。髪飾りや上靴のようなものは、いくつかそっくり持ってきた。同時に、多彩な美しい模様入りの絹の余り切れが一杯つまった小袋も持ってきた。棺の頭のほうの外側には、低い保護用のへりのついた、長方形の丈《たけ》の低い四脚の小机一基と、赤く塗った木製の器《うつわ》一個、あの世へ旅立つための食糧として羊一匹分の骸骨などがみつかった。

　けれども夕闇が迫ってきたので、われわれは第七七キャンプへ行った。そこでは蚊《か》やブヨに食われるおそれがあった。

　この未知の若い淑女を、われわれは一夜棺に入れて星明りの中に置いた。夜風は彼女のやや黄色味がかった頰《ほお》や手の幅ほどの長さの髪をなでた。約二千年のうちに一夜だけ、彼女はその墓から出て現世へ戻ったのだ。けれども彼女は、いまはただひからびたミイラにすぎなかった。そして彼女がその短い生涯を過ごしたこの土地は、彼女のまわりで黄灰色に荒涼として横たわっていた。戻ってきた水は、生前彼女が眺めた森や庭や公園や耕地に、まだ新しい生命を喚起することができないでいる。

五月七日の朝の陽光のなかで、陳《チェン》は「砂漠の貴婦人《ザ・レディ・オブ・ザ・デザート》」の写真を撮った。それから彼女は棺に安置され、再び墓の中におろされた。最後に、できるだけていねいに土でふさいだ。未知の女性およびこの驚くばかりに現実的な往時との触れ合いに最後の別れを告げてから、われわれは「港」のほうへ降りて行った。そこには五隻のダブル・カヌーがたっぷり荷を積んで用意してあった。その水の流れは戻ってきたばかりで、この若い女性が数千年のあいだ眠っていた聖域に新しい生命を与えるものであった。

八　デルタの迷路にて

五月七日朝、われわれは孤独な墓を立ち去った。その墓の際《きわ》で「楼蘭《ロウラン》の女王」は二千年ののちにまた一度星明りの中でまどろんだのであった。

われわれは乗船して、見通しのきかない支流の旅を続けた。この支流は全く偶然に、興味あるメサの西岸を通過するコースをとっていて、われわれは――これまた偶然に――ロプ・

ノールへの途中、入りこんだのであった。

一一時一五分前、一分間日がかげって雨のつぶがパラパラ落ちてきた——この乾燥地帯では何とも珍しいことだ。疫病神《やくびょうがみ》の蚊は一陣の烈風に吹き払われて、湖や水路の上に羽毛のような頭をもたげている葦《あし》の叢生《そうせい》に隠れ家を求めた。

また粘土《ねんど》の丘の上で偵察していて、われわれの注意は南東二五〇メートルのところにあるメサに引きつけられた。その尾根の中央に鞍《くら》に似た凹《くぼ》みがあって、そのすぐ近くに、疑いもなく人間の手によってつくられた柱がメサの脊梁から突き出しているのに気づいた。

幾つかの小さい水路と葦の生えている沼地を越えて、われわれはそこへ行った。まっすぐに立ち、かなり短いその柱は水の上約一七メートルのところにあって、小さな家の最後の残《ざん》骸《がい》であることが分った。地表に数回シャベルを突きさすと、靴《くつ》や籠《かご》の砕片《さいへん》や牛皮の切れはしがあらわれた。そこからすぐ南西のところに骸骨のある墓があったが——少くとも今回は——手を触れずにおいた。

水路ははかり知れなかった。四時にもう一度方角をきめるために高いメサに登った。東北に、無数のヤルダンの脊梁に取り囲まれた相当に大きな水面が見えた。メサの高さは近くの岸から二五・三メートルあった。この高さからだと眺望は水面からのとは全く違う。根本的な相違は、ボートからは陸地を水平の方向に見るということである。湖に乗り出せばそれは途方もなく大きくみえ、岸はかなりへだたった繊細《せんさい》な黄色の輪のようにみえる。

けれども高さ二五メートルのメサに登れば、風景は地図が足もとに横たわっているかのよ

第3号墓のそばの漕ぎ手たち。5月7日。

うにみえる。そこではヤルダンの彫刻を伴った黄色の粘土沈積物が優勢になり、生き生きしてマラカイト・グリーンの色調にたゆたう水面は、縮んでちっぽけな池になってしまう。

またここでは眺望が実に魅惑的であり、また役にも立ったので、わたしはこの新しいパノラマをスケッチせずにはいられなかった。わたしがほとんど描き終えた頃、ひとりの漕ぎ手が登ってきて、また墓を見つけた——メサの東側だ——と報告した。われわれはそこへ行った。その墓は小さくて平らな台地の上にあり、シャベルと斧《おの》でせっせと攻めたてられていた。深さ一メートルのところで、固くなった牛皮の方形の断片にぶつかったので、注意して取りあげ、墓のふちに置いた。それと同時に、ひどく乾《ひ》からびてちぢんだミイラがあらわれた。これは王女とは違い、木の蓋《ふた》とかまたは布でくるむとかして保護されてはいなかった。しかし王女と同じくカヌー形の棺にはいっていた。

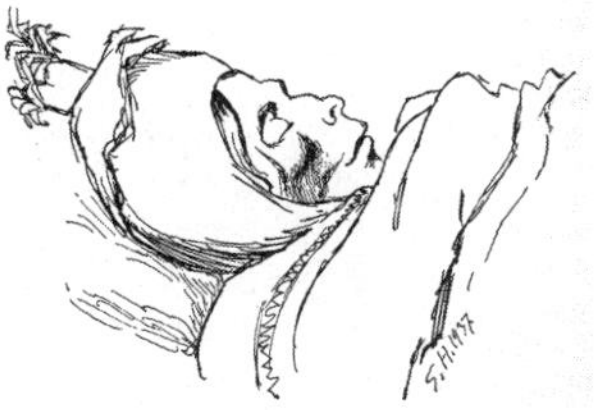

老婦人の側面図。

棺におさまっている老婦人。

頭部は良く保存されていた。くっきり際立った鼻をして、安らかなおっとりしたほほえみをたたえた容貌《ようぼう》は、高貴で品位ある印象を与えた。棺は長さ一・七〇メートル、幅は頭のほうで〇・四一メートル、足のほうで〇・三五メートルであった。ミイラは背丈一・五二メートルに過ぎなかった——またしても女性である。頭には、先端に羽毛飾りをつけた小さな棒を二本まっすぐに立てた帽子をかぶっていた。この帽子には、これ以外にも赤いレースと、頭が前に垂れさがっているイタチの皮がばらばらに裂いて飾ってあった。これにはきっと特別な象徴的意味があったのだ。彼女の髪はかなり長く、灰色でまんなかから分けてあった。

そのほか、赤褐色で粗《あら》い織り方をした方形の被覆《ひふく》に全身をおおわれていて、それにはもっと淡い色の約三センチ幅のふちどりがついていた。その大きさは一八五×一七〇センチであった。この織物は右のへりを結びあわせて三つの丸いポケットにしてあり、

帽子をとる。

単独墓の婦人帽。

その中にエフェドラ[*1]の小枝が入っていたが、恐らく象徴的な意味があるのだろう。

　われわれは遺体を棺から出し、被覆を地面にひろげた。その下の死者は身体のまわりに長い垂れさがった総《ふさ》のついた薄い帯をしめていた。足には厚い牛皮の長靴をはいていたが、靴下なしだった。彼女は小柄で弱々しく、骨格はきゃしゃで細く、羊皮紙のように固い皮膚がぴったりくっついていた。また顔色は、明るい肌色をしていた王女とは反対に、暗褐《あんかっ》色《しょく》であった。頭の側面には編んだ茶色の髪が数本みえた。牛皮の上には携帯食糧がいくらか籠に入れて置いてあった。もっとくわしく鑑定するのに役立ちそうなものはすべて、とりわけ、ポケットの三つついた被覆の右側は持って来た。

　高貴なプロフィールをもつこの孤独な老婦人は誰であったか。この問いは答えられないままになった。

　この墓は海抜二二・五メートル、従ってメサの嶺より三メートル下にある。われわれは今までに四座の墓を発見したが、これらはいずれも水面より高いところにあった。恐らく増水したとき最高水位の範囲外に置こうという意図のもとにつくられたのであろう。若い婦人の墓は比較的低い位置にあったが、見たところ、今までに一度も水に浸ったことはなかった。

メサの峯から、南方に青緑色の色調に輝くかなり大きな湖がみえた。去年の葦が黄色の縞《しま》になって湖をつらぬいていた。この湖はヤルダンのあいだにある島や岬や入江で一杯であった。東には、支流によって互いに結び合わされた小さな水面がたくさん広がっていた。

われわれは神秘的な女性の墓のすぐそばで休んだ。ひどく寒くなって、気温はプラス八・四度までさがった。

真夜中頃、今まで聞いたこともない、突き刺すような叫び声が聞えた。千年の眠りを無残にもかき乱されて怒りをほとばしらせた老尼僧だったのだろうか、それともフクロウか、あるいは雌を呼ぶ不幸な水鳥だったのであろうか。

われわれはほど良い流れのある、奇妙に曲りくねった支流を南西、西、北、北東へと向かった。ずっと長く続いて行く支流にいると思っていたが、しかしこの航路もすぐに、他のデルタ支流や湖と結びついている、葦にびっしりおおわれた多数の小水路に分れた。ヤルダンや円錐丘の高みに登って、辛うじてこのごちゃごちゃと迷路になった水流の見通しをたてることができた。

けれども、結局この水路もますますせまくなって、止水のなかに消えうせた。そのため、われわれは別の水路によって、もっと大きな広々とした水面を探って行かなければならなか

左岸にあるテーブル状のヤルダン。５月８日。

った。ふたつの道があらわれたので、われわれは北から二五度東よりの方角のものをえらんだ。水は澄みきって緑色をし、味は完全な淡水であった。弱い流れが認められた。時折、われわれは四方を密生した葦に囲まれ、そこかしこに孤立したヤルダンが突き出していた。

われわれは四方八方を探し続けた。新たな袋小路のため、やむなくかなりの距離を南西にあと戻りすると、そこに水路があって、はるか彼方《かなた》を葦によって区切られている新しい大きな水面へとわれわれを連れて行った。ここで雁《がん》の群がいくつか飛び立ち、南西へと消えて行った。

「羊や牛のすばらしい放牧地だ」とサディクは叫んだ。ここでは毎年葦が育ち、利用されることもなくまたしぼんでゆく。またここでは測り知れない量の貴重な水が失われるのであって、これを人工灌漑《かんがい》にふりむければ楽に暮らしてゆくことができるだろう。

七時半にわれわれは薪《たきぎ》の全然ない岸辺でキャン

南方と南西方の眺望。5月8日。

プを張った。甲板の厚板を二枚犠牲にしてキャンプ・ファイアを燃した。

行程の終りのところで、粘土でできた優雅なオベリスク[*2]とか、王城やお伽《とぎ》の城に似たすばらしいメサのそばを通り過ぎた。夕方漕ぎ手たちに、翌朝早くもっと見込みのある支流の目当てをつけておくように命じた。

五月九日の夜は最低気温プラス五・七度で、この進んだ季節としては珍しく寒い。見張りが外にいて、われわれが起きると、流れのある支流はみつからないが、その代り、北西の陸地で大きな家の廃墟を見たと報告した。陳《チェン》はすぐ、考古学者黄文弼《ホアンウェンピー》[*3]が一九三〇年の探検で発見した土垠《トウケン》砦《とりで》のことではないかと疑った。九時ちょっと前にわれわれはダブル・カヌーに乗りこみ、葦のない開けた水の上をそちらへ漕いで行った。その行程はほとんど半時間とはかからなかった。

その家の柱は低い丘の上に立っていた。この丘は

メサの柱。北東を展望。5月8日。

西、南、東の三方を水に取り囲まれた半島の上にあった。陳《チエン》は一九三一年の早春、ヘルナーがロプ・ノールを探検しているあいだ、ここに居たのである。彼はその場所をすぐにまた見分けた。

数人の漕ぎ手が家のまん中に穴を掘っていたが、何もみつからなかった。わたしはすぐにそれ以上掘ることを禁止し、何も手を触れてはならず、どんなにちっぽけな棒切れでも薪に使ってはいけないと命じた。われわれは約一時間とどまっていた。わたしがこの場所をすみからすみまで描いたスケッチを仕上げるのにそれだけの時間を要したのである。陳《チエン》は写真を何故か撮り、測量をした。

われわれはいま陳《チエン》が以前に作った地図と貴重な連《れん》繫《けい》を保ったのであって、アルトゥミッシュ・ブラクが北北西二七キロのところにあることを知った。

一一時一五分にわれわれは出発して第七九キャンプに戻り、荷物を積みこんだ。そこからさらに南西のコースを取って進んだ。廃墟が、東北に流れて行っては

土垠の南にあるメサの島。

いない死んだ支流のほとりにあることが、ここにはっきりしたのである。クム・ダリアの水をロプ・ノールに導くデルタ支流はもっと南にあるに違いない。

　われわれは昨日見た独特の形をしたオベリスク（あるいは石柱）のそばを、また通り過ぎた――今度はずっと遠くを。側面から見ると、それはペルセポリス[4]にあるクセルクセス[5]の宮殿の際《きわ》にある壮大な円柱のひとつに似ていた。

　われわれはまた広々とした湖に出て、時折、澄明なマラカイト・グリーンの水から突き出ている黄色い葦の島のそばを通り過ぎた。方向は北西と北であった。小さい島と葦の茂みから成る迷路へ入った。二時に気温は二二・一度、水温は一五度であった。左舷《さげん》に薪のある島が見えた。われわれはそこへ向かい、乾いたタマリスクの枝や幹をどっさりとった。それから北へと進み、夕暮れに上陸した。ヤルダンの頂上は広くて平らで、十分にテントが張れた。南西側以外は全面が二、三メートルの深さに落ちこんだ垂直の断崖に取り囲まれていた。だから、星を見ようとして暗がりへ出て行くときには注意しなければならない。

この第八〇キャンプの設営がおわると、わたしは漕ぎ手たちを呼び寄せた。

彼らは、尤《ヨウ》と龔《コン》とエッフェがアルトゥミッシュ・ブラクを経て敦煌《トンホアン》に到達しようと企て、四月二七日に乗用車《リムジン》とトラックで出発したときの証人であった。今われわれにとって必要なことは、自動車探検隊が東の方角に向かってここを通り過ぎ、自動車隊の第七〇ベース・キャンプへのコースを戻って行ったかどうかを知ることであった。そのため、わたしがアパク、ハイト、イスマイルに託した用事というのは、翌朝未明に出発して山脈の麓《ふもと》に向かって一直線に進み、自動車の通った跡を発見したらわれわれのところへ戻って来るように、ということであった。さらに、自動車が戻っているかいないかが、タイヤの跡で分るかどうかをたしかめさせることにした。彼らに赤白の信号旗を持たせて、自動車が戻って来ていないばあいには、タイヤの跡にそれとさらに缶詰《かんづめ》の空缶を置かせることにした。空缶の中に、われわれは楼蘭《ロウラン》の子午線から東一〇キロメートルにある最も近い水面に居る、と書いた陳《チエン》とわたしの手紙を入れておいた。われわれは仲間たちに、第七〇ベース・キャンプに帰ったらわれわれを迎えに乗用車《リムジン》をよこしてくれるよう頼んだ。三人の偵察者にはその日の晩には戻って来るようにと命じた。

賈貴《チアコイ》が昼食を運ぼうとしたとき、烈しい東北東の暴風が吹き起った。蓋や皿がガチャガチャ吹き飛ばされるのが聞えた。漕ぎ手たちは荷物をまとめて、いくつかのヤルダンのあいだの深いくぼみに避難場所を求めた。テントはいくつかの箱や小麦粉袋や粘土の塊で固定した。

ひとつのメサから南西を展望。5月10日。

忠犬のタギルは風を避けていたくぼみの中で身をまるめた。

五月一〇日朝、二隻の単独カヌーを準備した。三人の漕ぎ手がいる大きいほうには陳《チェン》が乗りこみ、漕ぎ手ふたりの小さいほうはわたしのものにした。われわれは北北東に向かったが、左側は陸地とメサ、右側はヤルダンや葦の島がごたごたしていた。われわれは陳《チェン》がヘルナーの探検隊にいたときの第一〇六キャンプまで遠足をして、もうひとつ、彼の地図と連繫する点を得ようと企てただけである。

すばらしい日だった。東北の微風によって水面に波が立ち、日にきらめいてたわむれていた。水は緑色をして、灰黄色のヤルダンと淡く赤味がかったメサによって、色が引き立って生き生きしている。

われわれは左側が陸地、右側が密生した葦の島のあいだを、幅二〇メートルそこそこの水路を通って行った。単独のボート一隻と力強い漕ぎ手二人なので速く進み、へさきに水しぶきが高くあがった。わたしのカヌーが先導した。船首の一五メートル先を一頭のイノシシ――雄イノシシ――が陸地から葦のほうへ泳いでいた。臆病《おくびょう》なやつで、危険を察して必死に泳いだ。その顔のあたりにもまた水しぶきがあがった。

「力一杯漕げ!」とわたしは叫んだが、しかし漕ぎ手たちは速度をあげるふりをしただけだった。サディクは言った。

「あいつの口には短刀があって、危険ですよ」

もういい。イノシシはもう葦の茂みのふちについた。通り過ぎるとき、黄色い葦の束がカーテンを引くように曲った。足が底につくと、数回跳躍して乾いた地面へあがって、葦をポキポキバリバリ踏みしだく音がして、島の東側へ逃げ去った。

ひとつのメサの麓にカモシカが立って、じっと見ていた。それは剥製《はくせい》になって博物館に置かれているかのように静止していた。次の瞬間、驚いて飛びあがり、メサと粘土の丘のあいだの通路に姿を消した。

タマリスクや葦が水面から顔をのぞかせていた。わたしは腕をまくりあげて、冷たい漣《さざなみ》にさわった。われわれが半時間たどってきた水路は終り、北は陸地でさえぎられている。ここでわれわれは上陸したが、陳《チェン》はすぐに、一九三一年三月はじめに第一〇六キャンプを設営した場所を見つけ出した。その近くにひとつのメサが隆起していて、わたしはその高みに登り、パノラマをスケッチした。

わたしがこれにかかっているあいだに、漕ぎ手のアリが息せき切ってやって来て、ふたりの乗馬者が大きな馬に乗って北東へ行った真新しい足跡を見つけた、と知らせた。彼はそれがわれわれを探しに出た偵察者のものだと確信していた。すぐつづいてサディクがラクダ二頭、馬二頭、ロバ三頭、羊七匹と徒歩旅行者ひとりの足跡を見たと報告した。われわれは、それは考古学者黄《ホアン》以外ではあり得ないと考えた。彼もまた旅行中でこの地方に出没していることをわれわれは知っていたが、コルラ出発以来会ったことはなかった。明らかに彼はいま彼にとって旧知の土垠《トウケン》に向かっている途中であった。彼は、敦煌《トンホアン》グループがクルク・ターグの泉のほとりに作った小麦粉置場を調べていたことが、のちに明らかになった。彼はまた、ベリマンが数匹の羊をつけて陳《チエン》とわたしに宛てて派遣した羊飼いに出会い、実にあっさりと一部を押収してしまった。行進中に食糧を調達するというこういうやり方は、実際的で便利なことだが、しかし貯えを奪われる側にとっては全くもって不運なことである。

われわれの漕ぎ手アリ。

われわれは舟に乗って帰途についた。西南方、落日の輝きの中に、メサの光景がまぼろしのように、重々しく、この世のものではないように見えた。眠っている犬、ライオン、竜などがみえるかと思えば、お伽の城、砦《とりで》、塔などのようなものもあった。六時ちょっと前にわれわれは高いメサの深い陰のなかにすべりこんだ。上陸して頂上によじ登った。若草色の水と、風化作用で形成されたヤルダンとメサとがすばらしくまじりあった風景を、わたしはまた何枚もスケッチした。

暗くなりはじめて帰途についた。七時、北の方で叫び声が聞えた。ガガーリンは数回発砲し、またヤルダンの頂きで火を燃した。漕ぎ手たちはくり返して叫び声にこたえた。しかし、北の方は静まり返っていた。八時半にやっと三人の偵察者がキャンプにあらわれたので、わたしはすぐテントに呼んだ。

アパクが報告した。彼らは約四〇キロ進み、湖よりも山脈のほうに近づいたとき、一台のトラックと一台の乗用車《リムジン》が東の方へ通っていった跡にぶつかった。乗用車《リムジン》の通った跡はトラックの跡のすぐ西側にあった。地面はとても堅くて、車の通った跡ははっきりしてはいなかった。けれども東へしばらくたどって行くと、地面はやわらかくなって、自動車は東へ行っただけで、まだ敦煌《トンホアン》から戻ってはいないことがはっきり見受けられた。「サイ」は第八〇キャンプから約七キロのところまで堅かった。われわれが陳《チエン》の第一〇六キャンプで見たのと同じキャラヴァンの足跡を彼らも見た。彼らは九頭の野生のラクダ——大きなのが一頭いた——に出会ったが、これらは山脈のほうへ逃げ去った。彼らは車の通った跡に旗を立て、石で輪をつくりそのなかに急報を入れた缶をしっかり固定した。

アパクが確信ありげな調子で述べた報告は、全く真実であると受け取れた。それでは二台の自動車は四月末か五月初のある日、敦煌《トンホアン》への通行可能な道を偵察するために東の方向へ通って行ったのである。中国本部から敦煌《トンホアン》——ロプ・ノール——楼蘭《ロウラン》——クム・ダリアを経てカシュガルに通ずる、一六〇〇年にわたって使用されることのなかった古代のシルク・ロードを再びよみがえらせ、自動車交通のために開く、というのがわたしの夢であった。

尤《ヨウ》と龔《コン》とエッフェがまだ帰っていないのはおかしなことだ、と陳《チェン》とわたしは考えた。恐らくガソリンとエンジン・オイルを安西《アンシー》から入手しようとして敦煌《トンホアン》に二、三日滞在したのかも知れない。安西《アンシー》には、ユーラシア・ドイツ＝中国航空会社[*6]が上海《シャンハイ》・ウルムチ間の航空路用につくった物資貯蔵所のひとつがある。しかしわたしは八人の旅行者の生命に責任を負っているのであって、それを思うと身ぶるいがした。トラックが途中で修理不能の故障を起したとしたら、または水の貯えを使い果したとしたら、旅行者の生命は重大な危機にさらされる。そうであれば、わたしが一九〇一年に一滴の水も見出せずに一一日間もさまよい歩き、またヘルナーと陳《チェン》が一四日も空しく水を求めたあの無気味な砂漠地帯の中に彼らは居るのである。

それ故、われわれが心配するのも十分に理由のあることだった。けれども、ロプ・ノールから帰って来て分ったことだが、全然その必要はなかったのである。尤《ヨウ》と龔《コン》の自動車隊は山脈を通ってアルトゥミッシュ・ブラクへ向かう途中、大変な難所にぶつかったので、五月一三日にやっと「六〇の泉」（アルトゥミッシュ・ブラク）に到達することができたのである。彼らは北西からこの地点に到着すると、同じ一三日に第七〇ベース・キャンプに戻るために南東へ出発した。帰り道は敦煌《トンホアン》に向かう東方の道がけわしいからではなく、オイルの貯蔵が消耗したという事情によってえらばれたのである。

ともかく、五月一三日以前には、彼らはアルトゥミッシュ・ブラクにもその近くにもいなかったのだから、アパク、ハイト、イスマイルの三人の勇士が、五月一三日にどんな自動車の跡も見出すことは不可能だったわけである。彼らが陳《チェン》とわたしに語った話全部は、はじめから終りまで完全な虚構だったのだ。そのうえ、野生のラクダまで持ってきて、彼らの絵空事に生々した色どりを加えたのも嘘《うそ》だった、というのが本当らしい。彼らの報告のなかでただ一縷《いちる》の真実はラクダ、ロバ、羊の足跡が岸辺にあったと言ったことで、その足跡はわれわれ自身も見たのである。そしてわが斥候《せっこう》諸君が河岸に居たのは疑うべくもないが、それ以上一歩も行かなかったことも確かである。

彼らの考えたことは想像できる。河が終るところまで行ったとき、太陽はすでに高く昇り、日盛りの暑さが始まった。そこで彼らはこう考えた。永遠なるアラーの名にかけて、一日中恐ろしい砂漠を往復するなど、一体どんな意義があるというのだ。この岸辺に居て、冷たくてうまい水をたっぷり飲んで、眠りに眠ろうではないか。「トゥラ」(旦那方《だんな》)には自動車の跡を見たと言って、旗も缶も投げ棄てよう。トゥラはわれわれを検査することなどできやしないし、われわれも自動車の跡をみつけたという良い便りをして駄賃《だちん》にありつけるというものだ。日暮れどきにトゥラのキャンプへ戻って報告しよう。

事実、その通りにしたのだ。後になって、自動車が三人の勇士の見せかけの遠足の三日あとに通り過ぎたという知らせを受けたとき、わたしはこの者たちを呼びつけ、悪者、嘘《うそ》つきと言い、あてにしていた駄賃はやらない、と言いわたした。彼らはじっと坐って頭を垂れていた。説教がおわると、彼らは黙りこくって恥かしがって自分のキャンプ・ファイアのほうへ行き、横になった。こういうのが東トルコ人である。この民族には信頼できる人間はまれである。恐らく、戦争とか盗賊生活とか、うろつきまわっているトンガン人の搾取《さくしゅ》とか一般的な不安とかのために、以前には非常に高潔で親切であった住民の風紀が乱されたのであろう。この場合、東トルキスタンにもう一度秩序と平和がゆきわたれば、彼らの善良な性格が回復するという希望をもつことができよう。

われわれ自身の探検隊の各グループとクム・ダリア沿いにいる少数の羊飼いを勘定に入れなければ、ロプ地方には陳《チエン》とわたしと一〇人の漕ぎ手たちとガガーリンがいるだけであった。計算によれば、われわれに最も近い隣接地は次のようである。北西ではアブドゥ・レヒム兄弟の住んでいるシンガーがわれわれのキャンプから一四一キロ、南南西ではミーラーンが一九二キロ、西南西ではティッケンリクが二一二キロ、南西ではチャルクリクが二六〇キロ、北ではトゥルファンが二六二キロ、北東ではハミが三七六キロ、東南東では敦煌《トンホアン》が四二〇キロ、南東ではブルンギル・ノールが四四二キロ離れている。地図のうえでこれらの場所をみんな直線で結ぶと、約二〇万平方キロもの、内陸アジアにおける最も重要なひろがりを得るのだが、実際にこの中にいるのはわれわれだけであった。この地域はスウェーデンのほぼ半分の広さである。アジアの総面積は四千四百万平方キロで一〇億余の人口を擁し、一平方キロ当り二三人である。われわれが今居る砂漠地帯は全アジアの二二〇分の一になるのであって、およそ一〇〇人の人間が住んでいる。もしも大陸全体がわが砂漠と同様に人口が稀薄《きはく》であるとすれば、総人口はわずか二万二千人ということになるであろう。

われわれの探検隊のうち最も東方へ進出したグループは陳《チエン》とわたしであった。そして今、われわれは第八〇キャンプをベース・キャンプとして設営し、ここからロプ・ノールすなわち「さまよえる湖」へと進出することにしたのである。

九　ロプ・ノールへの旅

五月一一日、われわれは毎秒一二・五メートルの強い北東の暴風で目を覚ました。夜間の最低気温は今までよりも高く、一八・二度だった。二時に気温は三三・三度にあがり、水は一八・三度まで温まった。今日はあきらめた。湖と入江では泡《あわ》立った白波が音をたてていた。われわれの舟は葦《あし》の奥深く、波浪の立たないところにもやってある。ほこりや飛砂がパラパラぶつかって、テントは裂けて飛びそうだった。ヤルダンのあいだの深い洞窟のような峡《はざま》に、賈貴《チアコイ》とガガーリンは炊事《すいじ》場と食糧置場と自分たちの避難所をしつらえた。夜八時に風力は一七・五メートルとなり、気温はなお二七・八度だった。烈《はげ》しい突風のために、たびたび明りが吹き消された。寝袋に入るには暑すぎて、その上で寝るほうがよかった。テントの中はどこもかしこも細かい黄塵《こうじん》でおおわれた。

翌朝も強く吹いて、毎秒約一四メートルであった。われわれはじっと我慢しなければならなかった。次の計画のために種々の役目が隊員に割りあてられた。アパクとハイトとハシムは五月一三日に手紙を持ってベリマンのキャンプへ行き、彼が敦煌《トンホアン》から戻って来たならば、われわれのところへ乗用車《リムジン》をよこすようにという命令を伝えることになった。われわれが頼んだ羊飼いに出会ったら、その男を第八〇キャンプへ道案内するためにハシムが連れて戻ることにした。アパクはトラックといっしょに帰って来て、同じくこれに道を教えることにした。三人は旅行用に焼いたパンを持った。

ムサとトクタとイスマイルとガガーリンには第八〇キャンプに留まるよう命じた。またここに犬のタギルを残した。陳《チエン》とわたしとコックの賈貴《チアコイ》は今回は二六枚の甲板用厚板をのせたダブル・カヌー二隻だけにして、一二枚は残した。われわれの漕ぎ手はサディク、バベッディン、ロチ、アリであった。一五〇斤の小麦粉と二週間分の必要品をすべて持った。真水を運ぶために、煮沸《しゃふつ》したガソリン缶《かん》を五個持っていったが、これは塩分の多いロプ湖で迷ったばあいにそなえたのである。おかしなことに部下たちは今までロプ・ノールについて聞いたことがなく、彼らの知っている最大の「海」であるバグラシュ・ケル[*1]の二倍半の大きさだと知ると、やや元気がなくなった。

嵐《あらし》は夜通し吹き荒れた。しかし一三日朝には風浪を突いて離岸し、できる限り風の当らない場所を保とうと決めた。しかし数日前にタマリスクの薪《たきぎ》を集めた島に到着すると、われわれから見て東と南東に広い水面があったが、それは波立っていてカヌーにはひどすぎるものだった。われわれは島に上陸して、ヤルダンと葦のあいだにうまく避難できる船着場をみつけた。四人の漕ぎ手たちは薪を集めた。われわれは風が凪《な》ぐように待ちのぞんだ。しかし丸一日が過ぎ去った。

一一、一二、一三日は嵐のために無駄《むだ》になった。一四日は一面見通しのきかない霧で包まれた。それは巨大な蒲団《ふとん》かクッションのように、南から暗く曇ってこちらへ渦巻《うずま》いてきた。二時間後、風が急に南西に変った。しかしそれでも霧は吹き払われることはなかった。すべてが本物のロンドンの霧に包まれたようだ。湖では自分の近くの数百メートルしか見えなかった。まわりはすごく幻想的な絵であった。湖はにぶい灰色をして、ほこりの霧がその上にたなびき、もやの中から葦の茂みがほのかに見えていた。雨が二、三滴落ちてきたが、一時半にあらためて降りはじめ、一時間続いた。しかし今はもう止み、あたりは夕闇のなかに沈んだ。われわれは第八〇キャンプのすぐそばにいたので、夕方には残留者たちの歌が聞えた。

夜のあいだに一時また強く降った。けれども澄んだ青空に太陽が昇り、われわれはロプ・ノールへの曲りくねった水路を踏査するため、再び岸を離れた。高いメサの上から、ロプ・デルタ地方を見はるかす雄大な眺望がまた展開した。北東岸に土垠砦《トウケンとりで》のある湖は袋のようになって終っている。デルタに流れこむ水は全部ほかのところでロプ・ノールへの流出口を見出さなければならない。しかしどこだろう。われわれは東に向かっている支流をたしかめたが、それには流れがなかった。水はかがやき、メサと、前にいくつもあったのと同じように棺を思わせる一連のヤルダンとが水面に影をおとしていた。

午後、バベッディンが急いでヤルダンに登ってきて、大部分が葦の茂みのなかにかくれている、流れのある支流を発見した、と報告した。流れに従って葦の中に入ると、流速は増し

メサの地方にある小さな湖。北北西を展望。５月13日。

た。もう一度、高いメサから見通しをたてた。密生した葦の茂みが多方面に広がっていたが、その中に一か所、河筋が開いているのが見えた。恐らくわれわれが通ってきた流れの続きであろう。春の新緑の葦の茎《くき》は水面から一メートルも勢いよく伸び、わらのように黄色な昨年の葦のなかで、一段と効果的であった。タマリスクは鮮かで青々としていた。魚が水面に寄り、海鳥は今までよりもひんぱんに来るようになった。

六時頃、ますますびっしり茂っている葦を通って進んだが、いまはもう粘土の岸辺は葦にかくれているのが普通であった。けれども、そこかしこに秋の増水で沈澱《ちんでん》した泥《どろ》が舌状に長く突き出しているのが見えた。

航路はますます広がり、一二〇メートルから一五〇メートルにまでなった。二羽の鷲《わし》がじっとわれわれをみつめていた。カモメやアジサシが頭上に舞い、葦の上では小鳥がさえずっていた。鴨《かも》の

小さな島にある、柱状をした侵蝕の残部。５月15日。

群が二、三度飛び立った。自然は今までよりもずっとにぎやかになった。下流のここにも、クム・ダリアの真水はすでに多くの生命を贈っていたのである。

けれども、しばらくすると葦はまばらになり、ついに全くなくなった。今では黒い粘土の岸がむき出しになって両側に横たわっていた。メサはもはや見えず、わずかにヤルダンがひとつポツンと遠くにそびえていた。われわれは、ヤルダンから、トルコ語で「ショル」という古い塩質泥土へ移行する地帯のなかに居るのだ。支流は幅が広くなり、深さは減ってきた。葦のなかはまだ三メートルの深さだったが、それからわずか一メートルになり、いまわれわれはたえず河底に乗りあげている。しかし漕ぎ手たちは頑張《がんば》って、底から離そうと橈《かい》で突っぱっている。

日は傾き、夕方になった。わたしはキャンプを張るように命じた。われわれは河のまん中、両岸から同じくらいの距離のところにいた。日は沈み、うす暗くなった。サディクはわたしのボートを左岸へもって行こうとした。だめだ。右側へやってみた。どこも同じように浅い。暗くなった。小さな三日月が空にかかっているが、照らす力はなかった。われわれは向きを変え、流れを漕ぎのぼったが、また河底に乗りあげた。さわやかな夕風が吹いて、今までなめらかだった航路はくだけて漣《さざなみ》となり、カヌーをたたいてメロディアスな音をたてた。西へ南へと前進しようとしたが、みな同じように浅かった。そしていまや闇は濃くなった。しかし棹で突いたり漕いだりしたあげく、とうとう右岸に近づき、煉瓦《れんが》のように堅いショルの土地に上陸した。そこには草も生えず、また流木はひとかけらも打ちあげられてはいなかった。苦労して、テントを張るだけの広さのある平地を見つけた。キャンプ・ファイアと料理用に、甲板の厚板を一枚犠牲にした。これが第八二キャンプであり、ここからさまよえる湖へ最後の突進をかけることにした。

五月一六日朝テントから出ると、ついに、この極めて興味ある独特の風景を見まわすことができた。われわれはクム・ダリア、つまりその主《おも》なデルタ支流の、ロプ・ノールへの流入口のすぐ近くに居るのであった。そして南西にはこの有名な湖の北端部が海湾のように広がっていた。カモメたちは平和な漁場に人間がやって来たのに驚いたり怒ったりして、テントや河の上を鳴きながら飛んだ。カモメのせいで、海浜にいるような錯覚におちいる。視界には一本の草木もなく、すべては死に絶えて荒涼としていた。

すがすがしい風が吹いたが、われわれは再び待たなければならなかった。そのうちに出発準備は完了した。陳《チェン》とわたしは先頭のカヌーで行こうとした。小さいほうのうち、二隻に

ひとりぼっちの賈貴と炊事場。われわれがカヌーでロプ・ノールへ行っているあいだ、彼はここで待っていた。

はそれぞれ漕ぎ手をひとりずつつけ、食糧品と真水二缶と毛皮をのせた。テントは持たずに第八二キャンプに残した。そこで賈貴《チアコイ》はたったひとりでわれわれの帰りを待つことになった。羊を一匹屠《ほふ》り、その肉を持った。

われわれの計画は、湖へ漕ぎ出して、東岸をたどって南へ行き、南の大きな内湾を横断し、西岸沿いに北へ漕ぎもどる、というものであった。部下たちは、おだやかな天候であれば一日に五〇キロは漕ぐことができると考えていた。湖のまん中で嵐に襲われたら、絶望的である。ヘルナーと陳《チエン》の調査によれば、岸辺はとても浅くてじめじめしているので、恐らく上陸できないだろうということである。そのため、夜営はカヌーを結びあわせて、その中で眠ろうと思った。わたしの願いは、新しいロプ・ノールが三年のあいだにそのかたちを変えたかどうか、また図形がヘルナーと陳《チエン》が地図を作製した当時と今とで変っているかどうか、を研究したいということであった。現在は夏が近づき、クム・ダリアを通って湖に注ぎこむ水量が日増しに少なくなっているので、ロプ・ノールはその広がりを失っていることが推測できた。というのは、ヘルナーと陳《チエン》は冬にそこへ行ったので、秋の増水で湖の内湾が一杯になったあとだったのである。

昼頃風が凪ぎ、われわれは賈貴《チアコイ》にさよならを言って浅い河を漕ぐだった。今度はカヌーが一隻ずつで積荷は軽かったので、われわれは浅瀬を越えて――何度も舟底をガリガリひっかきながら――南東へとコースをとった。

一時四五分にわれわれは湖に滑《すべ》り出し、岸は遠ざかった。われわれは南南東へ向け、東岸の黒ずんだ岬を目指して進んだが、航路が浅いので何度もコースを変えなければならなかった。

今までに一隻のボートもすべりこんだことのないこの平和な湖には、何という童話的なムードがただよっていることだろう。いま大気はそよとも動かず、水面は鏡のようである。ちょっと離れたところを鴨が泳いでいる。カモメやその他の海鳥は警告の叫び声をひびかせている。南東にひと続きの黒い球《たま》がみえるが、それは恐らく防波堤の形をした岬の上の凹凸《おうとつ》のようだ。蜃気《しんき》楼《ろう》のためにそれらは水平線上にちらちらして見えるのであって、この現象にはわれわれはゴビ砂漠以来なじんでいた。真南と南西では、水平線は完全にからっと開けていた。そこで空と水とが、広々とした海原と同じように相接していた。南南東では、ツェッペリン飛行船[*2]がロプ・ノール上空を一列になって逃走中であるかのように見えた。やや近づく

バベッディンはカヌーを曳く。アリは舟をおりようとしている。

と、南東に、騎馬や草を食《は》んでいる家畜やラクダに似た形をした黒い隆起がくっきりと目立った。しかしそれらの唯一の動きというのは、暖められて上昇する空気によって生ずるチラチラする振動であった。

南へ行けば行くほど水は浅くなった。バベッディンとアリは徒歩でカヌーを曳《ひ》っぱった。舟を泥にはまりこませた他の二人はうしろから押した。ボートのうしろに黒いすじが渦巻いてあがった。太陽は照りつけ、まぶしいような明るさだった。水は西の方ではオパール色や鋼灰色に、南や東の方では澄明《ちょうめい》な碧海色《へきかい》に輝いていた。

もっと深い澪《みお》を探したが無駄だった。われわれは西へ向かった。バベッディンは魚を一尾狩り出し、橈をヤスのように頭上高くふりかざして走って追いかけた。彼は鋭い幅広の橈身を何回も打ちつけ、魚は跳ねあがって水しぶきをあげた。もう一撃。バベッディンは身をかがめ、意気揚々と獲物をわれわれのほうへ持ってきた。

奇妙な魚だ！　彼らはここで日なたぼっこをして眠っていたに違いない。およそ一メートルはある一尾は、多分わたしのボートで目を覚ましたのだろう。というのはそれが尾っぽで舟ばたをたたいて逃げたからである。

カヌーは湖底の泥の凹凸にぶつかって跳びはねたり、くっついたり、音を立てたりしたが、突然止まってしまい、また音を立てた。時々深さ一〇センチの水の上を曳っぱった。沈積物の最上層は黄色で厚さは二ミリから七ミリであって、もっと厚い、黒い沈積物の層の上にあったが、これは一三年前に水が戻って来たときすでにここにあったものに違いない。だから、平均五ミリの黄色の層は沈澱するのに一三年かかったように思われる。

しかし夕方が近づき、太陽は低くなった。太陽は大地と別れるとき、言葉で言い表わせないような華麗な光景をわれわれに贈ってくれた。南東はすべて鋼《はがね》色で、天と地のあいだに地平の境界線は見えなかった。太陽は赤、黄、菫《すみれ》、白の雲のしとねに休らい、暖かな深紅色のかがやきが東の湖上に広がった。

部下たちは汗を滴《したた》らせて、ねばって吸いつくような湖底をカヌーを曳っぱって、死ぬほど疲れ果てた。沈澱物の下には固い結晶した塩の層があって、彼らの足を傷つけた。

われわれは最も近い島に向けて北東にコースを整変え、深さ七〇センチの水を通ったが、ここで漕ぎ手たちは再び舟に乗って橈を使うことができた。黄昏《たそがれ》時に、われわれはこの未知の岸辺にあるごく小さい島に上陸した。島は固い塩の地面で表面は錆《さび》色をしており、草一本生えていなかった。ここでわれわれはカヌーを陸地に引きあげ、キャンプを設営した。

第83キャンプ、西の眺望。

六枚の厚板を地面に敷き、その上に帆布と毛布をかけ、その上を陳《チエン》とわたしのベッドにした。バベッディンは捕った魚を料理し、火のうえでシシュリクを狐《きつね》色にあぶった。最低気温一一・七度の平和な夜を過ごした。カモメは頭上に鳴き、星は明るくかがやいた。

五月一七日の日令[*3]は二隻の小さい軽いカヌーを用意するということであった。バベッディンとアリは、陳《チエン》とわたしを荷を積んでいない二隻のカヌーに乗せ、急いで偵察するため、西へ漕いで行くことになった。湖の最北部のどこかに、もっと深い、クム・ダリアの流れによってけずられている澪《みお》がみつかるに違いなかった。

うすいもやがロプ・ノールのうえにただよい、南と東には陸地は全く見えず、ただわれわれが今針路を向けている南西にだけ、一筋の岸が姿を見せていた。弱い南南東の微風が湖に漣《さざなみ》をたてた。二時に気温は二六・五度、水温は二七・八度に昇

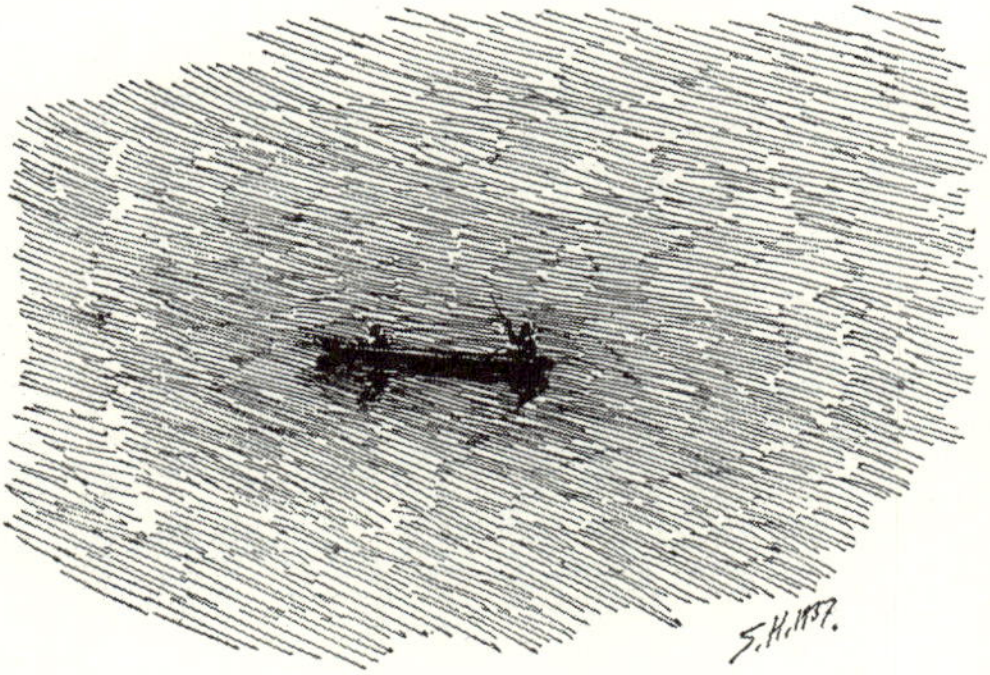

視界の悪いロプ・ノールにて。天地の境界線、水平線は見えない。

った。

湖は西も東も同じように浅かった。測ったら一九・一センチと七センチで、本式に坐礁《ざしょう》してしまった。バベッディンとアリは足を傷つけながらカヌーを曳っぱったが、結局これ以上南へ行くのは不可能であった。われわれは止まり、航路をさぐるために部下たちを徒歩で南へ行かせた。彼らは水の上を歩くようにみえた。歩いて行くあとから、泥がインキのように黒く渦巻いて起った。

休憩したところで写真を撮り、再び湖底の泥を調査した。最初の黄色の河泥は厚さ五ミリの層をなし、その下には厚さ一〇センチの黒い泥の層があった。その下には厚さ二〇ミリの粗《あら》い砂の層、その下には厚さ八センチの結晶した塩の層があった。多くのばあい塩はもっと厚かった。

それにもかかわらず湖の北の部分は真水だった。いずれにせよその塩分が〇・三というのでは、味わってもほとんど気がつかない。ここには魚が多かった。二人の部下たちは魚を橈身で気絶させて手づかみにすることに熟達した。捕えたなかで最大のものは長さ一一〇センチ、幅一六センチであった。もう一尾は長さ一メートル、幅一五・五センチだったが、それ以外のものは九〇センチから九四センチであった。背びれから腹まで一六センチもある魚が、深さ二〇センチの水の中で心地よくしているというのは奇妙なことだ。われわれが近づいて魚が驚くと、そのすばやい動きで水面は波立ち渦巻いて、時折背びれが潜望鏡のように出るのが見えた。そのため漁師たちにとって追跡はむづかしいことではなかった。

こういうわけでロプ・ノールの北部には魚と水があるのだから、餓死《がし》する危険はない。しかし、魚は何を食べて生きているのだろう。藻類、その他の植物、介殻類《かいかく》、昆虫などは気配すら見えなかった。恐らく湖底の泥が養分になる何らかの有機物を含んでいるのであろう。この種の魚の白身は、タリム下流のアブダルで捕った魚とは逆に、食欲をそそらず、取るに足りない味だった。

午後おそく、われわれは小島のキャンプに戻った。サディクとロチは待っているあいだにキャンプの上に日除けを作っていた。帰り道に幅八三・五〇メートル、深さ三八センチの水路を見つけたので、明日はこれによって進もうと思う。

北から西へ四五度のところから、北から東へ一六度のところまでにクルク・タークがはっきりと、しかし淡い色調で見えた。

今夕も、野ばらの実のような褐色、菫《すみれ》色、ばら色、青色等に色どられた華麗な落日を贈

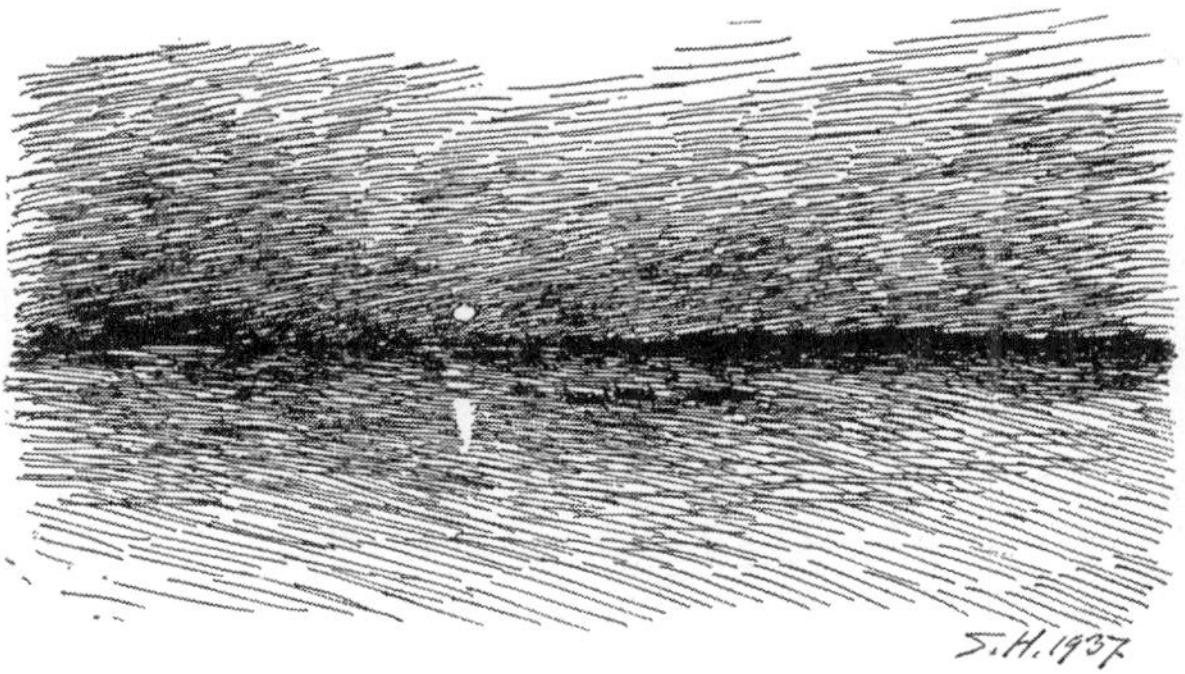

ロプ・ノール湖岸の落日。第83キャンプからロプ・ノールを眺望。
5月18日。南方に陸地は見えない。

ってくれた。太陽自身はオレンジ色に輝き、なめらかな湖にうつった映像も同じ色に輝いた。
どこか近くにおどけた鳥がいて時々力のこもった鳴声を出したが、それは、ときには牛の吼《ほ》える声、ときにはロバの鳴き声、ときには船か自動車の鋭く響く警笛を思い起させるものだった。恐らくそれはサンカノゴイであろう。というのは、この鳥（ボタウルス・ステルラリス）はフンメルの観察によれば、コンチェ・ダリア流域の彼が採集した区域の岸辺では珍しくなかったのである。サンカノゴイは東トルコ語ではケル・ブカ（湖のヤク）という、いかにもそれらしい名がついている。コンチェ・ダリア沿いの住民がいうには、この鳥はくびを息でふくらませて六、七回もよく透る大声を発する。この緊張のためにひどく疲れて、しばらくのあいだ麻《ま》痺《ひ》したようになる。そこで簡単に手でつかまえられる、ということである。またそのからだの

第83キャンプからロプ・ノールを眺める。南方に陸地は見えない。
5月18日。

一部からしぼり出した体液は肺結核の薬に使われるということだ。ロプ・ノールの孤島におけるキャンプでは、こういうまるっきり調子はずれのセレナーデはよいなぐさみであった。

翌日、空はトルコ石のように青く、湖は鏡のようになめらかであった。われわれは見つけておいた澪《みお》を偵察したが、しかし砂に埋まって消えてしまった。四方八方に深みを探したが、ところどころ水面にまで達している砂州のために、至るところで邪魔された。湖全体の測深調査は、ふえた水がロプ・ノールに注ぎこんで湖の北部が航行可能となってからあと、晩秋に実施しなければならないことがはっきりした。

一生のうちに一度は「さまよえる湖」の新しい北部内湾をカヌーで旅したい、というわたしの夢はこうしてかなえられ、あらゆるものに感謝したい気持だ。その代り、ロプ・ノールでかなり長い舟旅をしたいという希望は実現しなかった。しかし陳《チェン》とわたしは、少なくとも三日間はこの目的を達成しようとして最善を尽したのだから満足だった。四人の漕ぎ手たちが、もう結び合わせてないためにひときわ軽くなったカヌーを曳いて広い砂州を越えることをしなかったのは、恐らくわれわれにとっても幸運だったろう。砂州のところでは湖底がほとんど水面に接し、いずれにしても水深は七センチ以上はなかったのである。多分この砂州が淡水と塩水との境界をなしているのだろう。われわれがより深い澪を従《いたず》らに求めた北の内湾は、つまりクム・ダリアから絶えず新鮮な水を受け容れて、それが多すぎれば砂州を越えて気球のようにふくらんだ大きな南の内湾へと流出するのである。こちらもまた非常に浅いという可能性が強い。わたしが以前カラ・コシュンで測った最深部は四・五メートルで、エチン・ゴルのデルタ支流がふたつ流入している湖ソホ・ノール＊4の最深部に十分匹敵する。そしてこの湖はヘニング・ハスルントとわたしが一九二七年秋に測定した。

新しいロプ・ノールの水深は、察するところこの数値を越えはしないだろう。けれども、このしゃくにさわる砂州のせいで、こうした仮定が正しいかどうかを確かめる可能性を奪われてしまった。砂州が邪魔しなければ何も問題はなかったのに！　ロプ・ノールがヘルナーの地図に示されている通りならば、五日行程の舟旅で全体をまわれる、とわれわれは計算した。陳《チェン》はヘルナーといっしょに湖全体の周りを旅して、これが南北の長さ一三〇キロ、最も幅広い場所で八〇キロの大変な塩水の池であることを知っていた。スウェーデンのフェーネル湖も一四対八という、ほぼ同様の寸法である。けれどもロプ・ノールの北部全体は著しくせまく、湖の表面は五五五〇平方キロあるフェーネル湖の半分もない。フェーネル湖は河が貫通している湖だから新鮮な水であって、それ自体の容積にはわずかな差異があるだけである。ロプ・ノールは河の末端の湖だから塩水であって、季節とともに変る流入量と、夏期には熱せられ乾燥した大気によって極めて盛んに蒸発することとに基づいて、その容積を変えるのである。

われわれは五日分の飲料水と食糧を積み、すでに言及したように、一三歳の湖に広範囲のカヌー旅行をしようと計画したのである。また水の塩分を調査するために液体比重計を持ってきた。幸いなことにヘルナーと陳《チエン》がすでにさまよえる湖の完全な地図を作っておいてくれたので、最大水深が三、四メートルかまたは五メートルかということは大した問題ではなかった。またこの種のボートの旅もスポーツか冒険的なものと考えれば魅力あるものだったろうし、またそれだからこそわれわれは誘惑されたのであった。わたしだけだったら、一八九五年四月一〇日にラクダとともにタクラ・マカン砂漠[*5]を踏破する旅[*6]に出たときと同じ気持を抱いてこの旅行を始めたことだろう。あの時と同様、今も「うまく行くだろうか」という運命的な重みのかかった問いにこそ心を引く魅力があったのだ。陳《チエン》もわたしも一瞬もためらわなかったが、四人の漕ぎ手たちは今まで一度にこんな多くの水を見たことがなかったので、何が本当に重要かというはっきりした概念は持たなかった。一九〇〇年の初夏わたしはタリム河の沿岸湖に居て、一度ならず突然の嵐に襲われ、カヌーが水びたしになる瞬前に陸地に着いたことがあった。[*7] わたしの著書『アジアの内奥部にて、未知の小径《こみち》を一万キロ』の中、第一巻三二一ページにある写真によって、こうした状態における危険がはっきり理解できるだろう。ある時、わたしは難破したが、岸にとても近かったので、漕ぎ手たちといっしょに陸地まで徒渉することができた。

けれどもロプ・ノールはかなり大きな湖だから、甲板を張ってないカヌーで三〇キロから四〇キロを横断するというのは危険な企てであった。われわれは、良い天気のときに東岸の湾曲部の先端から南西へ、まっすぐ対岸に向かって湖に乗り出し、力一杯漕いで行こう、と考えていた。嵐はほとんどいつでも北東からやって来るし、また湖のまん中で烈しい嵐に襲われたとしても、われわれには少なくとも追風になるだろう。けれども波はひどくなり、しかも一分ごとにますます高くなるだろう。わたしがチベットの湖で使ったような布製のボートであれば、波頭に持ちあげられ、続いて波のあい間にうまく身をまかせ、また次の波に持ちあげられるだろう。

けれども木製のカヌーでは事情が全く違う。それは長くまっすぐで手すりは低く、ポプラの幹の形なりに内側に曲っている。波がこういう舟の側をうねってゆけば、波頭はやすやすと両側の手すりを越えて入ってくる。波が高くなればなるほど、舟を洗う波はますます烈しくなる。実際にどういうことが起るか、わたしはよく覚えている。漕ぎ手のひとりは前に座を占め、もうひとりは後である。ふたりとも膝《ひざ》をついて前かがみになる。彼らは橈をできる限り長くすばやくあやつり、筋肉の力をふりしぼってカヌーを前進させようとし、また波をかぶらぬよう、風の向きにしたがって進む波のあい間にたえず居ようとして、できる限り速度をあげようと橈を水に突っぱるのである。

嵐のときのカヌー旅行に関してわたしがもっている経験と思い出からしても、もしわれわれがさまよえる湖の南部にいて、春に突発するこの種の荒れ狂う東北の嵐に襲われたならば、どんな事態になるだろうか、空想して描き出すのは易々たることである。しかし、もしわたしがいまそういう想像図を描くとしても、このばあい、これが虚構であることを忘れないよう、読者諸氏にお願いしたい。こういうのも、ロプ・ノールの北部を横切っている砂州がわれわれの前進をはばんだからである。

それではここで虚構の叙述を始める。

わたしはカヌーの中で漕ぎ手たちのあいだに膝をついてかがんでいる。いつもはカヌーの底に足をのばして坐っているのだ。しかし今は生命がかかっているし、打ち寄せてはいりこんでくる波で次第に一杯になるカヌーから水を汲み出すのがわたしの仕事だ。わたしは食器に使っているホウロウ引きの器《うつわ》をひしゃくにして、ガレー船[*8]の奴隷《どれい》のように働いている。舟の中央で肘《ひじ》を使って波を受けとめ、弱めようと多少なりと試みる。カヌーの底では動揺に調子を合わせて、水が前後にピチャピチャザブザブ音を立てている。これは片手落ちの戦いだ。波と歩調を合わせてはいられない。新しい波が来るたびに、その前にわたしが器でかい出した水よりももっとたくさん入ってくる。カヌーの中は水嵩《かさ》が増してきて、不安がかきたてられる。ボートは水びたしになればなるほど重くなって、手すりはますます水面に近づいてくる。そのため波はいよいよはいりやすくなり、しかもあとになるほど多くなってゆき、それとともにわたしと漕ぎ手たちの力はなくなってゆく。最寄《もよ》りの岸まではまだ遠い。どれほど長く水の上でわれわれが持ちこたえ得るかは時間の問題で、時が経てば経つほど助かる見通しが立たなくなってゆく。

こうした大変な危機におちいると、わたしはいつも落ち着くのだが、この落着きがどこから何故おとずれるのかは分らない。多分、人間は死に直面したばあいに、自分自身と手にしている唯一の武器とをコントロールできなくなったら、状態は良くはならないものだということを、無意識的に冷静に論理的に洞察することによるのだろう。わたしの召使はあのときも人数は今と同じく四人で、生命を失い、タクラ・マカン砂漠で渇《かつ》え死にしたのだが、しかしわたしの確信はゆるがなかった。わたしは彼らを助けることができなかった。唯一の救いは水であった。もしわたしが死のうとして横になったところで何も得られなかったろう。最後まで持ちこたえるためには、軽率でないこと、不必要に緊張しないことが肝心だった。

ついにカヌーの手すりはごく低くなって、次の波でへりまで水につかってしまう。夜営のための食糧品や毛布は波に洗い流され、真水の缶《かん》も流れてしまう。われわれはもう長いことこの危機の瞬間を予期していた。そしていまカヌーをあやつることができなくなると、手すりにしがみつくよりほかはない。しかしカヌーは水中では積載力はほとんどなく、橈にはなおさらない。こうして水の中にいれば、われわれは嵐から攻撃される面をほとんどまたは全然出さずにいるわけである。それで、ごくゆっくりと岸に流されてゆく。嵐がおさまって、浅い、背の立つところへ流されるまで持ちこたえることができれば、カヌーの水をかい出して乗りこみ、旅を続けることができる。水は冷たくはないが、浅くて太陽にすぐ温められる北部の内湾よりはかなり冷たい。

新しい波がいくつも越えて行き、われわれは塩水をしたたか飲みこむ。しかし、持ちこたえなければばならない！　もしひとりが疲れれば、他の二人は助けることができない。泳ぎに熟達しているということはこの場合あまり得《とく》にはならない。身体を緊張させることが少なければ少ないほど、難破船にしっかりしがみついていられることになる。もし手を離せば、間違いなく難破船から離れて、波によってますます遠くへ投げ出される。

近くの岸は「ショル」で成り立っているが、これはトルコ人が、塩まじりの堅い泥土層から成る、ほとんど石のように堅い塊《かたまり》のことを称しているものだ。それは水をかぶると、陰険にも軟石鹼《せきけん》のようにやわらかく滑りやすくなる。ロプ・ノール一帯至るところ、このショルの地形が、これによって形成されている小さい波形の丘や嶺は別として、床《ゆか》のように平らに目にうつる。われわれは水面と同じ高さにいるので、岸は見えない。そのため、状況は絶望的のように見える。広い海原にいて、溺死《できし》するのを待っているようなものだ。

だから、水のなかで直立して、足の下に地面を感じたときの驚きは大きい。地面はひどくぬかるんだ泥沼のようにゆるんではいるが、それにもかかわらず、救われるという希望をわれわれに与えてくれる。岸はまだ見えない。幾時間もわれわれは波にほうり投げられる。時折地面が一段と堅くなって、一瞬身を支えることができ、ちょっとばかり活気づき落ち着く感じを抱く。徐々に陸地に近づく。嵐は依然として烈しいが、波は低くなり、その力は陸地との摩擦によって弱くなる。休める時間が段々長くなり、かなりの距離は、半ば堅い地面を歩いてカヌーを曳っぱることができるようになる。ボートがなければわれわれは駄目だったろう。

波はますます低くなる。ロプ・ノール周辺の岸は数キロメートルにわたって途方もなく浅い[*9]。ここでは湖はもう高い波を立てられず、塩水は嵐に駆り立てられはするが、浅すぎて波は作れない。疲労で半死半生になってわれわれは暫《しばら》く立ちどまる。一息入れなければならない。そのあとで力を合わせてカヌーをひっくりかえし、水の一部を流し出す。ボートから水をかい出すことができさえすれば、もう危険はないだろう。

しかし水汲みのひしゃくに使ったホウロウ引きの器はなくなった。二人の漕ぎ手が救命用浮輪の代りに櫂をしっかり握っていたので、櫂身で水をすくい出す。のろのろしてはいたが、しかし根気が勝ちを占め、カヌーはからになる。ふたりの部下がカヌーを支えているあいだにわたしは中へ入って、彼らが再び席につくまで舟の平衡《へいこう》を保つ手伝いをする。

超人的な労苦のあとの休息のすばらしいこと！　わたしは服を脱いで水を絞《しぼ》り出し、風にかわかしておく。ふたりの漕ぎ手は服を着たままでかわかす。彼らはまた櫂を握りしめ、追風に乗って漕ぎ進む。日はまだ高い。岸は見えない。再び深みへと出て行けば波はまた高くなって、前と同じく命がけの戦いが待ちかまえている。

いや違う、湖はますます浅くなる。南西の視界は、元来は水平線なのだが、でこぼこに見える。乾燥して直立したショルの地塊に違いない。いまカヌーは底の泥に触れる。部下たちは立ち上って橈でカヌーを押し進める。しばらくすると彼らは舟から降りて押さなければならない。水はますます浅くなり、ついに一インチも進まなくなる。ここでは水深はたったの一デシメートルしかない。

さあどうしようか。海難から救われはしたものの、この状態はよかったというにはほど遠い。われわれはロプ・ノールの最南岸にいて、北の果ての不毛の泥島にあるキャンプから一三〇キロ、つまり一番遠く離れている。真水と食糧品の貯蔵をすべて失ったのだから、できるだけ早く最寄りの拠点に着かなければならない。それには二つの道が開かれている。そのひとつは、陳《チエン》とわたしの二隻のカヌーを棄てて、食糧品の一部やテントといっしょに賈貴《チアコイ》を残しておいたキャンプへ、徒歩で何とかたどりつくようにやってみることである。もうひとつの道は、二隻のカヌーでロプ・ノールの西岸沿いに北へ漕いで行くことである。日に灼《や》かれ水もなく、一五〇キロから一六〇キロを歩いて行くというのは、ふたりの若い漕ぎ手と陳《チエン》にとっては大したことではないかも知れないが、わたしにはいささか荷が重すぎる。また、あいかわらず荒れ狂っている嵐のなかを、高波にさからって北へ漕いで行くというのは考えられることではなかったろう。だから、嵐が止み湖がまた静かになるまで待つよりほかなかったと思う。こうして待つというのは楽しいものではなかろう。なぜなら、三日三晩荒れ続けた嵐をたった今経験したばかりだったから。もしわれわれがこれと同じような状態におちいったとすれば、恐らく数日は餓え渇えなければならなかっただろう。

幸運に恵まれれば、風の静かな日が続いて、湖を一周するすばらしい稔《みの》り豊かな遠漕ができただろう。けれどもそのいずれも実現せず、しゃくにさわる砂州が計画をさまたげ、塩水の湖面にほんのわずかでも進出しようとする企てを阻止した。クム・ダリアの水量は日増しに減少したので、ロプ・ノールの水面もどんどんさがっていた。もしわれわれの計画がうまくゆき、南の内湾に五日間をささげることができたとしても、砂州はわれわれが帰るときには乾上って、北の真水の内湾との連絡は断絶されることになろう。そうなればカヌーを置き去りにして、賈貴《チアコイ》が待っている第八二キャンプへ徒歩で戻って行かなければならないだろう。けれどもあらゆる困難を含めたこの可能性も実現することはなく、わたしが挑戦しようとした荒っぽい冒険の夢は煙と化して消え去ったのである。

＊

現状のもとでは、さまよえる湖について得るものは何もないことがはっきりしたので、われわれは北に向かい、第八三キャンプのある小島に戻って、そこで荷物をまとめてカヌーに積み、賈貴《チアコイ》が待っている第八二キャンプへ戻って行った。彼は岬に立って、大喜びして両手を振って合図してきた。サディクの歌がもう遠くから聞えてきたとき、どんなにうれしかったか。夜、河でドボンというすごい音がして目を覚まし、大きな獰猛《どうもう》な怪物がキャンプに向かって来るのではないかと思い、気味が悪かった。しかし、じっと耳を澄ましても何も聞えなかったので、岸の堆層がゆるんで落ちたということが分って安心した、などという話を彼はした。

　われわれがこのキャンプを出発したとき、陳《チェン》は水を充たした器を外に出しておいた。五一時間のうちに二九ミリ蒸発した。夏、クム・ダリアが毎日減水すれば、ロプ・ノールの水面も低下し、その北部全体は乾上ってしまうにちがいない。しかし恐らく、夏のあいだじゅうクム・ダリアの支流が湖底のむき出しになった沈積物のうえをうねって流れることだろう。けれどもこの支流も真夏には湖の南部のもっと深い塩水の内湾に到達する前に涸渇《こかつ》することもあり得るのだ。そうすれば南の内湾は完全に切り離され、夏の烈しい蒸発のあと鹹湖《かんこ》[*10]のうちどのくらいが残るかがはっきりするに違いない。アラル海の蒸発は夏一か月間に一メートルの量に達するが、恐らくロプ・ノールの蒸発はそれ以上ということはないにしても、同じくらい烈しいものだろう。ロプ・ノールの表面は一九〇〇平方キロと見積られるから、二四時間に五七〇〇立方メートルが蒸発するのである。

　われわれが賈貴《チアコイ》のところに上陸したときはもうおそかったが、それにもかかわらずわたしはさっそく荷作りして出発するように命じた。われわれは水路を通ってデルタをさかのぼり、日の沈む頃丈《たけ》の低いヤルダンのあいだにキャンプした。

　五月一九日朝、部下たちがわたしのテントへ、四脚の低い机二基、木杯数個、頭蓋《ずがい》骨二個を持ってきた。これらはかなり以前にあばかれた墓で彼らが発見したものである。前に述べたものと全く同一の形状であった。

陳《チェン》は発見場所へ行き、そこで一ダースもの墓をみつけたが、皆あばかれて荒らされていた。恐らくこれはオーレル・スタイン卿がL・F・砦[*11]と名づけた場所であろう。またこれらの墓は低くなった鞍部《あんぶ》によってふたつの塊に分れているメサの上にあった。鞍部の北側には塁壁の跡があった。墓は鞍部の南にあった。

キャンプの南五五〇メートルのところにもうひとつのメサがそびえていて、われわれはそこへ出かけた。途中、流れのない一支流を渡ったが、これは秋にすべての沿岸湖や支流があふれれば、きっと流れるようになるのだろう。

メサの峰の近くに小さな杭《くい》が地面からたくさん突き出ているのがみえた。それらは長さ三・九〇メートル、幅一・〇四メートルの小さな堡塁を形造っていた。その近くに墓が四座あったので、そのひとつを開いた。中には頭蓋骨が八個と、以前に発見したものと同様のこまごましたものがたくさん入っていた。

楼蘭《ロウラン》周辺の土地全体を徹底的に調査すれば、当時の墓が無数に出てくることは疑いない。その中で楼蘭《ロウラン》の死者たちは数百年ものあいだ埋められていて、最後の眠りに就いているのである。当時、町や村をとりまく地形は、今と同じく、気まぐれな氾濫《はんらん》におびやかされていたので、人びとは水の害を受けない墓地を選んだのである。ずっと昔の沈積物が侵蝕された残骸であるメサはその橙《だいだい》色の円屋根を、湿気の多い土地から二、三〇メートルもたげていて、完全な避難場所となっていた。共同墓地という風習はなかったらしく、墓は現在まだ中国で行われているように散在している。そこで死者たちは二千年来まどろんでいるのであって、その間、無数の春の嵐が頭上を吹き抜けていったのである。

このメサの峰から、ロプ・ノールが東から南一〇度西へ伸びているのがはっきり見える。近くにあってくっきりと線を画した海原の水平線を見ているような気がする。

二時には三三・六度で暑さを感じたが、五月二〇日にかけての夜は一五・五度で、涼しさが戻ってきた。

翌日、太陽が砂漠に再び光と色彩とを与えたとき、われわれは二隻のダブル・カヌーに乗りこみ、コースを西北西に向けた。葦が再び繁茂するようになり、生き生きした新緑が一段と成長していた。それからわれわれは長いことヤルダンのあいだの澪《みお》を通っていった。葦の密生した茂みを苦労して通り抜けて小さな湖に出て、南西へと向かった。航路は広がってもっと大きな湖となり、その澄んだ水を通して水中にあるヤルダンの淡黄色の先端が見えた。

午後、われわれは北岸のとある半島に上陸した。そこには、タマリスクの小枝を縦横に置いて粘土で塗り固めた格子細工の古い堡塁があった。びっくりするほど堅固なこの防壁は不規則な四角形であって、陳《チエン》はその平面図をつくった。*12 われわれは防壁によじ登ったが、その凹凸《おうとつ》状の胸壁は幅一・一〇メートルから一・五〇メートルで、下のほうは幅七・五メートルであった。防壁の内側にはくぼんだ濠《ほり》に囲まれた島がむき出しのプラットフォームのように高く出ていた。濠の水面は湖のそれよりも五五センチ低かった。防壁は湖より六・六メートル高く出ており、島は濠の水面の上三・一メートルであった。砦のある半島は北、東、西を湖で囲まれているが、この湖は、楼蘭《ロウラン》時代、この実に強力な築城にとって自然のすぐれた

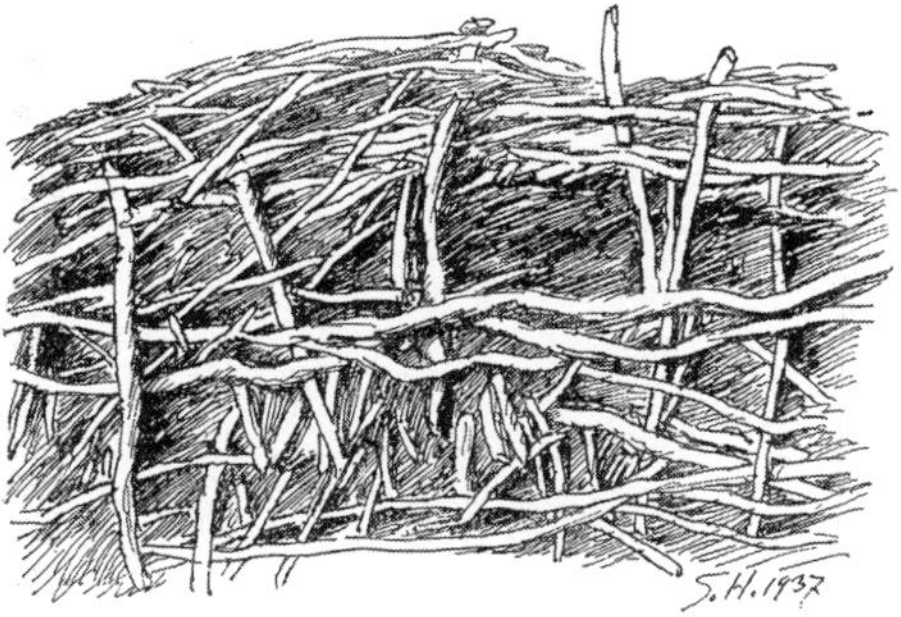

砦の防壁はタマリスクの小枝と根、柴、葦を格子に組んで
粘土で固めてできている。

防禦となっていたに違いない。南の防壁はその中央にまだ門が見られ、これに沿って濠が走っていて、今でも水をたたえ、半島を島に変えている。この防禦施設周辺の地形と陸と水との配置は、楼《ロウ》蘭《ラン》が一六〇〇年前に放棄されて以来、本質的な変化を受けていないことが実にはっきりしていた。

すばやく観察し、写真をとり、スケッチし、測量して、再び乗船し、漕いだり棹《さお》さしたりして、南西から南南西へと走っている長い水路を進んだ。この水路はダブル・カヌーがちょうど通れるだけの幅だった。これはほとんどまっすぐに楼蘭《ロウラン》を目指していて、陳《チエン》とわたしはこれが人力で掘られたもので、以前には楼蘭《ロウラン》の町とこの堡塁とのあいだの舟行可能な交通路に用いられたと信じこみそうになった。

太陽が金色に燃え、深紅色に強く輝いて沈んでゆき、夕焼けがこの由緒ある土地に華麗さの極致をくりひろげたとき、われわれは薪がたくさんある岸に舟を着け、テントを張り、キャンプ・ファイアを燃した。色があせてしまうまで地平線から眼をそらすことができなかった。それから簡素な食事を終え、明りを消して眠りにつくと、空想が働きはじめる。外の闇のなかに人声が聞えるような気がして、墓がある丘のあいだで互いに何かささやきあっているのか、といぶかしく思う。この古い、よみがえった水路に櫂の打つバシャリという水音が聞える。ここを昔数えきれないほどのカヌーや渡し舟が行き、乾いた不毛の砂漠を何か月も通ってきたシルク・ロードの旅人たちは、この新鮮な澄んだ真水を喜んだのである。じっと聴きいると、射手や投槍手を載せた戦車のガラガラいう音、彼らの楯《たて》や剣のガチャガチャいう音、弩《いしゆみ》を引きしぼり、矢を放つギリギリ、ヒュッという音が聞えるように思われる。キャラヴァンの鈴の律動的な響きがいかに良く聞えることだろう。また、重い純正の絹の荷を積んで、砂漠の砂のなかを静かなゆるゆるした歩調を保って進み、楼蘭《ロウラン》の河や湖の岸辺にある豊かな牧草地の匂いをかいで目を輝かせ鼻の穴をふくらませるラクダの絶え間なく続く列が、いかにはっきり見えることだろう。二千年間まどろんでいたこだまのように、駅逓《えきてい》の馬の首につけた鈴の輪の発する、軽快に響く音が聞える。彼は、錠をおろして封印を押した皮袋に入れた手紙を、中国本部からシルク・ロードを通って、敦煌《トンホアン》経由楼蘭《ロウラン》へと運ぶのである。わたしは三三年前に二度目に楼蘭《ロウラン》をおとずれたとき、この手紙の返事をかなりたくさん発見した。勤勉な生活、旅人、騎馬、キャラヴァン、車の群、たえず変化する多種多様のカーニバルがわれわれの心の眼の前を通りすぎ、まんじりともさせないが、一方、永遠の星は墓の上にきらめいているのである。

けれどもそれから、生命を与える河が流れを変えて、その水が砂漠の南部に注いで、そこに湖をつくることになった日がおとずれた。森も公園も並木道も庭園も耕地も乾上り、枯れ、そして死滅した。それで、人間もまた楼蘭《ロウラン》やその周辺に住むことができなくなった。彼らは町や村を棄て去り、水と植物の生育とをもたらす他のオアシスへ移って行った。

しかしいま、河もその末端の湖も砂漠の北部に戻って来て、新しい生命と新しい耕作の前提を創り出したのである。いま楼蘭《ロウラン》はその村落とともに再び花開き、古代のシルク・ロード上の交通があらためて始まるのである。

そのためにわれわれはここに居るのだ。わたしが目覚めているのは驚くべきことだろうか。昔、東洋と西洋とを結びあわせた、地上で最も古く最も長いキャラヴァン・ルートを死者の手からよみがえらせなければならない。しかもなお、——もしもわれわれの夢が現《うつつ》になるならば——古代のシルク・ロードにおける生活と動きとは、かつての色どり豊かな光景にくらべて、どんなに変った風になることだろう！　もはや、ラクダも鈴の響きも鈴の輪の鳴りひびく駅逓もない。いや、新時代の技術的手段が散文によって詩を窒息させるのだ。いまやまず自動車が、次いで汽車がやって来る。恐らくわれわれの多くが、シベリア鉄道以外の鉄道が太平洋と大西洋とを結ぶ日に遭遇することであろう。陳《チエン》とわたしの新しいロプ・ノールへの舟旅は、一九三三年夏、わたしが中国政府に提出した計画の一環にすぎなかった。こうした巨大な眺望をまのあたりにして、わたしがなおも長いあいだ謎《なぞ》に満ちた夜の霊の声や砂漠の沈黙の言葉に耳を傾けたのは不思議なことであろうか。

一〇　ロプ・ノールと楼蘭における最後の日々

五月二一日朝、目を覚まして、なつかしい廃都楼蘭《ロウラン》への途上にあると知ったとき、わたしは奇異の感に打たれた。この廃都を、一九〇〇年三月二八日、わたしは幸運にも発見したのであった。[*1] 歴史的、政治的、軍事的、経済的に極めて重要であったこの都市を、三度目にまた見ることが——三四年経ったあとで——ほんとうに許されるのだろうか。

われわれは、ほとんど一直線に楼蘭《ロウラン》を目指している狭い水路をたどって行ったが、これは人間の手で掘られたものかも知れなかった。タマリスクがポツンポツンと、または群生して岸辺を縁《ふち》どっていた——こうした砂漠の灌木《かんぼく》は、昔カヌーで旅する人びとに木陰を与えるという意図で植えられた、とみなすこともできるだろう。

しかし水路は尽きて、かなり大きな湖に出た。湖底からタマリスクやヤルダンが突き出ている。この湖も狭くなってきて、とうとうなくなってしまったので、われわれは二隻のダブル・カヌーを曳《ひ》っぱって、細長い岬を越えなければならなかった。向う側で再び広々とした水面に出たが、そこにはタマリスクと葦《あし》がヤルダンと平行する長い筋となって、北北東から南南西へと走っていた。

北東からさわやかな風が吹き、われわれはこの上ない追風を受けて湖を渡った。カヌーは

狭い水路へ入っていく。

波に揺られ、水は濁《にご》っていた。湖はおおむね浅かった。陳《チェン》が錘《おもり》を下げて測ったところ、最大水深は一・八メートルだった。太陽は輝き燃えて、日陰でも三〇度になった。水温は二三・一度であった。われわれは葦に沿って行ったが、触れるとザワザワ音がし、時折タマリスクが紫色の花房を、祝福する腕のようにわれわれの頭上に伸ばしていた。この旅は牧歌的だった。湖が遠く南西にのびて楼蘭《ロウラン》にまで及んでいることを、われわれは願うのみであった。カモメが頭上で鋭い警告の鳴き声を発した——彼らは楼蘭《ロウラン》の曲りくねった水路で、今までにカヌーなど見たこともなかったのだ。

しかし一二時三〇分にはもう南岸に到達し、楼蘭《ロウラン》の方角に向かっている狭い通路を探したが、無駄《むだ》だった。そこで上陸し、バベッディンを南へ、サディクを南西へ偵察に出した。四時間後に彼らは帰って来たが、元気づけられるような報告はほとんどなかった。彼らは南でかなり高い塀《へい》のようなヤルダンに

葦のあいだをカヌーを押して行く。

全員かかれ！

ぶつかったが、これが越えがたい境界となって、水はこの方向にはそれ以上行っていないように思われた。ヘルナーと陳《チェン》が一九三一年に大きな広い水面を発見したところは、今ではただ葦の原が広がっているのみであった。南東には別々になった支流が数本見えたということだ。

バベッディンは陶器の破片がたくさんある場所について話したが、陳《チェン》はそれがヘルナーの地図にある「製陶所址」のことだと再確認した。われわれはもちろんこの地図のコピーを持って来ていた。バベッディンは、その近くに乾《ひ》上った河床があって、万一のばあいに飲むことのできるやや小さな水溜りがいくつかあるのをみつけた。南南西にひとつの砦《とりで》をみつけたが、それはこの地域で他のすべてにぬきんでて高くなっていた。

こうして、第八六キャンプは楼蘭《ロウラン》への途上における最後の地点になるはずだった。少なくとも、夏の暑さの中を相当長いあいだ徒歩で歩くことに十分訓練をつんでいないわたしにとってはそうであった。けれども陳《チェン》はそういう散歩に熱中していたので、彼の若々しいエネルギーのおかげで、ヘルナーと彼自身が一九三一年につくった地図と一九〇〇年、一九〇一年のわたしのルートとが関連づけられるだろうと、わたしはうれしく思った。陳《チェン》は距離を一二キロメートルと見積り、翌日の午後早くには第八六キャンプに戻れるだろうと考えた。彼はパンと固形スープ、砂糖、それに水の容器として大きなティー・ポットしか持って行かなかった。その他はコンパス、時計、巻尺、カメラだけである。燃料は至るところにあった。多分クム・ダリアの支流なのだろうが、乾上った河岸にはとくにポプラの幹がたくさん立ったり倒れたりしていた。サディク、ロチ、バベッディンは自発的に参加した。彼らの荷物はチャパン（マント）、タルカン（麦こがし）とシャベルであった。

彼らは五時四五分になって、やっと早い歩調で出発し、ヤルダンの迷路のなかにすばやく消えて行った。八時には暗くなり、三日月が砂漠を皓々《こうこう》と照らした。賈貴《チアコイ》とアリが眠ってしまってからあと、わたしはまだ長いこと起きていて、快い夜の冷気のなかで書きものをした。えもいわれぬ静寂がみなぎっていた。ただ時折、夜鳥の叫び声がひびきわたった。

われわれの探検隊は現在七つの別々の方向に散開している。尤《ヨウ》と龔《コン》とエッフェは敦煌《トンホアン》への途上にあり、ジョムチャとエラシンと数名の召使は第七〇キャンプに居たし、フンメル博士はクム・ダリアの上流で、ベリマンは第七〇キャンプの南の沿岸湖で仕事をしていた。第八〇キャンプにはガガーリンと三人の漕ぎ手が居り、楼蘭《ロウラン》への途上に陳《チェン》がいて、第八六キャンプにはわたしがいた。みんなが損害も大した事故もなく、再び集合することを、わたしは心から望んだ。

服をすっかり脱ぎすてて寝袋のうえに寝、シーツを掛けただけだった。しかし気温が一五、六度——日中、三〇度を越えたあとで——にさがると、目がさめて寒くなり、フェルトの毛布をかけた。枕もとにある一杯のお茶は早朝の大きな清涼剤である——いつもは熱いお茶かお湯しか飲まないのだが。けれどもすぐに息づまるような暑さになった。

賈貴《チアコイ》にテントのへりを全部あけさせたので、風通しがよくなった。湖や河の上ではまるっきり気候がちがっている。そこでは暑さをこぼす必要は全くない。

待っているあいだ、わたしは周囲の独特な風景をスケッチしたり、絵に描いたりした。時は過ぎ去り、太陽は燃え、まだ七時半なのに二四・七度であった。賈貴《チアコイ》とアリはヤルダンの脊梁にとてつもない蜂火《のろし》を作って、たえず南と南西をうかがっていた。彼らは叫んだが、しかし誰も答えるものはなかった。黄昏《たそがれ》がこの地にかげをひろげ、太陽は華麗な色彩のたわむれをみせながら沈んでゆき、夕焼けはうすれていった。物音ひとつ聞えなかった。彼らはずっと前に帰っていなければならないはずだ。アリは夜明け前に、彼らのあとをつけるから大きめのパンをいくつか持って行ってよいか、と許可を求めた。八時を過ぎて闇《やみ》がますます濃くなってきたので、烽火に火を点じた。その橙《だいだい》色の炎々たる光は付近一帯を照らし出した。あたりの暗闇のなかに、ヤルダンが竜やイルカのように黄色い脊梁をもたげていた。アリが叫んだが、しかし夜は答えなかった。あらゆるものが沈黙していた。

そして翌朝わたしが目を覚ましたときも、昨夜と同じ沈黙が支配していた。賈貴《チアコイ》とわたしだけがキャンプに居て、アリは行方不明《ゆくえ》者たちを迎えに行っていた。わたしは彼らのことがだんだん心配になってきた。食糧を十分持ってはいないし、楼蘭《ロウラン》へ行く途中に恐らく水は見つかるまい。きっと彼らは道に迷い、湖畔のキャンプへの道が分らないのだろう。沈澱《ちんでん》によって生じた堅い粘土は風のために規則的な形に圧せられていて、鋲《びょう》を打った靴《くつ》でもごくわずかの跡しか残さないことを、わたしは経験から知っていた。彼らの消息が全く知れなかったら、わたしはどうしたらよいだろう。

キャンプに残っている最後の人間、賈貴《チアコイ》とわたしとでは、彼らの足跡を見つけることはできないし、また乾燥した灼熱《しゃくねつ》の砂漠を通って彼らに水を運んでゆくこともできない。われわれはそういうものを十二分に持っているのだが。

一日一日と経ってゆき、とうとう彼らのいないまま出発しなければならなくなるだろうかと考えて、ゾッとした。第七〇キャンプから駄獣を連れた救助隊を捜索に派遣することは、必要なことではあろうが、しかし全く望みのない企てだったろう。ただくさって干からびた死体を見つけ出すことができるだけだろうから。

けれども、そんなにひどいことにはならなかった。一一時に、望遠鏡で偵察するためにわたしは再び高いヤルダンに登った。ヤルダンの峯にたどりつくかつかないうちに、ひとりの男が疲れた足どりでキャンプに近づいてくるのを見つけた。アリだろうか。いや、もうふたり来る、続いてもうひとり。

数分後に彼らは目的地にたどりついた。陳《チエン》と三人の同行者だった。彼らはおそろしく疲れ、飢えていた。彼らが無事に帰ってきたので、わたしは本当に夢魔から解放された。わたしがどんなに喜んで彼らを迎えたか、みんなには確かに分っただろう。

わたしは疲れ果てた旅人たちに、たっぷり朝食をとったあと数時間熟睡するように言った――われわれは急いではいなかった、というのは、アリがまだ帰って来ていなかったから。けれども、陳《チエン》は見てきたもので一杯になっていたので、何はさておき報告をしたがった。

そのあとわたしは彼を無理に休ませ、彼は子供のように眠った。

楼蘭《ロウラン》への道はわれわれが見積ったよりも遠く、一二キロではなく一八キロであった。

二一日に出発してから、彼らは張切って晩の八時まで歩き、水と枯れたタマリスクのそばでキャンプした。そこまで行く途中、彼らは二すじの支流を渡った。翌朝もうひとつの水路を徒渉したが、それは幅二〇メートル、深さ〇・八メートルで、南東に流れており、ことによるとロプ・ノールとつながりをもっているのかも知れなかった。それから彼らは幅三五メートル、深さ約三メートルの、南南東に向かっている乾上った支流を横切った。その河底には砂丘があって、それは一三年前にクム・ダリアが生命をよみがえらせて以来、この谷に水が流れたことのない証拠であった。その先に帯状に連なるヤルダンがあったが、それは高さがたった二〇センチで、明らかに新しく形成されつつあるものだった。幅二〇〇メートル深さ五メートルのくぼ地があったが、これは流水によってつくられたものではなかった。それから南南西と南西へと向かう途中、まちまちの高さのヤルダンのあいだに、枯死した森とタマリスク堆《たい》が幅五〇〇メートルの帯状をなして続いていた。生きているタマリスクが生《は》えている地点から西北西に楼蘭《ロウラン》の高い塔が見え、そこまでは七・五キロあった。その地点から四・五キロ離れたところで、彼らは生きている最後のタマリスクに出会い、楼蘭《ロウラン》の手前一・五キロから枯れた葦が普通になりはじめた。陶器の破片がほとんど至るところでみつかった。午後二時一五分に彼らは楼蘭《ロウラン》に到着し、そこに二時間居た。

陳《チェン》は塔によじ登ったが、その先端にはヘルナーと彼とが立てておいた旗竿《はたざお》がまだまっすぐに立っていた。けれどもスウェーデンの国旗はほんの小さな切れ端しか残っていなかった。旗竿の根本には、彼らが三年前に二通の文書を入れておいたブリキのケースがまだあった。

その一通ノーリン博士が一九二八年から一九三〇年にかけてこの地方で行った研究業績に関するもので、他の一通は、わたしにとっては栄誉に満ちた次のような内容のものであった。

「楼蘭《ロウラン》の発見者にして最初の探検家たるスヴェン・ヘディン博士に敬意を表して、隊員が彼の国旗をここに掲げる。一九三一年一月一九日、楼蘭《ロウラン》にて。ニルス・G・ヘルナー、パーカー・C・陳《チェン》」

今回陳《チェン》は前のものに加えて、二通の新しい文書を添えた。うち一通は彼とわたしのロプ・ノールへの旅についてのもの、他の一通は楼蘭《ロウラン》の頌《しょうか》歌であった。

発掘とかその他の調査は問題にならなかった。彼らには水も食糧もなく、第八六キャンプまで一八キロあった。休息したあと、四時一五分に彼らは帰途につき、弱い塩分を含む支流のところまで歩き続けた。陳《チェン》はその水をたくさん飲みすぎて激しく吐《は》いたが、しかし夜はよく眠った。

翌朝六時前、また彼らは出発し、幅一五メートル深さ一メートルの水路のところに来て、お茶をわかし、ようやく真水をたっぷり飲んだ。帰り道の最後の部分は前の足跡をたどった。その途中、一枚の石板を発見したが、大きさは二八×二一センチ、厚さは四センチで、銘文はなかった。

疲れた旅人たちはほとんど丸一日眠り続けた。

暗くなったが、アリのことは皆目分らなかった。アリは彼らを見出すまでその足跡をたどって行く計画をたてていた。けれども彼らが同じ道を通ったのはキャンプのほんの近くに過ぎないから、彼が何とか足跡を見分けられたとすれば、楼蘭《ロウラン》まで連れて行かれることになろう。しかし多分彼は足跡を見失い、コンパスもマッチも持たずに、あてどもなくヤルダンのあいだをさまよい、みんなのために持って行ったパンを食べ尽すことだろう。

「彼は気が狂い、もう決してわれわれを見つけ出すことはないでしょう」とサディクは落ち着きはらって言った。わたしは、この不幸な男が狂人のすわった眼をして地面を見すえ、見失った足跡を探してあたりを歩きまわっているのが見えるような気がした。ロプ地方の迷路に入りこみ、ヤルダンのあいだをさまようというのは、ローマのカタコンベ[*2]の地下道で道に迷うのと同じくらい危険である。前者は後者にくらべると広大だが、しかし日中は太陽が輝き、夜には孤独な男の歩む頭上に星がきらめく。

われわれはアリが居ないまま出発することはできなかった。そしてわたしはまた、待ちわびて落ち着かぬ時間のことを予想した。夕方、大きな烽火に火をつけたが、この光は砂漠では何マイルも先から見えるに違いなかった。

わたしがサディク、バベッディン、ロチに行方不明のアリを探すように命じたとき――ちょうどそのとき、「アリ・ケルディ（アリが帰って来た！）」という叫びが聞えた。ほんとうにその通りだった。彼は半死半生で消耗し切って、錯乱《さくらん》した顔つきをしてわたしのテントへよろめいて来た。彼は足跡を見失ってあちこちさまよい、そのあげくにわれわれの火を見つけたのだ。

いまこういうわけで不安も納まり、われわれは翌朝この危険な岸辺を立ち去って、わたしのなつかしい楼蘭《ロウラン》を再び荘厳な孤独にまかせることができた。

われわれのロプ・ノール紀行も終りに近づいた。われわれがウルムチの決定によって許可された二か月のうち、余すところはあと一週間であった。夏は近づいていたが、しかし気温はまだ――五月二三日から二四日にかけての夜には一五・九度にさがった。

朝、陳《チエン》はベッドの下に長さ五センチのサソリを見つけた。これは、この種のものでわれわれが見つけた最初の侵入者であった。夏のあいだに陳《チエン》はキャンプ地で、このいやな奴《やつ》をおよそ一ダースも見つけた。

空はかがやくばかりに澄み、ただ北西の空に軽やかな雲がふたつみっつ浮かんでいた。北北東の微風が吹き、風はひんやりして快かった。わたしの「書きもの机」の上に張った布が灼熱した日光を和らげた。時折、アブが爆弾のようにブンブンいって飛んできたが、微風が吹いているあいだ、蚊は遠くに離れていた。

帰り道は前に通ったと同じ湖と、古い砦に行きつく同じ水路とを通って行くのだ。両側には去年の葦が黄色い筋になっていたが、その中に緑の新しい茎がひときわ目立っていた。われわれのまわりには広大な葦の原が広がっていた。その中に、嶺がほぼ白色で中腹が黒いヤルダンの脊梁が浮かび上っていた。これらの沿岸湖やデルタ湖は、秋になると、クム・ダリアの水がロプ・ノールに達する前に税を取り立てて、広大な蒸発面を出現するのである。

一時少し過ぎに、濠《ほり》を見るために砦の南側の防壁に上陸した。この濠は半島を島に変えていた――約二千年たった現在でも。ただ西北部の最も外側のところが三〇メートル乾上って

羊に葦を食わせる。

いるが、これも去年の秋には水が一杯になっていたのは明らかだった。

二時には気温が三三・八度、湖の水温は二六度だった。水は、われわれが最初にこの水路を通った時からすると減っていた。だからカヌーを、狭い通路を通って押したり滑《すべ》らせたり曳っぱったりするのは、以前よりも一層つらかった。タマリスクの小枝や葦の茎がカヌーの腹をこすって、ギシギシ、ガサガサ、ポキポキ音を立てた。一インチずつしか進めなかった。机の上に物をのせておくと、払いのけられることがあって危険だった。日除けはタマリスクの小枝に引っかかってちぎれてしまった。枝葉から蜘蛛《くも》や甲虫がボートの中に落ちて来た。荷物を全部、狭くて浅い通路を越えて運ばなければならないこともあった。

日が沈み、炎熱はやわらいだ。南西には、往路に見た独特の侵蝕形が再び現れた。辛うじてテントを張る平地がある小島にキャンプした。燃料が全然ないので、また甲板の厚板を一枚、キャンプ・ファイアの犠牲にした。

五月二五日が明けた――ロプ・ノールへの忘れがたい旅の最後の日である。第八〇キャンプまでは遠くない。そこにコザックのガガーリンと三人の漕ぎ手を残しておいたのだが、留守のあいだに羊飼いが数人、われわれのための羊を連れて来ていた。しかしわれわれには、このキャンプを探し当てる前に果すべき義務がまだ残っていた。すなわち、クム・ダリアがまだはっきりひとつの河床に集中しているところの一番はずれの地点で、この河の水量を正確に測定するということであった。

ラクダ、ライオン、城塞《じょうさい》、塔などに似た外観をした、壮麗な絵画的な、風化したメサの風景のなかで、この重要な地点は簡単に見つかった。河はこれらのあいだにくっきり印された河床を通って流れ、細長く、とても幅のせまい島によってふたつの流れに分けられていた。わたしはその大きさについて長々と説くつもりはない。河はここでは毎秒三〇・五立方メートル流れ、この水量の大部分はロプ・ノールに流れ込むが、しかし今は夏の初めなので日ごとに減っていた、ということだけで十分である。

われわれが仕事を終えたのは三時過ぎだった。それから、ベース・キャンプに戻る最後の道のりをたどった。入り乱れた水路を通って小島に到着した。テントの輪郭《りんかく》が浮かび上った。漕ぎ手たちは残留者にいたずらをしようとして、泥棒のように忍んで行った。彼らは音を立てずに橈《かい》を水に入れ、沈黙を守った。けれども実際のところ、驚かされたのはわれわれのほうだった。キャンプには生きた人間の姿はなかった。しかしタギルが来て、跳ねまわり誇らしげで、うれしさのあまりクンクン啼《な》いた。彼はヤルダンの脊梁にとびのったりとびおりたりし、遠く葦の中へ行ったり、うれしさのあまりなすすべを知らなかった。それから雄鶏と雌鶏があらわれたが、われわれには全く無関心だった。しかし、人間は気配すらなかった。キャンプはからっぽだった。眠っているのか、魚を取りに行っているのか、または墓をいくつか見つけたのだろうか。ウルムチの連中に不意をつかれて捕えられ、連行されたのだろうか。あるいは長く待っているのに飽きて、われわれが死んでしまったと思い、クム・ダリアをさかのぼって帰って行ったのだろうか。

われわれは上陸した。まず第一にわれわれの目に入ったのは、ふたつの垂直のヤルダンのあいだにつくった人工的な洞窟《どうくつ》で、その屋根は二隻のカヌーで作ってあった。うしろの壁は小麦粉の袋を防壁にしてあった。この中に四人の漕ぎ手の荷物があったが、残留者たちの持ち物はなかった。少し前に羊を一匹解体したことが見てとれた。空箱の上にベリマンの手紙がのっていた。ガガーリンは小銃、サーベル、毛皮もろともいなかった――変な哨《しょう》兵《へい》だ、とわれわれは思った。ベース・キャンプの安全を守っていなければならないのに。

カヌーが四隻なかった。わたしはサディク、バベッディン、ロチ、アリに、イスマイル、トクタ、ムサの三人の仲間が逐電《ちくでん》したと思うか、とたずねた。しかし彼らはそんなことは考えられない、と言った。

「コンチェには仕事がないのです。あなたのところにいれば賃金もパンも肉もお茶も、必要なものは何でもあります。何故そこから逃げ出さなければならないんですか。きっと、ガガーリンがカモシカを射って、彼らが取りに行っているところですよ」「ひとりくらいはキャンプに残っていそうなものだ」

「到底あり得ないことだ」とわたしは言った。「しかし待てよ。

漕ぎ手たちは別々のメサに登って、声を限りに叫んだ——返事はない。むこうの葦の中でロバが三頭草を食《は》んでいるし、あそこには羊が三匹」見つかるものがふえればふえるほど、事態はわれわれにとって謎《なぞ》めいたものに思われてきた。

「ごらんなさい」陳《チェン》は叫んだ。「龔《コン》がここに居たんだ」彼の足跡ははっきり見分けがついた。というのは、いまだに鋲を打った冬用の長靴をはいているのは、探検隊のなかで彼だけだった。

彼らは今日出発したに違いない。何故なら、最後のたき火の灰の中でまだ炭が燃えていた。しかし龔《コン》は何故ここに来たのだろう。ベリマンがふたりの羊飼いに世話させて送ってよこした羊もいっしょなのだろうか。この羊飼いも居なくなっていた。

こうして、少なくとも七名の人間のうち、ひとりもここにはいないのだ。ただ犬のタギルだけが忠実に持場にとどまっていた。わたしは彼のところへ行って、撫《な》でてやり遊んでやって、羊の大腿骨《だいたいこつ》を丸ごと与えた。

陳《チェン》とわたしは夜中まで起きていて話をしたが、しかし事態をいかに転ずるかについて、見通しを立てることが全くできなかった。技師の龔《コン》の足跡が事を一層紛糾させていた。彼が、われわれのことを行方不明になって救いようもないとみなして、ここにちょっと立ち寄って、残留者たちを連れて西へ行ってしまうというはずはない。もし何らかの謎めいた力が彼を駆りたてたとすれば、彼はわれわれに宛てた手紙を残しておくに違いない。いや、こんなことを思いめぐらしても意味がない。漕ぎ手たちは叫ぶのにもあきてきた。彼らは火のところに来て、羊三匹のうち、彼らの忠実なサービスの報償として屠《ほふ》った一匹のまわりに集まった。

われわれは就寝し、謎の解決は翌日にまかせた。夜、ロバの鳴き声が聞えたが、それは満足の表現だった――昼間はアブを避けるために葦のなかに身をかがめていて、夜のあいだに草を食むのである。タギルはしばらく彼らに向かって吠《ほ》えたてたが、それからあとは鳴きたいだけ鳴かせておいた。

最低気温は二〇・六度で止まっているから、夏が始まったのだ。

七時に「ムサがカヌーで来る」という叫び声に起された。

急いで外に出た。北東風が強く吹き、波が岸辺で音を立てていた。

数分後に彼は上陸し、われわれのところへ急いであがってきた。そしていま彼は報告した。龔《コン》とセラトはおだやかな天気のときに東にある島に向かって漕ぎ進ませたのだが、波がとてもひどくなったので、漕ぎ戻らせることができなくなった、と。

実際のところは、乾燥した果てしない砂漠とステップからやって来たモンゴル人のセラトだけが、波のうねる大きな水面をみて突然恐怖におそわれたのだ。彼らは乗用車《リムジン》でやって来て、岸から五キロ離れたところに置いたのである。そこへトクタをやって見張りをさせておいた。

る島に向かった。

陳《チェン》とわたしはすぐダブル・カヌーに乗り、ムサとサディクに漕がせて、龔《コン》とセラトが居

　われわれは烈しい向い風のもとで、葦と支流とを何とか通り抜けてかなり大きな湖へ出、仲間の待っている島に到着した。彼らはヤルダンの上に立って見張っていたが、陳《チェン》とわたしがやって来たのを見て、自分の眼を信ずることができなかった。再会の喜びはどちらの側も大きかった。龔《コン》とセラトの救助隊は立派にその仕事をやり遂げたのである。われわれはいま、彼らの旅行についてはっきりした説明を受けた。

　わたしがベリマンに宛てた手紙は、アパクがたしかに届けてくれた。直ちに乗用車《リムジン》の出発準備をととのえ、龔《コン》とセラトはアパクを案内人にして第八〇ベース・キャンプへとおもむいた。彼らは敦煌《トンホアン》の方角へ偵察旅行をしたのと同じ、クルク・ターグを通る道を行った。しかしこの旅行では、アルトゥミッシュ・ブラクまでしか行けなかった。今度は山脈の麓から、われわれのいる地方に向かって進んだ。岸から相当離れたところでやわらかい地面にぶつかって、自動車を棄てなければならなかった。セラトは見張りに残ったが、龔《コン》とアパクは徒歩で第八〇キャンプの捜索を続けた。彼らは歩きに歩いたが、しかしアパクは完全に迷ってしまったらしい。彼は高いメサに登って叫んだが、しかしわれわれのキャンプも人びとも、気配すら見えなかった。とうとう彼らは東岸に到着したが、土垠砦《トウケン》の方角へ一〇キロばかり行きすぎた。そこでアパクは手がかりを見つけて引き返した。新しいメサの上から偵察し、叫ぶと返事があって、とうとう残しておいた何人かの人と出会い、第八〇キャンプに着いた。

イスマイルとトクタが、セラトが自動車といっしょに待っているところへ派遣された。彼らはセラトのために水を持っていった。それからイスマイルがセラトを第八〇キャンプに連れて来て、トクタが自動車のところに残った。

これらはすべて五月二三日に起ったのであって、陳《チエン》とわたしが第八〇キャンプへ戻って来る二日前のことだった。

龔《コン》とセラトとアパクは第八〇キャンプで夜を過ごし、龔《コン》とセラトはわれわれのテントでくつろいだ。二四日朝、龔《コン》はわれわれを待ちうけるためにボートで東へ行くことにきめ、その目的のために第八〇キャンプに居る八人全員を連れて行った。彼らは単独カヌーで、良い天気だったので、東に向かって少なからぬ距離を漕いで行き、ひとつの島に上陸した。そこで風と烈しい波が起ったので、西へ戻るのが最もよいと考えたが、風が強まってきて河の中州に上陸せざるを得なかった。そこで彼らは五月二四日から二五日にかけての夜を過ごした。

二五日朝、彼らは西へもっと行こうと思った。しかし波が高すぎてカヌーが出せず、そのままそこに留まった。ムサは、ひとりで第八〇キャンプへ漕いで行き、食糧品を持ってくること、またわれわれが来ているかどうかを確かめるようにといいつかった。すでに報告したように、われわれはその前の晩にベース・キャンプに来て、謎に満ちた事態をひどく不思議に思っていたのだ。けれども今はロプ・ノール探検隊の人員も、われわれをクム・ダリア畔にある第七〇大ベース・キャンプに連れ戻すためにやって来た人びとも、誰一人として欠けたものはなかった。いまやわれわれは、もう誰を待つ必要もなかった。すべては敢えて希望したことよりも、ずっとうまくいった。わたしはしばしば、われわれがロプ・ノールから戻れるだろうか、と自問した。ともあれ土地は自動車が通れるだろうか。もしそうでなければ、軽い単独カヌーで流れを漕ぎのぼるか、さもなければ馬で戻らなければならない。しかし敦《トン》煌《ホアン》探検隊は、アルトゥミッシュ・ブラクよりも先には行かなかったとしても、交通可能な道を見つけていた——まさしくわれわれが帰りつくのに必要な「道路」なのだ。こういうわけで、われわれはロプ・ノール紀行の結果に満足すべき理由が十分にあったのである。

夕方、わたしは陳《チェン》と龔《コン》たちといっしょにいて、新しい計画について話しあった。龔《コン》は、第七〇キャンプをあとにした五月二一日までは、ガソリンとオイルをコルラへ送ってくれると約束したサロマヒン大佐から何の音沙汰《さた》もなかった、と打ち明けた。そのときすでにわたしは、必要なオイルのストックを調達するためにウルムチへ急行することが次の課題だと認めた。

われわれの熟考は、真夜中頃、風の精が速い車に乗ってテントの上を走りはじめたので、中断された。布はバタバタ鳴り、打ちつけ、ちぎれんばかりだったので、テントのペグとロープを固定するために全員が起き出さなければならなかった。

これが、さまよえる湖のあるお伽《とぎ》の国から出発にあたって鳴り響いた、最後の別れのファンファーレであった。

一一　ベース・キャンプへの帰還

五月二七日は全員に仕事の多い日となった。われわれはクム・ダリア・デルタから出発し、乾燥した不毛の砂漠へ戻って行くことになった。荷物を整理しなければならなかった。なにしろ乗用車《リムジン》には運転手のセラトと龔《コン》、陳《チエン》とわたししか乗れなかった。召使兼コックも必要だったので、賈貴《チアコイ》も同乗させた。加えて、必要な食糧品三日分、炊事《すいじ》用具、ベッドがあり、なおガソリン、オイル、水があったので、自動車は満載だった。

第八〇キャンプに三〇〇キロの小麦粉を残してテントに入れておき、さらに一〇隻のカヌーを、太陽や風や嵐で損害を受けないように水面下に沈めた。これらは湖底に打ちこんだ杭《くい》にかたく結びつけた。こういうことは、われわれがあとになってまた戻ってきたときに、すぐに使えるようにするためだった。

ガガーリンと八人の漕ぎ手、ふたりの羊飼いはロバ五頭羊三匹と残った荷物を全部持って、ヤルダン・ブラク近くの第七〇ベース・キャンプに戻るように指令された。そこまで行くのに五日かかるはずだ。

こういう準備をし終えるのには時間がかかった。二時半にやっと終り、キャラヴァンは動き出した。自動車グループは、自動車に一番近い湖岸まで単独カヌーで運んでもらった。そこでわれわれは、岸辺で一泊するつもりのキャラヴァンと合流し、羊を一匹屠《ほふ》った。自動車に載せるはずの荷物は全部ロバに積んだ。トクタが自動車の番をしているところへ歩いて行ったときは五時頃になっていた。

一五分後に、岸辺に葦《あし》の生い茂る最後の支流に到着した。それから地面は完全に乾燥して不毛となった。奇怪な形のメサが連なっているところを通り過ぎた。わたしはロバに乗ったが、それはでこぼこの粘土の地面を、軽快にしかも確実にポクポク歩んだ。自動車が待っている最後のメサの塊《かたまり》のところへ着いたのは六時半過ぎだった。

ロバといっしょにここまでついて来た四人の漕ぎ手が湖のキャンプの仲間のところへ帰って行く前に、薪《たきぎ》を集めてもらわなければならなかった。それから彼らはわれわれと別れた。太陽は地平線にかかり、月がメサの脊梁のうしろに昇った。八時に、風はまだ毎秒一三メートルの強さで吹いていた。

いつもは溶けてスープのようになっていたバターが、嵐のせいで二三度でまたかたまった。われわれは牛の舌、バタパン、チーズ、お茶という、すばらしい食事をしたためた。

そのとき龔《コン》は、湖畔のキャンプを一番殿《しんが》りで立ち去ったのだが、羊を三匹連れて羊飼いたちが来るのを見た、と話した。しかしタギルはいっしょではなかったらしい。この忠犬がベース・キャンプに留まったままで、われわれがすぐに戻ってくるものと信じている、と考えるのはたまらないことだった。多分タギルは、数日前に全員がキャンプを空けて東へ漕いで行ったときのように、あった。テントはいままだそこに立っているし、食糧品はたっぷりわれわれの留守のあいだ、残ってこの場所の番をするのが自分の義務だと考えたのであろう。恐らく彼はあの時のようにわれわれが帰ってくると思ったのだろう。われわれが最後にカヌーで岸を離れたとき、彼は岸辺を跳ねまわっていた。わたしはボートに乗せるか、またはロバのキャラヴァンについて行くように司令しておいたのだが、いま湖畔の新しいキャンプで彼の居ないのに気づいた。彼が耳を立て緊張したまなざしをして、ロバや羊が駆りたてられてヤルダンの脊梁のかなたに消えて行くまで、テントの前に坐っているのが目に見えるような気がした。それから、来る日も来る日も無益に待ちわび、ついに餓死《がし》するだろう。小麦粉袋はきちんと閉ざしたテントの中に積み重ねてあるから、手がとどかないだろう。

残念なことに、馬方はロバを連れて自動車キャンプから戻ってしまっていて、湖畔キャンプとの連絡が全然つかなかった。われわれはこの忠犬のことを長いあいだ話しあい、わたしは、タギルがひとりぼっちで待っていてテントを守っていると思わなければならない限り、夜、とても安眠はできない、と言った。陳《チエン》は翌朝できるだけ早く湖畔キャンプへ帰り、羊飼いをベース・キャンプへ行かせてタギルを連れて来るまでは戻って来ないことにしたい、と提案した。陳《チエン》も犬が安全であることを知るまでは落ち着かないと言い、また龔《コン》も、陳《チエン》の救出行について行くつもりだとはっきり言った。

五月二八日、太陽が昇るとすぐにふたりのすばらしい中国人は出発した。その間、わたしはキャンプのそばにある非常に絵画的なメサの塊をスケッチした。陳《チエン》と龔《コン》が帰って来たとき、わたしはまだこれにかかりきりだった。彼らが留守にしたのはたった三時間半だった。

彼らが湖畔キャンプに着いたとき、もしキャラヴァンがすでに立ち去っていたならば、彼らはベース・キャンプとテントにまでさらに歩かなければならず、ずっと時間がかかったであろうが、しかし犬は連れて来ただろう。だが幸いにもキャラヴァンはまだいた。またタギルも湖畔キャンプに元気で居て、キャラヴァンがヤルダン・ブラクの近くの第七〇キャンプへ連れて行くことになった。それでよかった。というのは、あの図体では、定員オーバーの乗用車《リムジン》にほとんど入れる余地がなかったろうから。

そのあいだにセラトと賈貴《チアコイ》は自動車に荷物を積みこんだ。われわれは乗りこみ、北西と西の方向にヤルダンのあいだを通り、最後の生きているタマリスクのそばを走って行った。しばらくして、真の「ゴビ」に出た。徹底した砂礫《されき》砂漠であって、セラトは前に通ったタイヤの跡を探した。一時間後、山から出ている幅広い流出溝のところに来た。多分アルトゥミッシュ・ブラクからだろう。それから両側が堅い岩の谷径《みち》を通って北北東の方角へ更に進んだ。

葦に囲まれた、塩分を含むふたつの泉であるモホライ・ブラクのところで車の跡を見つけ、それを忠実にたどった。車の跡は北北西の丘のあいだにあったオロン・テメントゥ・ブラクから来ているらしい溝《みぞ》を通って登りになった。丘は徐々に大きくなって、かなりの山になった。溝のなかに生きているタマリスクがあらわれた。

方向は西南西になった。何本かのタマリスクの向うを、数匹のカモシカが逃げていった。右手にかなりの嶺がそびえていた。四方は山に囲まれた。ここには道も径《こみち》もないが、われわれがタイヤの跡をたどっている地面は堅くて良かった。

気温は二八・二度に昇っただけである――デルタでは五度は高かった。アブがいまは実に活発で、開けはなした車窓から飛びこんでくる。三時半にブルトゥ・ブラクで小休止して、ガソリン・タンクを満たした。それから「オボ」[*1]を右手に見て通り過ぎたが、しばらくしてもうひとつあった。これによって、石の堆積があれば、猟師がつくった単なる道標でない限り、昔はこの山のあいだに道が通っていたことが推測される。

六時にベッシュ・ブラクは右前方にあった。地形は無数の小さい溝のために困難になった。一、二メートルの間隔でならぶこれらの溝を渡らなければならない。高い段丘のあいだの谷を通って行くと、侵蝕作用によって寸断された風景に出た。最後に新しい山々のあいだに来て、南占《ナンチャン》・ブラクに到着した。この泉は温度が一一・五度で、味は良くなかった。道のない荒涼たる地域を一七〇キロ以上も走破したのだ。七時二五分、輪郭《りんかく》が黄金色にくっきりと光り輝く、青色と淡紅色の雲のあいだを、太陽がまれに見る華麗さで沈んでいった。

悪臭を発する泉のまわりには、葦とタマリスクと約二〇本のポプラが生えていた。ちょっと行くと樹木はずっとふえた。泉のほとりに旅人用の粗末な避難小屋が四軒立っていた。テントがなかったら、われわれはブヨや蚊やアブにかなりやられたことだろう。

道はいま西北西に向かい、幾分やわらかめの地面を通っていたが、まもなく、すばらしい自動車道路になる堅い沖積土の平地に変った。しかし、われわれ以外の自動車が今までに通ったことがないのは確実であった。

第89キャンプの北東にあるメサ。5月29日。

円錐形や半円形の丘が地面から隆起していた。そこには、とても良いたきつけになるブッシュが生えていた。この丘はちぢれ毛の黒人の頭に似ている。タマリスク――喬木《きょうぼく》のように大きいのが一本あった――や芝草の生えた丘は珍しくなかった。

空はすっかり曇り、さわやかな風が吹き、アブはいなくなった。再びわれわれは丘のあいだのやや小さな谷間を走った。その砂礫《されき》と泥《どろ》の地面はタマリスクでびっしりおおわれていた。山と丘とステップと砂漠が点在するなかで、風景はたえずおもむきを変えた。並木道を通っているかのように、見事なタマリスクの密生している平坦《へいたん》な堅い溝のなかを走った。東北東にアズガン・ブラクの地方が見えた。われわれは約一四〇〇メートルの高度にいて、ロプ・ノールからは六〇〇メートル登ったことになる。

カクス・ダワンまではまだちょっと距離がある。この峠は北方に平地から四〇メートル隆起しているだけだが、とてつもなく嶮《けわ》しい。自動車は一メート

独特の形をしたメサの柱。５月29日。

ルずつ断続的にしか進めない。われわれは徒歩になり、車がずるずるさがって断崖《だんがい》に墜落しないように、車輪のうしろに石をかった。セラトは南側に埋めておいた約二五リットルのガソリンを持ってきて、タンクを満たした。

それから本当に良い道に出たが、ここにはシャベルやつるはしや多数のキャラヴァンの痕跡《こんせき》がみられた。これはトゥルファンから営盤《インパン》、サイ・チェケ、コルラへ向かう道であって、トクスン経由の道が閉鎖されてから、たびたび使われた。

テントに似た、淡紅色、黒色、白色の山々のあいだを、われわれは狭い谷を通って南へ走った。丘の上にある石の堆積《たいせき》は、道があるという目印になっている。土地は再び開けた。四時に、トグラク・ブラクに着いた。この泉は幅八メートルの谷底の砂地から湧出し、すばらしい水である。こうした荒涼たる山々のなかでは、「ポプラの泉」は魅惑的な場所である。一方の側には高い岩の道、もう一方には高さ

風や嵐にむしばまれたメサの柱の
背後に昇る５月29日の朝日。

二メートルの侵蝕段丘、そしてその中間に数百本のポプラが生えている。

われわれは北と西に大きく弓なりに曲った。山々をあとにして、大きなサイの平地に出た。これは段丘のあいだにあって、水が流出するじょうごになっている。それから、遠くに黄色い葦の原が見えるクム・ダリアの方角に向かって、南東に進んだ。

驚いたことに、通って行ったらエッフェのトラックがあった。運転席に尤の手紙があって、自動車は食糧品を買いに営盤《インパン》とティッケンリクへ行くはずだったが、途中で後部シャフトが折れたので、歩いて行かなければならなくなった、と記してあった。尤《ヨウ》はセラトに迎えに来るように頼んでいた。

チャルチャクの山の尾根を左手にみて、われわれは不毛の平地を走った。道は良く、六時半には第七〇ベース・キャンプに車を停めた。ここにはコザックのニコライと数名のトルコ人が居ただけだった。ニコライは、ベリマンとイエオリがテントを持ち召使と馬やロバを連れてクム・ダリアの右岸に居る、と報告した。翌朝彼らは砂漠へ出発するつもりなのだ。尤《ヨウ》はしばらく前に、エッフェと数人の部下といっしょに、故障したトラックのところへ出かけた。修理して第七〇キャンプに持って来るためである。われわれが彼らの乗った自動車に会わなかったのは奇妙なことだ。きっと別の方向をとったのだろう。

現在わたしにとって最も重要なことは、ベリマンが出発しないうちに会うということである。そのため、われわれは半キロ離れた岸辺へ行って、数隻のカヌーを出せるように仕度した。漕ぎ出したときには、すでにうすぐらくなっていた。かなり漕いで行って、ベリマンのテントの輪郭が見えるようになった。まっくらになったので、ランタンのあかりにたよって上陸した。イエオリが召使といっしょに下に来ていて、迎えてくれた。ベリマンはもう眠っていたのだが、われわれの声を聞くと、急いで服を着た。この時、彼らはまだわれわれが生きているということを知らなかったのだ。いまわれわれは突如、夜のおとずれとともに彼らのキャンプに姿をあらわしたのである。

ベリマンは発掘品のことを聞いて、当然のことながら非常に緊張した。われわれは収集品の保管を彼にゆだねた。彼とイエオリはわれわれがすでに知っていること、つまり約束してあるオイルについては全く音沙汰がないということを証言した。彼らは使いのものにコルラの守備隊長宛の手紙をもたせてやって説明を求めたのだが、使いは帰って来ていない。こういうわけで、自分でコルラへ行き、必要とあらばウルムチまで行こうというわたしの決心は、唯一の正しいものだったのである。

話すことがたくさんあって、夜半過ぎまで起きていた。ベリマンは食事に招いてくれた。一番おいしかったのはすっぱいミルクだった。これはクム・ダリアの沿岸湖の岸辺で羊に草を食《は》ませている羊飼いから手に入れたものだった。

ベリマンとイエオリの小キャラヴァンは、砂漠のなかのすばらしい墓所を知っているエルデク、道をよく知っているヤンギ・スゥ出身のトルコ人、召使数人、馬五頭、ロバ三頭、三週間分の食糧から成り立っていた。彼らは謎《なぞ》めいた墓所目指して、西、南、南東の方角に旅することになっていた。そこはヤンギ・スゥから東の方へたっぷり一日行程のところで、旧タリム河下流からいくらか東よりにあるはずであった。

ベース・キャンプでは小麦粉が欠乏したので、漕ぎ手数名とロバ五頭をロプ・デルタの第八〇キャンプへ送り返して、陳《チエン》とわたしがテントの中に残して来た小麦粉を取ってこさせることにきめた。

龔《コン》と陳《チエン》とわたしのベッドは後から送らせ、われわれはその夜ベリマンのキャンプで過ごした。最低気温は二二・六度だった。

日の出どきにベリマンはキャラヴァンを率いて出発した。イエオリはわれわれがベース・キャンプへ行けるようになるまで、われわれといっしょにいた。岸辺でわれわれは互いに別れを告げた。それからすぐ彼は神秘の砂漠へと続いているベリマンの足跡を追って行った。

第七〇キャンプでわたしは鞄《かばん》と箱から、コルラへの旅——あるいは恐らくウルムチまでもの旅に必要なものを取り出した。ガソリンはまだたっぷりあったが（石油とまぜておいたので）、三台のトラック全部がウルムチまで行けるほど多くないことは確かであった。だが、とりわけオイルが足りなかった。それは、新疆《シンキャン》の主都とわれわれとをへだてている七〇〇キロを、乗用車《リムジン》が走るのにやっと何とかなるくらいしか手もとになかった。われわれが自動車で出発したときには、もう一滴のオイルも第七〇キャンプにはなかった。

わたしは清潔な白の夏服二着、下着三枚、防虫ネット一張、夜営のためにフェルトの掛布三枚と毛皮を二枚持った。龔《コン》と陳《チェン》は尤《ヨウ》の荷物から同じような装備をまとめた。三人の一週間分として十分な食糧を荷作りして積みこんだが、テントは入れなかった。

そもそものはじめから、われわれの探検隊は小説に取り入れても悪くないようなドラマティックな瞬間に富んでいた。今、第七〇キャンプにおいても、とても起りそうにない出会いにこと欠かなかった。陳《チェン》とわたしは二か月ものあいだ留守していたのに、ベリマンとイエオリがベース・キャンプで過ごす最後の夜に、彼らと会ったのである。わたしが一時半に一切の持ち物をたずさえて、長い不安な旅に出る準備を終えたとき、突然、陳《チェン》と龔《コン》が異口同音に叫んだ。

「フンメル博士が来る！」

「何を言ってるんだ」とわたしは答えた。

「さあ、自分でごらんなさい」

わたしは双眼鏡をとった。本当だ、彼が来る、何人かの人を連れて、急ぎ足で河岸からこっちへ。燃えるような暑さのため、彼はパジャマを着てヘルメット帽をかぶっていた。ひげを剃《そ》り、はつらつとして元気そうに見えた。喜んで抱き合い、双方から質問と答えがほとばしった。

出発準備はすべて整った。セラトは自動車のわきに立って待っていた。ただ尤《ヨウ》とわたしの荷物を積むだけであった。せいぜいあと一五分くらいであったろう。もしフンメルが一五分おくれて来たら、わたしはすでにコルラへの道をたどっていたことだろう。というわけで、彼はほんのまぎわに来たのだ。

「だが何故右腕に包帯を巻いて、またどうして手もしばっているのかね」

彼は笑った。「いや、全く面白《おもしろ》くもない話さ。クム・ダリアで狩りに行って、コンスタンティンとぼくはイノシシの群に不意打ちをかけ、一歳仔を三匹つかまえて舟の箱に入れた。えさをやったんだが、そのとき親指にかみつかれて、ひどい敗血症にかかってね、仕事もできずに二週間も寝てなきゃならなかった。自分で手術したから良くなってきた。もうすぐ治るし、二、三日すればすっかり元気になるよ」

彼は実に元気で快活のように見えたので、わたしは危険があろうなどとはつゆ思わなかった。誰だって彼の容態を彼自身よりよく判断できはしなかった。一か月後わたしは、帰国して徹底的に治療させるために彼を車でウルムチへ連れて行かなかったことを、どれほど深く後悔したことであろう。ありがたいことに命に別条はなかったが、もし彼がわれわれといっしょに来ていれば、われわれはひどい心配を、彼は烈しい苦痛と極度の緊張をしなくてもすんだのである。けれども残念ながら、彼を連れて行くべきか否かは一言も論じられなかった。そのうちにキャンプでの荷作りは終った。それからお茶を飲んで、フンメルといっしょに彼の二隻のダブル・カヌーがもやってある水際へ行った。

彼の小船隊は全く一見に値《あたい》した。ひとつの空箱の中には、縞模様《しまもよう》の背中とほじくりかえす鼻を持った、不幸を招いたイノシシの一歳仔が三匹入れてあった。テントの前にはコンチエから連れて来た犬のペレが見張りをし、またそこで羊が一匹草を食んでいたが、これは犬のように人に馴《な》れて、可愛《かわい》らしく人なつこかったので、誰も屠《ほふ》ろうとはしなかった。一隻のカヌーと岸とのあいだが網で囲ってあって、黄色いガチョウの雛《ひな》が五羽とオシドリが一羽泳いでいた。そばにはアオサギがお高くとまった様子をして、われわれを批判的な目つきで眺めていた。若いコウノトリもこの動物園に入っていたが、これは明らかにみんなの人気者だった。これらの動物は人に馴れて気持よさそうにしていた。しかし、時とともに、これらはみんな多かれ少なかれ悲劇的な運命をたどることになる。

舟の上にある博士の「仕事部屋」は、書斎か仕事場といった印象を与えた。彼の活動は欺かわしいまでにさまたげられてはいたが、それでも彼は鳥の剝製《はくせい》とクム・ダリア沿岸の植物標本の立派な収集を手に入れていた。彼は、この河沿いには動植物が乏しいことを確認していた。

今、彼の召使たちはテントをととのえ、「家具のそなえつけ」をしていたが、一方、召使のひとりカシムは羊を屠り、火の上でシシュリクをあぶっていた。このカシムは善良で忠実な召使だった。けれども彼はこの水上旅行のはじめに不運なあやまちを犯した。キャンプをして、彼だけが舟に居たとき、彼は五ガロン入りのガソリン・タンクのふたのねじをゆるめたが、この中にはランプ用の石油が入っていた。カシムはそれまでに石油のことなど聞いたこともなく、知っていることは、水で何でもやってしまうことだけだった。彼はこの液体が不快で異様なにおいのすることに気づき、博士がもし飲んだら害になるだろうと思い、この容器から良心的にも最後の一滴まで洗い流し、容れものをきれいにして、まじりけのない河の水をつめておいた。そのため、フンメルは石油を新しく手に入れるために、本部へ手紙を書いたり使いを出したり、恐ろしく面倒な目にあった。そしてそのあいだ、彼はステアリン[*2]蠟燭《ろうそく》で切り抜けなければならなかった。

そうするうちに昼食ができあがった。フンメル、龔《コン》、陳《チェン》とわたしは食卓代りに使っている箱のまわりに坐った。小一時間われわれはいっしょにいて、楽しく愉快だった。

時は過ぎ、わたしは前の日に通り過ぎたポンコツ車のところへ戻らなければならなかった。故障は尤《ヨウ》とエッフェが部下といっしょに直した。そこでまたわれわれは第七〇ベース・キャンプへ行ったが、フンメルもついて来た。自動車には荷物が積んであった。あとはもう乗りさえすればよかった。龔《コン》と陳《チェン》は、わずか半時間しか離れていない尤《ヨウ》のキャンプへいっしょに行くと申し出てくれた。わたしはわが博士と他の残留者とに心から別れをかわして車に乗りこんだ。すぐに彼らは見えなくなって、自動車のまきあげる砂塵に包まれてしまった。

七時半だった。セラトはすごいスピードで飛ばした。地上はますます深く黄昏《たそがれ》の中に沈み、夕焼けの最後の反照も消えた。わたしは探検隊全部をあとに残し、不安過ぎるほどの旅を始めたのだ。燃料を調達しなければならず、それなしではわれわれの車は麻痺《まひ》してしまうし、乗員はコルラのときと同じようなきびしい拘禁《こうきん》に耐えなければならない。

いまは西のほうも宵闇《よいやみ》がまさり、「そしてエジプトの神官のようにしずしずと星が運行を始めた」のである。

それからわれわれの運命がどうなったかについては、わたしの著書『シルク・ロード』のなかに述べてある。フンメルとベリマンと龔《コン》は、別々の道を通ってクルク・ターグ経由でウルムチへおもむいた。最後に、陳《チェン》、イエオリ、エッフェ、モンゴル人たちと召使たちも九月に新疆《シンキャン》の主都に着いた。最後のグループが到着したときには、フンメルとベリマンはすでにスウェーデンへの長い旅に出発したあとだった。わがフンメル博士の容態が、どうしても看護と安静を必要としたからである。

尤《ヨウ》とわたしはセラトの運転する乗用車《リムジン》で六月六日にウルムチに到着したが、そこでわれわれは四か月半にわたって政治的捕虜として抑留されたのである。一〇月二一日になって、われわれはやっと好意的なソヴィエト・ロシア総領事アプレゾフ氏の干渉のおかげで再び自由を得て、残りの探検隊員と三台の自動車でトゥルファン・ハミ経由安西《アンシー》へと赴いたのである。この町を出発点および本部として、われわれは今度は西の方角に向かって、さまよえる湖の広く伸びた内湾へと新たな突進を企てたのである。それは地上で最も荒涼たる砂漠地帯を通過する旅行であった。

一二　コンチェ、クム・ダリア畔の動物

タリム下流にいる動物の生態は、今日のような河の状態のもとにおいては、特に豊富ではない。河流の古い部分――尉犂《ユーリー》県（コンチェ）から徳門堡《トメンプ》まで――では、一般に種類と個体に関して、ロプ・ノールに至るまでの前記の森林地帯よりも数が多い。

アジアの動物の王者ベンガル虎《とら》は、かつてはタリム中流域の森林に棲息《せいそく》していたが、全滅したと思われる。一八九九年と一九〇〇年以後、わたしは河岸でたった一度だけその足跡を見た。また当時、多くの虎をわなで捕えた猟師がヤンギ・ケル地方にいた。そのひとりからわたしは虎の皮を二枚買ったが、これらの虎はそのすこし前、密生した葦《あし》の中のけもの道で捕えられたものである。クム・ダリア沿いでは、わたしはこの動物の王者の足跡を見たことがない。こうしたあけっぴろげな、砂漠のような地帯では、期待できることではなかった。

高等な種類の動物については、イノシシとカモシカだけがかなり一般的である。イノシシは生活の糧《かて》を葦の中に見出し、カモシカは危険が迫ると風のようにサッと砂漠へ逃げることができる。砂漠の中に水が戻って来てから一三年しか経っていないということと、動物に食物と隠れ場所を提供する植物が生育して岸辺に再び本当に根をおろすまでは、動物の生態も完全に発展し得ないということを忘れてはならない。

実際、カヌーで河を下るものの目につくのは、鳥の生態だけである。翼のある移民たちの種々様々な代表者を目にとめない日は一日もない。ダヴィッド・フンメル博士は尉犂《ユーリー》県からヤルダン・ブラク近くの第七〇ベース・キャンプへ行くカヌー旅行をしたが、とくに鳥類に関心を抱き、この河を特徴づけている鳥類の立派な収集を持ち帰った。

注意深く剥製《はくせい》にされたフンメルの鳥は、幸いにも彼の故国に到着して、アイナル・レンベリ教授に委託《いたく》された。教授は科学アカデミーの動物学会誌にこれに関する論文を書くことだろう。彼はこう言っている。この収集には何も新種は含まれてはいないにもかかわらず、興味深いものだ。何故なら、種々様々の種類の地理的分布を知るうえに役に立つし、地球上で最も大陸的な砂漠の河にどのような鳥が現存するかが分るからだ、と。

鴨《かも》とオオバンはタリム河の最下流とその付近の湖に多数棲《す》んでいる。それら同種の代表者たちはすべて、水が澄んで食物が豊富な、浅い沿岸湖が最高だと思っている。水がエンドウ豆のスープのように濁《にご》っている河そのものに彼らが出て来ることはめったにない。彼らは、デルタの湿地や湖、または支流の小さな中州にある、葦が密生して隠れ場所になる茂みのなかに巣をつくる。鴨類のうちのあるものはここでひと冬を過ごすが、もっと暖い地方へ移って行くものもある。流域の住民の話によれば、寒い季節のあいだ、ほとんどのものは移って行くのに、ごく少数のくびの赤いハジロガモが留まっているということである。

サビガモはまたオシドリとも言われるが、沿岸の鳥の世界では珍しい役割を演じている。彼らは一種の警官または哨兵《しょうへい》の役目を果し、たえずパトロールしていて、危険が迫ると鋭く響く鳴声をあげるので、近くにいる他の鳥はみんな飛び立つ。時折、二羽の雌《めす》がいっしょにひとつの巣を営んで、交代しながら二〇個くらいの卵をかえすことがある。サビガモは地上数メートルの高いポプラの幹に巣くって、毳毛《わたげ》を敷いた柔い快適な住居をつくる。ツクシガモやオカヨシガモも一般的である。以前も今も、わたしはロプ湖付近の漁師、つまりロプ・リクたちが、野鴨やガチョウの習性を実にくわしく熟知しているのを知って、しばしば驚くことがあった。彼らは鳥の鳴き声や飛び方からして、巣のありかについて正確な推理を働かせ、一番密生した葦のまん中に隠れてうかがい、いつも帽子か服の裾《すそ》に卵を入れて戻って来るのである。

　普通のガンすなわち灰色ガンは「ガス」と呼ばれている。この名前は発音上ガンの鳴声を思い起させるが、恐らくその故にこそインド・ヨーロッパ語系の名前と酷似しているのだろう。スウェーデン語ではゴス、ロシア語ではゴース、英語ではグース、ドイツ語ではガンス等々である。春と秋にガンが鏃《やじり》のようなかたちをして渡って行くのをよく見る。以前、タリム河の旅について書いたものの中で、わたしは彼らの全く驚くべき方向感覚と、そしてどんな天候のもとでも目に見えない空中の交通路を間違いなく発見することについて述べた。[*1]嵐が、とても入ってゆけないような砂塵《さじん》をまきあげているときでも、静まってからでも、いつでも空中高く彼らの語らいが聞える。烈しい嵐のとき、どうして行くべき道が分るのか、濃い霧にもかかわらず、どうして地上標識に合わせることができるのか、理解できないことだ。彼らは昼にも飛び、夜にも、たとえわれわれの目にはまっ暗であっても、飛ぶ。ある日の夕方、タリム河の岸辺に上陸したあとで、わたしは飛んで行く群が、次々に全く同じ道筋をたどり、同じ方向を保つのを観察したことがある。次々にあらわれる新しい鏃のかたちが、前のと同じポプラの梢《こずえ》のあいだに見えた。彼らは燈台も燈火信号もないのに、それでも夜通し道を見つけてゆくのであろう。恐らく彼らの視力は、われわれの考え及ばないほどの鋭さにまで発達しているのである。そしてこれに、無数の世代を通じてとぎすまされた方向感覚が加わるのである。察するところ、彼らの先祖が数千年も飛んでいた昔ながらの渡り道が、彼らの血に伝えられていて、道に迷うことなどあり得ないのであろう。彼らにとっては、コンパスもその他の補助的手段もなしに、先祖のあとをたどって地上を飛ぶことなど、当然至極のことなのである。

コンチェ・ダリア沿岸の他の水鳥については、われわれは水の澄んだ沿岸湖のいぐさや葦の中に、黒いオオバンを認めた。ミサゴはごく普通に見うけられるが、これは湖畔とか河のほとりのポプラの高いところに巣を作り、魚を餌《えさ》にしている。さらにウは同じく魚を食べていて腐肉の臭《にお》いがする。河沿いのポプラにはその巣の大集落がある。くびのまわりに環毛つまりカラーのような羽毛をつけたカイツブリは湖や河に棲んでいる。長くて赤い脚の、大きなアカアシシギは可愛《かわい》い優雅な鳥であって、これは沿岸湖の浅い水を長い脚で歩きまわり、魚を餌にしている。東の方の灰色アオサギは大群をなして姿をみせ、ポプラの本に巣をかける。大きなダイサギはまっ白で、目のまわりの皮膚が緑色をしている。この鳥は羽毛飾りのために狩りたてられ、ウルムチへ売られ、さらにヨーロッパへ輸出される。ダイサギはよしの茂みにいて、魚や蛙《かえる》やトカゲを餌《えさ》にしている。

足の黄色いセグロカモメはかなり大きくまっ白で、羽根は灰色であって、脚と趾《あし》は橙色《だいだい》または黄色である。またユリカモメはとても小さく白くて、羽根は灰色で頭や脚、趾も黒っぽく、羽根の先端が黒い。この種のカモメは北部ロプ・ノールで実に多数見た。その淡水には魚が無尽蔵に見つかるのである。

小さくて優美な海ツバメは沼地で魚をとる。クイナは灰色で茶色がかっている。くちばしの厚いオオジュリンは葦の茂みの中に棲み、またカワチドリも同じところにいる。黒いコウノトリはコンチェ・ダリア沿いに散在して、つがいで巣を作る。サンカノゴイは独特の声のため、ケル・ブカつまり湖のヤクと呼ばれる。トルコ人はこの鳥の幾つかの部分を肺結核の薬に用いる。

猛禽《もうきん》は実に数多く、代表的な種類も多種多様である。チュウヒや普通のノスリもいるし、さまざまな種類のワシもよく見かける。東方のイヌワシ、オジロワシ、アジア・オジロワシなどである。さらに、小さなチゴハヤブサ、チョウゲンボウ、それに冬のあいだだけ河のほとりに留まるハゲタカなどを見かける。

最後に、フンメルの収集にはなお次のような鳥が含まれている。キツツキであるが、これはコンチェ・ダリア沿いの至るところに巣くい、新しい河の岸辺に沿ってポプラの森がどんどん東の方へ移って行くのを待っていて、忠実にこれに従ってゆくのである。どのキャンプ地でも、この鳥がポプラの幹を飽くことなくつついて昆虫や幼虫を探す、トントン、コツコツという仕事の音が聞える。白い斑点のある黒い翼で、腹の赤いこのちっぽけな鳥が、出しゃばりの見物人など全く眼中に置かずに、無我夢中でコツコツやっているのをよく見かける。

夜になると、森の中からコビトワシミミズクのユー、ユー、ユーという特徴のある鳴声が聞える。トルコ語の名称ユーキュシュにはこの音が再現されている。

モズはロプ地方ではある種の医薬の役割を演じていて、その血は利尿剤《りにょうざい》に用いられ、また子供のない女がその肉を食べると子宝を授かる望みがある、というのである。この鳥は河や沼地沿いの森林地帯にかなり多い。こういうところでは、またムクドリに出会う。この鳥はすさまじい大群となってあらわれ、巣をかけるポプラの高みで夜もさわぎたてる。キジ、ハト、黒カラス、黄色と青のきれいな模様のあるオナガコマドリ、タカなどもまた森の常連である。またアマツバメ、ハリオアマツバメ、野スズメ、セキレイ、ヒバリ、冬もここに留っているカンムリヒバリなどもいる。

フンメル博士はコンチェ・ダリア畔の鳥の世界の代表者を伴ってスウェーデンへ帰った。そして今、レンベリ教授の経験豊かな指導のもとに国立博物館の収集を見て歩くと、かの有名な河のなつかしい友人に再会するような気がする。あの濁った水と澄みきった沿岸湖のほとりで忘れがたい二か月を過ごしたのは幸せであり、また森や藪《やぶ》を護る有翼の騎士たちを毎日観察したのは喜びでもあった。

一三　ベリマンの砂漠旅行

陳《チェン》とわたしがボートでクム・ダリアを出発し、一日経ってからフォルケ・ベリマンとそのグループは、エルデクがあんなに華麗《かれい》に魅惑的に物語った大墓地と昔のすばらしい遺物を求めて、第七〇ベース・キャンプを出発した。

この調査には五月いっぱいかかったが、しかし所期の成果を導き出すほどではなかった。さてとりかかろうというときになって、エルデクは期待したほど砂漠の方角を知っていないことが分った。まず最初、クム・ダリア沿いに東へ二日行き、そこから南の方の土地をさすらったが、重要な発見は何もなく、エルデクは前に自分が通った跡を見つけ出せなかった。そこからベース・キャンプへ戻り、もっと土地勘のある東トルコ人をやっと探し出すことができて、案内人にやとった。

さてこれで本当の砂漠探検が始まり、五月三〇日から六月一四日まで続いた。

ベース・キャンプの約一八キロ上手《かみて》、徳門堡《トメンプ》の八〇キロ下手《しもて》、クム・ダリアの右岸つまり南岸に溢水《いっすい》地帯が広がっていて、クム・ケルと呼ばれている。その輪郭《りんかく》は極めて不規則であって、南の方がだんだん狭くなっていって、結局溝《みぞ》になってしまうが、そこは無数のちっぽけな沿岸湖や沼沢地のような土地に囲まれている。

ベリマンはこの溝をたどって、クム・ダリアの南約六五キロの地点まで行き、そこで徹底的に調査する価値のある古い墓地を発見した。溝はそこからさらに南東へ流れ、クム・ダリアから約一二〇キロのところで砂漠のなかに吸いこまれて終っているということだ。それ故、これは、一八世紀にウチュ・ケル湖に流入し、シルゲチャップガンと呼ばれていた、タリム下流の一支流に通じているものらしい。

この支流はクム・ダリアの分流、あるいは――もしそう言いたいならば――クム・ダリア第一のデルタ支流であって、全く新しい、予期せざる発見であった。ベリマンが引き返した地点では、この支流はわずか五メートルから六メートルの幅に過ぎなかったが、まだはっきりと流れていた。くっきり目立つ侵蝕のあとによって、この前の増水は六月前半の水位よりも八〇センチ高かったことが分る。この支流はおおむね不規則で、全く気まぐれにくねっていて、クム・ダリアのデルタを思わせるような迷路になっている。

新しく発見された水路の岸辺で、ベリマンはやや密生した葦《あし》の茂みやタマリスク、それから両側に起伏の多い砂丘を見つけている。この支流の西には砂原が続き、南に走っているタリム水系の支流で、現在は乾《ひ》上っているものの東へと広がっている。ここでわたしは一八九六年に、葦の生い茂った一連の湖、すなわちアヴル・ケル、カラ・ケル、タジク・ケル、アルカ・ケルなどを発見した。これらの湖と、これらを連絡している短い水流の東岸には、当時相当大きな砂丘が急角度で水のなかに落ちこんでいた。

いま、ベリマンのルートから西の方に眼を向ければ、地平線上に丈《たけ》の高いタマリスクがギザギザの線をえがいているのが見える。これは三八年前にわたしが通り過ぎたときと同じものである。わたしは地図にポプラ群状地とタマリスクとを書き入れておいた。新しい支流沿いのベリマンのルートから、アヴル・ケルなど一連の湖に至るまでの距離は、わずか八キロから一〇キロにすぎない。

新しい支流の近くに、ほんの数人の羊飼いが羊の群を連れて住んでいた。彼らのひとりはチャルクリク出身で、もうひとりはヤンギ・スゥとカラ・ライすなわちヤンギ・スゥとアルガンのあいだの地方の出身であった。

ベリマンが小さな河の岸で見つけた先史時代の遺物によれば、この河は楼蘭《ロウラン》時代にすでに存在し、二千年前に現在と同じ河床をもっていたに違いない。土器の壺《つぼ》や皿《さら》の破片はこの地方に人間が住んでいたことを物語っている。ひょっとすると、彼らはほんのちょっとのあいだだけここで暮らしたのかも知れない。というのは、小屋のごく些細《ささい》な断片しか見つかっていないからである。

クム・ダリアから約五〇キロ、砦《とりで》の廃墟から二〇キロ離れたところ、つまり小さな支流の西で、ベリマンは楼蘭《ロウラン》時代の望楼を発見した。恐らくこれはメルデクに通ずる街道の哨所《しょうしょ》として使われたのであろう。

最大の眼目たる死者の町、つまり「エルデクのネクロポーレ」[*1]は河の東側の低いアーチ型の丘の上にある。それは、恐らく墓標と思われる直立した柱が小さな森のように立っているために、どこからでも、遠くから見える。ほんの数本の柱にはごく単純な彫刻が施してあり、

エルデクの墓地群。木製の墓標。(ベリマン写)

全部が多角形をしていた。多くのものが倒れていた。墓地は一二〇座発見したが、柱の数はそれよりもかなり多かった。

東トルキスタンに非常に多い貪欲《どんよく》な「黄金さがし」と、何世紀にもわたる烈しい春の嵐によって、この興味深い墓所は残念ながらひどく破壊されている。棺は丘の上と中腹に、こわれてむき出しになって散らばっていた。材木の心《しん》がまだくさっていないものが少数あったが、それらは一〇年ほど前、掠奪《りゃくだつ》者にあばかれるまでは、安らかに地中に在ったのである。その他の部分は明灰色で、楼《ロウ》蘭《ラン》付近の地上で見つかる木材のように、干からびてもろかった。

一二〇座の墓のうち、人間にも嵐にも全然手をつけられずにいたのは、たったひとつだけだった。掠奪された五つか六つの棺には、まだ遺体があった。その他のものは、死者の残片が棺の外に散らばっていた。いくつかの遺体は骸骨《がいこつ》だけになって

エルデクの墓地群出土の頭部。(ベリマン写)

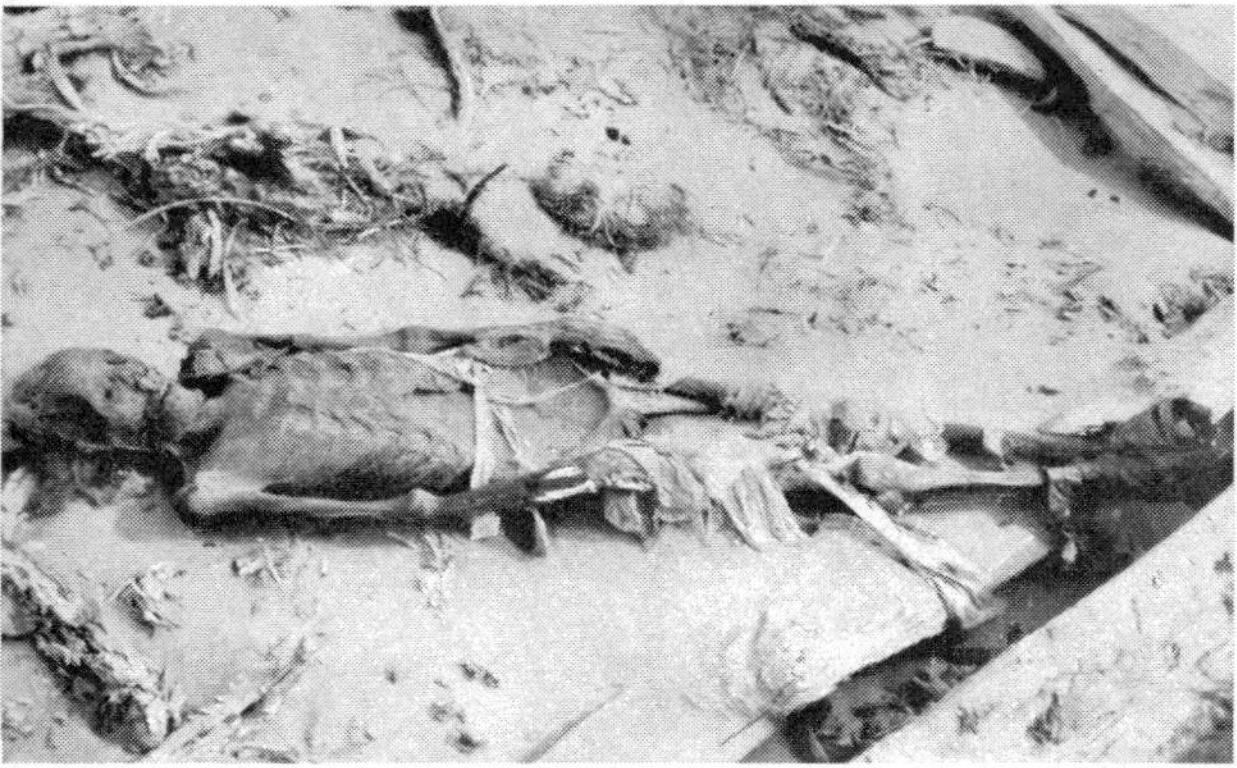

ロブ・ノール砂漠に良く保存されたミイラ。(ベリマン写)

いたが、それ以外は完全なミイラであった。

この場所に死者を葬った民族がどういう人種に属するかを決定することは、まだ不可能である。中国人でないことは明らかだと思われる。死者は内陸アジアの遊牧民が普通にかぶっているものと同じ形をした尖帽子《とんがり》をかぶっている。金属を用いていないこと、木器と骨器、および死者を包んでいる粗《あら》い織物などからして、彼らは恐らく主として狩猟と漁労の生活をしていた原始的な民族に属するように思われる。服装は粗《あら》い毛織のマント、腰に巻いた帯、靴《くつ》、フェルトの帽子などから成っていた。この墓地には絹は全然なかった。

木、骨、石などで作った小型の道具には、それが何であるか、何に使うのかが、まだはっきりしないものがかなりある。

小さな支流の西に小さな墓場がもう三つあって、そのひとつはベリマンが発見したが、他のふたつはすでに前から羊飼いたちが知っていた。それらは風によって一部分が露出していた。これらの墓からは絹が出た。一女性の遺体は、特に美しく実に興味深い絹の服を着ていた。この三つの小さい墓場で、ベリマンは最高のしかも最も価値ある発見をした。

最後に、クム・ダリアの南岸にある第七〇ベース・キャンプの真近で、ひとつの墓が発見された。恐らく楼蘭《ロウラン》時代よりも後のものであろう。死者はたぶんトルコ系民族に属するものであろうが、しかしイスラム教徒ではなかった。かなり年配の男であって、黄色い絹の長い上衣を着て、長靴をはいていた。

いま述べている地方にはヤルダンがあるだけで、メサはなかった。地面は平坦で、水平であるように目にうつった。けれども、錯綜《さくそう》した水流や移動砂丘の地形を馬やロバで進んで行くのは困難なことであって、とりわけ六月にはなおさらひどかった。暑さが灼《や》きつくようで、血に飢えたアブが空中にいっぱいいて、動物にとっては耐えがたい苦しみなのだ。ただクム・ダリアの小さな支流のおかげで、この季節に古い墓場までとにかく突き進むことができたのである。イエオリ・ゼーデルボムは全計画を組織化することと野外の仕事とで、隊長にすこぶる貴重な助力をしたが、砂漠旅行の他の参加者たちも、ひとりひとりがその義務を果したのである。

わたしはすでに以前、[*2]クム・ダリアのデルタとベリマン河の岸辺にある墓場から将来した収集品のうえに、ダーモクレスの剣[*3]のように頭上に迫っていた危険について述べておいた。これらの品はすんでのことに、古い時代の遺物を新疆《シンキャン》から搬出することを禁止するという法律の条文があるという理由で、押収されそうになった。またわたしは、盛《ション》督弁自身の役所で、中国高官とソヴィエト・ロシア総領事G・A・アプレゾフ氏およびその全随員が出席して行われた、真にドラマティックな展覧についても述べておいた。

その時、収集品の運命は決定されるはずであった。盛督弁は鷹のような眼で品物をひとつひとつ点検した。これらの、一見無価値にみえる遺物すべてをていねいに観察してから、彼はやおらあの不朽《ふきゅう》の言葉を発したのだが、それはもう一度印刷に付する価値がある。

「皆さん、これらの品物はわれわれにとって値打ちのあるものではありません。わが省においては何の利益にもなりません。みんなもう一度箱に詰めなおして下さい。あなた方には特別の旅券を差し上げますから、遺物も荷物も国境を越えてお持ちになれます」

この危機に際して、アプレゾフ総領事はわれわれのために権威と権力とを行使して下さった。これに対していま一度、心から感謝の意を表すものである。

南京《ナンキン》の「古物保管委員会」の会員から多くの疑惑と反対を投げかけられ、二年にわたって交渉したあげく、駐中国スウェーデン公使ベック・フリュス男爵《だんしゃく》の精力的な支援のおかげで、一九三七年春、二年間貸与ということで収集品をストックホルムへ移送することに成功した。もし南京《ナンキン》がウルムチと同じように太っ腹だったら、われわれはこれらを手許に置くことができたのに。これらの大部分が中国起源ではないものから成り立っているので、よけいにそう思うのだ。けれども、われわれにとっての主要事は、ベリマンに新しい発掘品を科学的に調査してもらい、それによってこれらがはじめて歴史的民族学的な真の価値をもってくるように叙述してもらうことである。彼はその道の専門家でもあるし、これらのものを半分以上も自身で発掘し、さらにわたしが以前に楼蘭《ロウラン》で発掘したものを整理してくれた人物でもある。われわれが最後の旅行で得た、今まで沈黙を守ってきたトロフィーを彼が整理すれば、疑いもなく、このお伽話《とぎばなし》のように人の心を魅了する国、墓場が神聖な沈黙を、またまどろむ人びとが孤独を、ただ水鳥の叫びと重々しくひびきわたる春の嵐のファンファーレによってかき乱されるだけの国の過去数千年に、新たな光を投げかけることになるのである。

一四　クム・ダリアにおける陳《チエン》の仕事

前に報告したように、乗用車《リムジン》でコルラを経由してウルムチに向かう長旅へ乗り出すために、アーヴィング・C・尤《ヨウ》とわたしは、セラトを運転手として、五月三一日に出発した。ヤルダン・ブラクから遠くない第七〇ベース・キャンプ付近にある自動車のために、ガソリンとオイルを買おうとして絶望的な企てをしたことも、同じく『シルク・ロード』の中で述べておいた。

ひと月ひと月と時は過ぎて行き、われわれの忍耐力はウルムチで非常な試練にさらされた。けれどもこの間、自動車のところで待っていなければならないものたちにとって、事態はずっと悪くなっていた。尤《ヨウ》とわたしはウルムチでは囚われの身同然で、見張られ、探られ、疑ぐられて、クム・ダリアのほとりにいる仲間たちに情報を送ることすらできなかった。ガソリンとオイルがなくては、そこを動くこともできなかった。そして夏が、息もつまらんばかりのすさまじい暑さと灼熱《しゃくねつ》の太陽をともなって、砂漠の上にゆっくりとおとずれた。唯一のなぐさめは河であった。彼らはその冷い水のなかで、朝、昼、晩、何時間かを過ごした。その他は、テントの中で横になって眠るか、カヌーでちょっとした遠足をするかであった。日が沈み、夕方、多少の涼しさがおとずれるようになると、やっとよみがえって元気になった。

フンメル、龔《コン》、ベリマンがクルク・ターグを越えてウルムチへ行くため、六月に出発してしまうと、孤独と無為の生活が、イエオリ、エッフェ、中国人の召使、コザックたちのうえに、前よりも一層重くのしかかってきた。このように荒涼とした土地でこうした状態をともに味わったことのないものには、想像もつかないことだ。自動車は、河から少し離れた、地面が堅く平らなところにあったが、テントは岸のすぐそばに張ってあった。四方八方、淡い灰黄色の砂漠が広がり、そのうえに大気が、汽缶《きかん》のうえのように小きざみに揺れていた。北方には、最も近くにある山の尾根が青灰色の輪郭《りんかく》をくっきりと描き、雲によって活気づけられることのめったにない空よりも、やや黒ずんでいた。すべては沈黙していて、ここには人もいなければ道路もない。この味気ない風景のなかで、価値がありなぐさめを与えてくれる唯一のものは河である。けれども、クム・ダリアにも生命はない。ボート一隻通りすぎることもない。ただカモメや他の水鳥が多少の変化を与えるだけである。

探検隊の科学研究員のなかで、このつらい夏を持ちこたえたのは、パーカー・C・陳《チェン》ただ一人であった。

六月はじめの日々、彼はベース・キャンプのそばで水量と蒸発を測定し、わたしがクム・ダリア・デルタの第八〇キャンプから派遣した、ガガーリンとタギルが加わっている小キャラヴァンを迎えいれた。彼はロシア人がこわした無線機を修理しようとしたが無駄《むだ》だった。

六月六日、われわれがテントの中に残しておいた小麦粉を取りに東トルコ人数名に、ロバ四頭、牛一頭をつけて、デルタにある第八〇キャンプへ派遣した。戦時に駄獣を探し出すのはことのほかむつかしく、ここで牛一頭あちらでロバ一頭というふうにしてでも、手にはいれば喜んでいいのである。

翌日、烈しい北西風が吹き、短いが強い驟《しゅうう》雨が降って、雨量は半時間に八ミリに達し、山から鉄砲水がどっと流れ落ちて、岸の近くに浅い湖ができた。一日たって蒸発してしまうと、黄色の泥《どろ》が寄木《よせぎ》張りの床《ゆか》のようにつるつる光っていた。

ベリマンへの使いが出かけ、フンメルと龔《コン》が北へ出発したあとで、六月一三日に陳《チエン》は賈《チア》貴《コイ》、東トルコ人数名、ロバ六頭を連れ、カヌーを一隻持って、左岸沿いに河をさかのぼっていった。

翌日、彼は河を渡って羊飼いに会い、数匹の羊を買い入れ、河の一支流によってできた湖へ行く案内人を得た。それから彼は数日のあいだ湖の地図作りに没頭した。この湖はイエケンリク・ケルと呼ばれ、広さは南北六キロ、東西二キロである。

さらに西に進み、彼は重ねて、もっと大きな沿岸湖を見出したが、これもまた河から水をもらっていて、葦《あし》がたくさん生えていた。またクム・ダリアの北岸にも、長さ三キロ、幅一キロの湖があったが、河とは隔たっているので、やや塩分を含んでいた。それでも葦の中には、鴨《かも》がかえったばかりの雛《ひな》を連れていた。

時には徒歩で、ごくたまにカヌーを使って、陳《チエン》はこの湖の地図をつくり、それからクム・ケルに赴いたのだが、その南側にある沼沢地のようなくぼみから、ベリマンがすでに測量した支流がはじまっていた。クム・ケルは長さ八キロ、幅一、三キロである。陳《チェン》自身が作った地図を参照しなければ、これらの極度に不規則で気まぐれな形をした小さな湖や、それらを互いに結び、またはクム・ダリアとつなげている支流のあたりを単独で歩きまわった彼のあとをたどることは不可能である。彼がある湖の地図を作るとき、突然、支流にさえぎられて、徒渉《としょう》するか、できれば廻り道をしなければならなくなることもしばしばあった。

けれども、湖、支流、葦の茂み、漂砂などから成るこうしたとほうもない迷路にも、この若いエネルギッシュな中国人は全然おびやかされることがなかった。彼は南側北側の沿岸湖を測量し、七月七日に営盤《インパン》、それから二日あとに徳門堡《トメンプ》に到着した。最後の五キロは、生きているタマリスクと葦を通る困難な地形であった。

徳門堡《トメンプ》で彼はクム・ダリアがコンチェ・ダリアの旧水路から分岐する、興味深い地点の略図を作った。われわれがはじめて徳門堡《トメンプ》にキャンプした四月一九日には、コンチェ・ダリアは毎秒八〇・一八立方メートルの水量を流していた。七月一二日現在、陳《チェン》は八一・八〇立方メートルであると認めた。差は大きくない。住民の言うところでは、河はすでに増水しはじめている、ということだった。

七月一三日、陳《チェン》はコンチェ・ダリアの旧河床を南東の方向に下って行ったが、それは新しい河クム・ダリアよりも狭く、もっとひどく曲りくねっていることが分った。コンチェ・ダリアの旧河床は完全に乾《ひ》上っているわけではなかった。流れのない水溜《みずたま》りがたくさんあって、河床の半分はそれらで占められていた。水溜りのあいだには小さな水路がゆるやかに流れてずっと延びていた。陳《チエン》の観察から、コンチェ・ダリアはまだ一九三四年には完全に水がなくなってしまったわけではないことが推論できるし、われわれも秋の増水期には水量がふえると聞いている。けれどもまたわれわれは、ティッケンリクのベグたちや住民から、一年中、コンチェ・ダリアを通って彼らの郷里を流れて行く水量は、耕地を灌漑《かんがい》するのに十分ではないこと、少なからぬ住民がその地を捨て去ったということも聞いていた。すでに一九二八年にションバーグ大佐は、ティッケンリクの五〇〇世帯のうち二〇世帯が移住した、と聞いている。

陳《チエン》はそれから、クム・ダリアの北岸を歩いたり、カヌーに乗ったりして第七〇ベース・キャンプへ引き返し、七月二三日に到着した。

七月二四日に彼は、今度は、サンワッツとチョックドゥンというふたりの東トルコ人とロバ五頭を連れ、カヌーを一隻持って、そこをまた立ち去った。左岸を出発したが、しかしすぐに右岸に渡った。ほとんどの湖が河の南側にあるからだった。これらの湖を彼は順々に測量した。日中の一番暑い時間にはおおむねテントの中にじっとしていなければならなかった。気温は日陰で四一度にも昇った。

八月一日、主流からひとつの支流が分岐したが、しかし一五キロばかり自分ひとりだけの道を流れてから、翌日にはまた合流してきた。八月二日、陳《チエン》はわれわれの以前の第七五キャンプに設営した。ここはデルタの根もとである。

ここから彼は三人の部下と二頭のロバを連れて、楼蘭《ロウラン》の廃墟までの距離一八キロを歩いた。

彼は一〇時間歩いた末、夕方七時にそこへ着いた。その晩と翌日、かなりの数の金属製の小物、たとえば貨幣、鏃《やじり》、革帯の金具など、またガラスや石の玉などを発見した。

ヘルナーのスウェーデン国旗のそばにある温度計のケースに、陳《チェン》は新しい記録を入れた。この国旗はいまは吹きちぎられ、小片となって、古代都市の最高所にひるがえっていた。それから彼はこぢんまりした一隊をひきいて、小さな湖のかたちをした、北北西にある最も近い水面へと戻って行った。その後、八月五日にデルタのはじまりのところにある彼のキャンプに戻った。

翌日、カヌーを河の北岸に残し、内側に「ヘディン博士の探検隊　一九三四年」という言葉を刻みこんだ。

それから彼らは「サイ」のほうへ行ったが、これは堅い砂礫《されき》の平地だから、ヤルダンやメサにさまたげられるようなことはなく、夜を日についで、できるだけ急いで進んだ。というのは、ちょうどそのときイエオリの使者が着いて、ガソリンとオイルがウルムチから到着したこと、陳《チェン》がベース・キャンプへ戻り次第ウルムチへ出発することとを知らせてきたのである。これは八月八日のことで、自動車隊は一〇日にコルラとウルムチに出発したのである。

われわれの若い仲間である中国人の陳《チェン》は、徳門堡《トメンプ》からロプ・ノールに至るまでのクム・ダリアの南側の沿岸湖全部と、北側にあるいくつかを詳細に地図に作って、新しくやって来た水が砂漠に分布する状態を知るうえに重要な意味をもつ仕事をなしとげたのである。ニルス・ヘルナーの探検隊にいて、彼は新しいというよりはむしろよみがえった湖であるロプ・

ノールの発見にかかわり、一九三〇年から一九三一年にかけての冬にはクム・ダリア・デルタの大部分を測量したのである。また彼は尉犂県《ユーリー》（コンチェ）からさまよえる湖まで行ったわたしのカヌー旅行に参加し、その際、河の大きさと水量とをすべて測定し終えたのである。エリック・ノーリンとニルス・アンボルトが最初にカヌーなしでできる限り河を測量し、その位置を天測によって確認したあと、そして、ベリマンが南へ流れている、岸辺に墓地のある支流を測量したあとでは、新しい河であるクム・ダリアの水路体系の完全な図に欠けているものは、この河の南岸にある湖だけだった。その仕事を陳《チエン》は、彼自身の名誉にもまた学問上の成果にも役立つようなやり方で成しとげたのである。

わたしがそれを彼にたのんだのではない――より涼しい季節であっても相当に努力を要する仕事を、酷暑のさなかに雲霞《うんか》のようなアブやブヨのもとで、たえず日射病の危険にさらされながら仕上げてくれと要求するのは、不人情というものだろう。われわれと同じように彼も、酷暑がはじまるとともに、もっと緯度の北のほうへ引っこんで休養する権利を持っていたはずである。けれども彼はそうしなかった。彼はみずから決意して仕事にとりかかったのだが、この仕事は、新しい水路と湖に関するわれわれの研究活動の要石《かなめいし》となるものであり、またわれわれが新しい河の水文学《すいもんがく》に関連する問題を未解決のままに残したりはしなかったという主張を正当づけるものでもあった。

これを書いているあいだに、パーカー・C・陳《チエン》は一年前にベルリン大学に入学した。あと数年はポツダムの測地学研究所で研究することになろう。彼はすでに内陸アジア研究史上、然《しか》るべき地位を占めている。ドイツでの修業が終れば、彼はまた近い将来、彼の故国と地理学とに忠誠を尽すであろう。

一五　敦煌《トンホアン》と千仏洞《チエンフオトン》へ

陳《チエン》とわたしがクム・ダリアで企てたカヌー旅行は、あらゆる点でうまくいった。新しい河が、「さまよえる湖」に注ぎこむところまで、その全長を地図に作製した。湖の北部を通って、われわれはできる限り南まで漕いで行った。ノーリンとヘルナーと陳《チエン》が以前に作った地図によって、連絡路のことが実によく分った。一九〇一年にわたしが行った楼蘭《ロウラン》の位置決定と、アンボルトのクム・ダリア西部の徹底的観察と、わが探検隊のとった道とは地図上の経度緯度が合致していた。クルク・ターグの絶対高度と新しい水路に関する報告は、わたしが一八九九年から一九〇〇年にかけてヤンギ・ケルと営盤《インパン》で行った観察の結果にもとづいていた。それによれば、新しいロプ・ノールは海抜約八二〇メートルの高度にある。

フンメルとベリマンの仕事も同様に申し分のない結果に終った。

唯一の失敗は、第七〇ベース・キャンプから東へ向かった尤《ヨウ》、龔《コン》、エッフェの自動車旅行であった。彼らの目的は南京《ナンキン》と内陸アジアとを結ぶ新しい自動車道路を確認することであった。一九三五年、われわれは帰途、安西《アンシー》から南京《ナンキン》への道を見とどける機会があった。ハミからトゥルファン、コルラを経由してクチャに至る距離と、コルラからクム・ダリア畔の第七〇ベース・キャンプに至る二五〇キロの道のりはもう知っていた。尤《ヨウ》と龔《コン》の率いたグループは自動車で疏勒河《スロホ》の末端湖へ、偵察しながら進出することになっていた。第七〇キャンプからそこまでは直線距離でざっと四三〇キロであった。オイル不足のため、実際にはアルトゥミッシュ・ブラクまでしか行かず、直線距離では一六〇キロであった。ひどいジグザグの道だったから、その行程は実のところ三倍の長さがあった。末端湖から敦煌《トンホアン》までは一七・五キロ、そこから安西《アンシー》まではさらに一八七キロであった。それ故、アルトゥミッシュ・ブラクと安西《アンシー》とのあいだの五七七キロという距離がわれわれには欠けている——これはストックホルムからテルレボルクまでの直線距離に匹敵する。

自動車がガソリンとオイルを十分そなえてヨーロッパやアメリカの道を五七七キロ行くのであれば、何も言うことはない。けれども、道路の全然ない内陸アジアでは、これは恐ろしく遠いことになってしまう。

一九三四年九月八日、帰国したフンメルとベリマンを除いた探検隊員全員はウルムチに集合した。しかし、われわれがこの忌《いま》わしい町から脱出するためには、あと一か月半辛抱《しんぼう》しなければならなかった。盛世才《ションシーツァイ》督弁は、われわれがエチン・ゴル経由つまり来たときと同じ道を通って帰らなければならない、と頑強《がんきょう》に主張した。彼はハミと安西《アンシー》のあいだの道は通らないようにと警告した。新疆《シンキャン》と甘粛《カンスー》の省境にある星星峡《シンシンシア》のところには、六〇人から成る組織的な盗賊団が巣くっていて、キャラヴァンや旅人を掠奪《りゃくだつ》するという。わたしは何の約束もしなかった。ハミにたどりついてしまえば、あとは好きな道を行くのだ、と考えたからである。

トラック二台と乗用車《リムジン》で一〇月二一日にウルムチを出発し、格別の冒険もなく、一〇月三〇日に安西《アンシー》に着いた。

ウルムチを出発する前、わたしはすでに三人の中国人の旅仲間、尤《ヨウ》、陳《チェン》、龔《コン》に、安西《アンシー》でガソリンが手に入ったならば、西へ、できるならばアルトゥミッシュ・ブラクまで前進したい、と言っておいた。

さしあたってこれはあだな望みだった。というのは、ウルムチで手に入れたガソリンは安《アン》西《シー》までは十分だが、それ以上は間にあいそうもない。安西《アンシー》で新たに調達できなければ、ガタ馬車か馬かラクダでシルク・ロード沿いに進むよりほか選択の余地はなく、ロプ・ノール低地まで突き進むなどというのは、思いもよらないことであったろう。

しかしわれわれは常に幸運に恵まれて、われわれの願いは、あたかもその計画がずっと前から準備されていたかのように最高に充足されたのである。われわれは安西《アンシー》の中国人市長とユーラシア・ドイツ＝中国航空会社の駐在代表人パウク氏から親切に迎えられ、ここに一二万二千リットルのガソリンが貯蔵してある、とパウク氏から聞いた。これはベルリン——上海《シャンハイ》航空路のために準備したものだが、ソヴィエト政府がドイツ人にロシア領アジア上空の飛行を禁止しているので、航空輸送は今までのところ運行するはこびになっておらず、現在このガソリンは必要ないものであった。

上海《シャンハイ》にいる「ユーラシア」の役員ワルター氏と李《リー》氏にわたしは無電で交渉した結果、ほとんど無限と言いたいほどのガソリンを使う許可を得た。

あとは、われわれが服務している南京《ナンキン》政府に、計画した西方への自動車旅行を遂行し得る許可を求める必要があるだけであった。アジアの内奥部ではガソリンの価格が非常に高く、この新たな偵察行のための費用は数千ドルの額にのぼるであろうが、しかし許可はすぐ与えられた。

もしこの旅行を成功裡になしとげようとするならば、われわれの真の計画を安西《アンシー》にいる人びとに全然知らせないでおくことがどうしても必要だった。われわれが泊っている役所の市長にも、ガソリンを供給してくれたパウク氏にも、われわれの計画は明かさなかった。四年間もわが大探検隊に属していて、現在は別の用事で安西《アンシー》にいるイエオリ・ゼーデルボムやマンフレート・ベーケンカンプ[*1]にもこのことを知らせてはならなかった。ふたりの運転手、エッフェとセラトには、一定量のガソリンとオイルを積みこむ仕事を与えただけである。

こうしてむやみに秘密にしておくことも、すべてただ安全のための処置であった。アルトウミッシュ・ブラクは全ロプ・ノール地方と同じく新疆《シンキャン》省にある。この省でわれわれはトンガン人、ロシア人、中国人からうんざりするほど拘束されたのだ。もしわれわれの意図が安西《アンシー》で知られるようになったら、その噂《うわさ》は必ずや新疆《シンキャン》[*2]まで流れ、当局の耳に入るだろう。安西《アンシー》の市長は、ハミの首長、古ダヌキのヨルバルス汗の親しい友人であって、毎日電話で連絡をとっていた。市長がわれわれの意図を何かつかめば、すぐにヨルバルスは知り、そこからウルムチへ知らせるだろう。そうすれば、省の首脳は当然われわれに不信の念を抱くだろう。カシュガルへ自動車旅行をしたいという願いは許可されなかった。そこで、われわれは彼の監督下にない省にある、南の道を通って帰ろうとした。そうすれば、彼はアルトゥミッシュ・ブラクへ騎馬を派遣してわれわれを探させるにちがいない。もしそういう情況のもとでわれわれを捕えたならば、われわれをスパイとみなして処分する絶好の理由を得ることになる。

われわれは意図を隠すために、敦煌《トンホアン》の有名な岩窟「千仏洞《チエンフオトン》」*3をおとずれたいという、ごく一部は真実の噂を流すように心を配った。

一一月二日、出発の準備はすべて整った。けれども出掛けることができるようになるまでには、例によってとても長くかかった。市長御自身が安西《アンシー》の少しはずれまで送ってきてくれたが、しかし城門で兵隊にとめられ、目的と意図を詰問された。けれどもわれわれの説明は間違いようもなく明らかなこととして受け取られ、通してくれた。

道は南の方向に柳の並木道を通り、小さな短い橋のかかった水路を越えて行く。地面は砂地でやわらかである。西に流れているひとすじの支流は、この季節には凍結している両岸にはさまれて、水がほとんどなかった。われわれは南にある丘から遠からぬところへきて、南の水路の岸でポプラが一本生えている小さな橋のたもとでキャンプした。

一一月二日の夜、気温はマイナス一三度にさがり、翌朝は輝くばかりに澄みわたった。そのとき、トラックのうえに珍しい二人のお客が姿をあらわした。安西《アンシー》の警察署長自身が警官をひとり連れてきていたのである。何の御用ですか、とわたしがたずねると敦煌《トンホアン》を訪れるとき、われわれの儀仗兵となって、役立つように、と市長から命じられたのだと答えた。察するに、彼らの任務はわれわれの意図を探り出すことにあったのだろう。

　地面の穴や草の生えた丘、穴ぼこや深い轍《わだち》を越えてどんどん南へ進み、小さなもろい橋のかかった水路をいくつも渡った。数人の貧しい農民が灰色の壁の家に住んでいる十工《シーコン》という小さな集落のすこし先で、ついに敦煌《トンホアン》と粛州《スーチョウ》のあいだの大きな道にぶつかった。ここでわれわれは西南西に向きを変え、敦煌《トンホアン》の町に向かった。

　安西《アンシー》オアシスの、灌漑《かんがい》用水路が縦横に走り、耕作可能なやわらかいほこりっぽい土地もここで終る。南方には完全な「ゴビ」つまり細かい砂礫《されき》を敷きつめた堅い不毛の砂漠が始まり丘の麓《ふもと》まで続いている。砂漠の地面のうえのこういう道は、自動車が通るには好都合である。オアシスはわれわれのすぐ右側にある。

　カモシカが一頭、この荒地にあらわれたが、エッフェが射撃の準備をする前に姿を消した。前方に、われわれと同じ方向をたどる数名の乗馬者がみえる。うしろから自動車の来るのが聞えると、彼らは鞍《くら》のうえで急にふりかえり、馬に拍車をあてて南の丘の方へ逃げて行った。エッフェは、すねに傷もつ盗賊どもではないか、と考えた。

　丘のあいだに小さな寺が建っていて、もっと先にはもうひとつの廃墟《はいきょ》があった。くずれた家や壁が、いまは消えうせた昔の建物を物語っていた。鋭く切れこんだ流出溝が山から出ているのが見えないのがふしぎだった。わずかな溝はひどく平坦で、われわれがその上を通り過ぎても、ほとんど衝撃はない。

いま、前方右手に、東トルコ人がヤルダンと呼ぶ、特徴的な形態をもつ、珍しい風景が始まっている。粘土の沈積層と沖積地が、風によって、一メートルほどの高さの、長いひとつづきの筋に形つくられたものである。クム・ダリアをカヌーで旅行したとき、われわれはそのすばらしさを十二分に味わったものである。

とうとう生きているものにぶつかった。大きな車輪の荷車が来る。牛に曳かせ、三人の男と一頭のロバがいっしょにいた。木綿と梨を積んでいた。敦煌《トンホアン》では梨一個が銅貨一枚、安《アン》西《シー》では銅貨三枚の値段だと聞いた。この銅貨はまんなかに穴があいていて、敦煌《トンホアン》では四〇〇枚、安西《アンシー》では五五〇枚が一銀ドルに相当する。

蘆草溝《ルーツァオコウ》すなわち「葦の谷」で、われわれはまたやや小さい寺の廃墟をみた。南の丘は低くなり、丘と丘との距離は広がった。土地はすさまじく荒涼としていた。周囲には、いまや完全に不毛な砂漠が広がっていた。しかし交通はやや活発になった。時折、梨を積んだ牛車、ロバに乗った農民に出会ったが、一度はラクダに乗った中国人に会った。水が苦いのに「甘い水の泉（甜水井《ティエンシュイチン》）」という名前がついている土地のちっぽけな宿泊所に、駄獣や荷車を持った旅人が数人休んでいた。廃墟のなかにある空心墩《コンシントン》という名の集落には、新しく建てた六角の望楼《ぼうろう》がひとつと、五つの小さな塔があった。時折、モンゴルの「オボ」を想い起させるような道標のそばを通り過ぎた。二、三度、やや離れたところにカモシカの群をみた。

一七キロ走っておいて夜を過ごしたが、もう敦煌《トンホアン》からあまり遠くはないはずだと考えた。

たしかに遠くはなかったが、道はものすごいものだった。道は小さな集落を通り抜け、橋や側壁が崩れかけた水路をいくつも越え、農家や望楼や庭園や宿泊所のそばを通った。東トルコ人もトンガン人もみあたらず、中国人だけが目についた。不愉快なヤルダンと帯状の深い砂とのあいだに、われわれは数回はまりこんだ。車が地面に深くめりこんだり、水路の高い土手を走って立往生し、掘り出さなければならなかったりしたことが何度も何度もあった。庭園や林がひんぱんにあらわれ、並木道をいくつも通り抜けた。安定《アンティンシェン》県つまり「平和な町」のあたりで多くの水路と橋が交錯していて、道に迷った。われわれは二、三メートルの深さで切通しになった道を走った。ラジエーターの水がたびたび煮《に》えたぎり、そのたびに水路から冷たい水をバケツ一杯汲んでこなければならなかった。こうした状況のもとでのろのろ進み、そのうえ、道路地図を作るためにわれわれはたえず方位測定をしていたのである。

莫家堡《モーチアプ》すなわち「莫家の砦《とりで》」は前世紀の五〇年代の終りに建てられた。ここで大きな水路を渡ったが、この水は他の水路と同様、党河《タンホ》から流れてくる。橋は立派な作りで、七本の桁《けた》があって、その上に石板が敷いてある。

詩の神文昌《ウエンチアン》＊4が敦煌《トンホアン》の東門のすぐ前の寺にまつられている。ここでわれわれは兵隊に停められたが、通してくれた。市長の役所の外側の扉《とびら》のところで、われわれは漢字の名刺を渡した。市役所の最高首脳がみずから出て来て、われわれを出迎え、彼の客として泊るように招待してくれた。われわれは断ったが、しかし昼食をともにすることはいやとは言えなかった。昼食は細かく刻んで煮た肉と、焼いた仔牛のレバーと掻《か》き卵であった。主人は極めていんぎんな、もてなしの良い人で、われわれの質問にすべて喜んで答えてくれた。彼が言うには、敦煌《トンホアン》には三五〇〇家族が住み、安西《アンシー》はわずか五〇〇家族にすぎない、とのことである。住民は中国人であるが、チャルクリク、ハミ、トゥルファン出身の東トルコ人の商人もごくわずか住んでいる。戦争のために商売が麻痺《まひ》してしまってから、彼らはあまりすることがない。しかし、商品の交易が控え目ながらまた始まり、小さなキャラヴァンが用心しながらも、今言った三つの町へ出かけて行くようになったということだ。

ともかく、敦煌《トンホアン》ほど大きな交通路から遠く離れている町はそんなに多くはない。しかもこの町は二千年前には交通の一流の要衝であった。敦煌《トンホアン》から西南西約八〇キロにある古代の都市玉門関《ユーメンクワン》（スタインの「廃墟」TXIV）で、絹貿易の最も重要な動脈たる大隊商路は分岐していた。北の道はトゥルファン、カラシャール、クチャを通り、南の道はチャルクリク、チェルチェン、コータンを通り、そしてそのあいだに、楼蘭《ロウラン》、コルラを通る第三の道があって、それはロプ・ノールの北を、われわれが地図を作ったクム・ダリア沿いに走っている。この道こそ、われわれが特に探究したいと思ったものであった。その進路はスタイン博士、ヘルナー博士と陳《チエン》の旅行によってよく知られている。われわれに必要なのは、この道が自動車で利用できるかどうかを調べることであった。この土地で、もし自動車を走らせることができないのなら、われわれは偵察をし直さなければならない。しかも古い砂漠の道の北側の、北山《ペイシャン》山脈のなかを偵察しなければならないのだ。われわれにとって幸いなことに、市長は親切な如才のない人物で、われわれの意図を一度もたずねたりはしなかった。

しかしいま、われわれは「千仏洞《チェンフオトン》」へ行こうとしていたので、昼食が終って別れを告げた。役所の外庭には野次馬がぎっしりつまっていた。通りは安西《アンシー》よりもはるかに活気があった。バザールの露店のまわりには買う気たっぷりのお客がむらがり、ロバやラクダに載せた商品が店に着いたり、出ていったりしていた。

町から出はずれるとすぐに、灰色の家や塀《へい》、庭、並木道、土手、橋などがごちゃごちゃに入り乱れているところへ出た。役所から第一一六キャンプまではわずか七・五キロの短い距離だが、どんなに無茶な空想をしたところで、自動車道路とみなすのは無理だった。ひとつの水路は土手がくずれ、街道が水びたしだった。側溝は水の中にかくれていたが、セラトは思い切って自動車を注意深く進め、エッフェは乗用車《リムジン》でそのあとに続いたのだが、深い轍にはまりこんでしまった。ストップ！　みんな飛びおりて押した。トラックは右に左に、揺れに揺れた。そして上に乗っている人びとのうちの誰かが、そのすさまじい揺り板から放り出される瞬間をただ待っているだけだった。だが彼らは荷をしばってある綱に、ひきつったように固くしがみついていた。

時には泥《どろ》にはまりこみ、時には自動車の底が土手にぶつかった。再びシャベルとつるはしが活躍しなければならない。この長い、海のようになった街道から、二、三度乾いた地面が姿をあらわしたが、しかしその喜びも長くは続かなかった。水が自動車の前で、ちょうどモーターボートのへさきのように泡《あわ》立った。

水路や水や危険な橋などのある耕作地帯がとうとう終ったら、道中にまた一難が立ちはだかった。実に堂々たる、草一本生えていない平たい砂丘である。細長い縄《なわ》むしろを車輪の下に敷き、エンジンをかけるとたった数メートル進んだだけでまた砂にめりこむ。またむしろを少し前にもってくる。

この障害をやっと乗り越えると、洞窟へ行く途中には同じようなところが五か所もあると聞いて、われわれは休んで相談した。荷車と牛を探してくることにきめた。馬はいない。もうまっくらだった。テントを張って第一一六キャンプを設営した。数時間後に荷車二台と牛九頭がきた。牛は自動車を曳いて敦煌《トンホアン》へ戻った。

翌日、われわれは荷車に乗り、高さ一メートルほどのヤルダンの塊《かたまり》と帯状になった飛砂の砂丘のあいだを南に進んだ。さわやかな風が前から吹いてきたが、空中には砂塵が渦巻《うずま》いて、その霧のなかにすぐ山が隠れてしまった。自動車旅行者にとって、牛に曳かれて行くのはうれしいことではない。この尊敬すべき動物はこちらへ一歩あちらへ一歩と悠々とあゆみ、頭を低く垂れ、地面に鼻をつけて、全然急ごうとしない。

とうとう乾《ひ》上った河床のところに来て、その地面の上を南南西の方向に進んだ。すぐ右手には、時が経つうちに河水によって侵蝕された、垂直の石の段丘があった。この壁のなかに、最初の洞窟群が黒い穴のように口をあけていた。そのそばを通り過ぎて、高いポプラやその他の木の生えている垣《かき》をめぐらした小さな公園に着いた。

現在は人気《ひとけ》がなくがらんとしている宿泊所も、四か月ごとの八日に催される宗教的な祭典に参列するために敦煌《トンホアン》からやってくる中国人の巡礼がここで寝泊りし、食事を与えられる

敦煌千仏洞。（陳写）

のである。三人の道士がここに住んでいる。そのうち最も身分の高い王《ワン》は留守だったが、他のふたりのうちのひとりがわれわれを迎え、ひとつの寺院の客間に案内した。そこはふたつの大きな崩れかけた部屋であって、ただ三体の仏像があるだけで、祭壇も供《く》物皿《もつざら》もそなわってはいなかった。道士はおどおどして、物分りが悪そうだった。彼の話によれば、彼の郷里は甘州《カンチヨウ》で、四年前に現在の地位についたということだ。彼の宗門では婚姻を禁止してはいないけれども、彼は妻帯していなかった。寺院は土地を所有していて、僧門に従属しその生計を維持する農民に小作させている。彼らはまた敦煌《トンホアン》からきびを買い入れる。ここにはチベット仏教の僧院がふたつあって、七人いる僧侶は甘粛《カンスー》出身である。

　道士はさらに、一八〇〇の洞窟があるが、そのうちの九つだけで、一日に二回「叩頭《コートウ》」——跪《ひざまず》いて、地面につくまで頭をさげる——をすればよい、と述べた。薄暗くなりはじめたので、神像の壁画のある最寄りの洞窟をいくつか参観しただけであった。それらは革命（一九一一年）[*5]以後のものであって、全く無意味だった。好意的なこの道士は、他の洞窟にある千年以上経って色あせ傷んだ絵画を修復するための策を講じたい、と言っていた。そんなことをすれば、それらの歴史的芸術的な価値は完全に破壊されてしまうだろう。かつてこの洞窟に蔵され、スタインとペリオ[*6]が一九〇八年と一九〇九年に調査した文書は[*7]、ほんのちっぽけな巻子《かんす》さえもう存在しない。書写文書の主要部分がロンドンとパリへ持ち去られたあと、その残りは役人に掠奪《りゃくだつ》されるか世界中に売られるかした。まだ数年前までは、中国語、チベット語、またはインド語で書かれたこういう書巻が自由に入手できた。いや、粛州《スーチョウ》のバザールで買うことさえできたのである。写本はまたある程度、北京の国立図書館に保管されている。

　われわれの敦煌《トンホアン》旅行には、すでに言及したように、「千仏洞《チェンフオトン》」訪問とは全く別の目的があった。これらは専門家が根本的に調査し、叙述し、模写し、測定している。ここで何か新しいものを発見するなどということは、わたしは全く予想もしていなかった。にもかかわらずここを訪れたのは、一部分は好奇心から、一部分は敦煌《トンホアン》まで来て有名な洞窟を見ないのも馬鹿な話だと思ったからである。それはちょうどアグラに旅してタジ・マハル[*8]を見物しないようなものだ。

　屋根がアーチ型で、入口がせまく東を向いている四角な部屋が山壁に無数に掘ってあること、宗教的な壁画があり、神々や衛士、仏陀《ぶっだ》とその弟子たちの彫像が立っていること、など

敦煌千仏洞。(陳写)

をここで描写しようというつもりはない。グスタフ・アドルフの命日の最良の時間を、われわれは無数の洞窟が黒く口をあけて穴だらけになっている独特の河岸段丘の外側沿いに歩いて過ごした。地階にある洞窟は、地面から直接はいって行ける。わたしはそのうち二一の洞窟を訪れた。普通、どの洞窟でも、入口の前のまん中に神像のかなり大きなグループがあり、両側の壁のところにはやや小さめの彫像が三体ずつある。ずっと手前に、犬かグリフィンに似た動物数頭と、焼香《しょうこう》と供物《くもつ》用の木の器が三個あるのが見えた。

梯子《はしご》を上ると、二階の洞窟に行けるが、そのいくつかには、谷のほうに向かって木の扉がついている。また外側の新しく作られた石の階段は三階に通じている。段丘の外壁にはそこここに水平の柱が差しこんであるが、それらは昔洞窟の入口の前にあったバルコニーかベランダであったことが知られる。柱の穴しか残っていないところもある。神聖な部屋へ入るのに、全く命がけの体操のトレーニングをするところもまれではないが、それらの多くは内部で扉を通じて互いに連絡がついている。

やや南へ行ったところで、洞窟の壁面の前に、巨大な仏像を安置した十階建ての新しい中国風寺院があった。

大体において「千仏洞《チェンフオトン》」はわたしにとって幻滅であった。わたしはもっと見事な価値あるものと想像していた。こんなに似たりよったりで、しかも荒れほうだいで、後世の人間が崩壊にまかせていようとは、思ってもみなかった。最も印象の強かったのは、洞窟の数と、これらの部屋や壁龕《へきがん》を堅い断崖に掘った労苦と忍耐であった。この途方もない労働に時間と労力を捧げた人びとは、その神々の力に燃えるような信仰を抱いていたに違いない。洞窟の岩壁の前と仏寺のまわりにある高いピラミッド・ポプラは、宗教的な神秘に包まれたこの独特の場所に、詩的な美しさをただよわす効果をあげている。

わが探検隊にとっては、この地方にあるもうひとつの場所のほうがはるかに大きな意味をもっている、すなわち西千仏洞《シーチェンフオトン》である。それは敦煌《トンホアン》の南西約三五キロ、党河《タンホ》の河流が小さな山脈をまわって鋭く屈曲するところにある。この洞窟は一九二八年、この地の住民によって発見された。敦煌《トンホアン》の羊飼い数人がこのことをビルゲル・ボーリン博士に伝え、博士は一九三一年六月一八日にこの地におもむいた。

ボーリンはこの洞窟が小さな山脈の真北、河の左岸の高さ一八メートルの礫岩《れきがん》の斜面にあり、現在の河床から六メートルくらいしか高くないことをたしかめた。それは斜面のほぼ一〇〇メートルを占めるひとつづきの壁龕《へきがん》から成っていて、河の侵蝕作用によって破壊されてしまった巨大な構造の最後の残骸《ざんがい》であることが明らかであった。真西にある洞窟が最も良く保存されていて、一部分は洞窟が互いにつながっていた。中央部のものは内壁だけが存続している。東側のものも状態は良かったが、洞窟相互間のつながりはなかった。洞窟の壁は白く塗ってあり、明らかに時代の異なる絵が至るところに描かれている。ボーリンは何度も二層になった絵を発見したが、それらは絵のうえにもうひとつの絵が描かれていて、旧いもののほうが新しいものよりくらべものにならないほど美しかった。寺院は道士が管理していて、彼らは本来の窟院の西にある小さな洞窟に住んでいた。ボーリンは最も重要な洞窟の平面図を仕上げ、数十枚の写真を撮った。

午後のお茶とお菓子をごちそうになり、手厚くもてなしてくれたお礼として、孤独な道士に三銀ドルを進呈したあと、小荷物を荷車に積み、われわれも乗りこんだ。角の生えた緩慢《かんまん》な哲学者たちは北に向かってゆっくりと帰途についた。その間、強い北東風が谷間にある乾からびたポプラの落葉を吹きあげて、カサカサ音のする輪舞をおどらせていた。開けた土地に出ると、飛砂がギシギシきしむ荷車のまわりを吹き過ぎた。われわれはこの差し出がましい愛撫《あいぶ》から身を守ろうとして、毛皮の襟《えり》をできるだけ高く立てた。

小さな、今にも崩れそうな寺院にさしかかったが、ここには数年来、僧侶も修行者もいなかった。けれども、梵鐘《ぼんしょう》がこもった音で鳴り、その金属性の音波は荒野のなかにひびきわたった。大気の精が急ぎ旅の途中で手品を演じたのだろうか。いや、先発した賈貴《チアコイ》と李《リー》が、われわれが葬列のように粛々と寺のそばを通り過ぎたとき、鐘を鳴らして挨拶《あいさつ》を送ったのである。

丘は渦をえがいて立ちのぼる砂塵《さじん》の背後にかくれ、道が何処《どこ》へ行くのか見えなかった。眼前の煙霧のなかに二台の荷車がチラチラ見えるが、一台は三頭の馬に、もう一台はラバと馬一頭ずつに曳かせている。その御者は市長から、われわれが三日前に自動車で行ったのと同じ道を通って敦煌《トンホアン》へ連れてくるように、と命じられていた。増水して水位があがり、水が遠くまで広がったので、牛ではわれわれの足をぬらさずに町まで連れ戻すことができないのではないか、と心配してくれたのである。

われわれは荷物をもって新しい乗物に乗り換え、活気づいて更に進んだ。黄昏《たそがれ》が迫ってきた。第一一六キャンプのそばの高い砂丘に車輪をもぐらせて進み、一時間後には氾濫《はんらん》した地域に到着した。ヨーロッパでは町のなかか、その周辺に最も良い自動車道路と街路がある。新疆《シンキャン》や甘粛《カンスー》では、灌漑用水路や危険きわまりない橋と堤防、水びたしになった道などがある耕作地帯から、地面が人間の手でかき乱されていない砂漠へと出てくるのは幸せなことである。わずか数キロメートルにすぎない旅程の残りは、実際、刺戟《しげき》に富んでいた。墨を流したような暗闇のなかで、松明《たいまつ》の照らすところに奇妙な光景が見える。馬は水の中をザブザブ進み、脚のまわりでピチャピチャ水音がする。時折、やわらかい砂丘にはまりこみ、苦労して抜け出せたこともある。背の高い二輪の荷馬車は右に左に大揺れに揺れて、ひっくりかえりそうになることもあった。最初の農家があらわれた。犬が吠《ほ》え、老木が暗闇の中からお化けのように浮かび出た。松明の明りが水面に映って、あたりをぼんやり照らし出した。

一昨日、トラックが帰り道に二、三のかなり大きな水路にかかっている脆《もろ》い橋をふたつこわしてしまった。しかし車は車軸を折らずに渡り切った。ひとつの橋は何とか修理したが、もうひとつのほうにはまだ大きな黒い穴があいていた。龔《コン》と陳《チェン》とふたりの召使が一台目の荷馬車で乗り入れた。パリッと大きな音がして、車輪が片方、車軸まで穴のなかに落ちこんだ。誰も水路のなかに放り出されなかったのは好運だった。馬は車から離した。みんなで力をあわせて荷馬車を持ちあげ、うまく橋からおろすことができた。

尤《ヨウ》とわたしは二台目の荷馬車で続き、車輪が穴の両側に沿って行くように気をつけた。それはうまくいったが、その代りに轅《ながえ》の前につないだ馬が、不器用にも四つ足もろとも落し穴に落ちこんで、中にぶらさがった。馬を離して引っぱり出すと、こんなひどい目にあったので、バシャバシャ水をはねかえして全速力で闇のなかに姿を消した。ラバはもっと用心深かった。それは大きな口をあけた深淵のそばを、バランスをとって通り過ぎた。荷馬車は、荒れ狂う海のなかのボートのように、上へ下へと揺れながら前へ進んだ。

とうとう左手に敦煌《トンホアン》の町の城壁の輪郭がみえた。外側の町の東の門をたたいた。長いこと待たされて、門番が大きな鍵《かぎ》をまわす音が聞えた。かんぬきがきしんで地に落ち、門が開いたので、われわれはまっ暗な門のアーチをゴロゴロ進んだ。それから内側の町の東門へ行った。通りは静かで人が死に絶えたようだった。ごくたまに屋外の泥のなかをひとりで歩いている人とか、まだ閉めていない何軒かの店にランプが燃えているのがみえた。

一一月七日はさし迫った旅行のために必要な種々の用事にあてた。羊、小麦粉、米、卵などを買い入れ、また陳《チエン》とヘルナーが三年前の旅で知りあった男たちから助言を受けた。トゥルファン出身のベグ、アイプ・アフンは二七年間敦煌《トンホアン》で働き、もうひとりのチャルクリク出身のエミン・アフンはやっと三年前にここに安住して商売をはじめた。彼らは、北と西へ行く道については、われわれがハミから安西《アンシー》へ行った道と、砂漠を通ってチャルクリクへ行く道しか知らなかった。このチャルクリクへ行く道はマルコ・ポーロと、その後、最近物故したわたしの友人P・K・コズロフ[*11]が今から四〇数年前にたどった道である。われわれがとりわけ価値を置いている道、すなわちオーレル・スタイン卿やヘルナーと陳《チエン》が利用したロプ・ノールと楼蘭《ロウラン》へ行く砂漠の道、あるいはそれより北の北山《ペイシャン》山脈のなかを通っているかも知れないキャラヴァンの道については、皆目知らなかった。また、現在はごくたまに利用されるか、または全然利用されていない、まっすぐに敦煌《トンホアン》に向かっている道についても、彼らは全く知ってはいなかったが、その道を通ったことのあるトルグート人[*12]のブグラという男を知っていた。残念なことに、その男はいまここにいなかった。新疆《シンキャン》では、郷里の戦乱を逃れようとしてクルク・ターグを経て敦煌《トンホアン》や安西《アンシー》へやってきた避難民、とくに商人たちの言うことには全く価値を置くことができなかった。

われわれはひとりのトンガン人に出会ったが、彼はハミへ行く間道が西寄りにあるのを知っている、と言った。それは敦煌《トンホアン》から北に向かい、それから北山《ペイシャン》を通って北西に進み、さらに北に方向を取ってハミへ行っているということだ。そこにはまた泉や薪《たきぎ》もあるという。アルトゥミッシュ・ブラクやロプ・ノールについて何か聞いたことのあるものはひとりもおらず、またハミや敦煌《トンホアン》またはチャルクリクを経由する以外にコルラやクチャへ行く何かほかの道について知っているものもなかった。

人びとが消息に通じておらず、西方への連絡に欠けているのは当然至極である。この方面には、地上で最も荒涼たる砂漠のひとつ、つまり人間の交通を局限している、神々にも忘れられた土地が広がっているのだ。それ故、敦煌《トンホアン》は袋小路であり、昔の公道の終極点であるが、一方、安西《アンシー》はハミと粛州《スーチョウ》のあいだの通過地である。一九三四年のような戦時には、大きな交通路から離れている町やオアシスがいちばん良いのだ。

だから、われわれの友人でありホストである市長は孤独の人であって、ほんのときたま友人がたずねてくると喜ぶのである。また彼には一層喜んでいい理由がある。というのは、尤《ヨウ》も龔《コン》も彼と同郷、つまり江蘇《キャンスー》の出身なのだ。彼はあらゆる体験や町の動静について、飽くことなく語った。彼の話で重要な問題は、河の水量に関することだった。彼は、疏勒河《スロホ》と党河《タンホ》は数百年前には実に水量が豊富で、カヌーや渡し舟で航行できた、と確言した。以後水量は年々減少したが、それは灌漑がふえたことによるはずはなく、また戦時には農業が衰微するのだからなおさらのことである。

われわれが一〇月三〇日に疏勒河《スロホ》を渡ったとき、幅約三〇メートル、深さ二メートルにえぐられた泥の河床には、わずか半立方メートルの水しか流れていなかった。安西《アンシー》では疏勒河《スロホ》に橋がかけてないが、敦煌《トンホアン》では党河《タンホ》に長さ七五メートルの橋がかけてあり、その一二のアーチは水面から二、三メートル上にある。そのアーチは直径四〇センチの支柱に支えられている。この古風な建造物については、もっとくわしく知る機会がすぐ来るだろう。

一六　北山《ペイシャン》の迷路へ

一一月八日はまた出発の日である。われわれの荷物は全部衙門《ヤーメン》の外庭に持ち出されたが、そこには大勢の人びとがつめかけていて、数人の警官がその野次馬を適当な拒離をおいておさえていた。空は曇り、太陽が薄い霧のヴェールを破ろうと、無駄《むだ》な努力をしていた。頭上に鳩が飛びかい、その尾羽には軽い笛が結びつけてあって、飛んでいるとメロディアスな音を立てた。最初の何日かだけ案内人をつとめることになっていたトンガン人が、まぎわになってやめてしまったので、市長はその代りに西の方の近まわりを知っているという中国人をよこした。

　われわれは内城の東門を通り抜け、鼓楼《ころう》[*13]と外城の南門を通り過ぎて北に曲り、党河《タンホ》にかかっている長い橋に向かった。河床に垂直に打ちこんである橋柱は強力な桁《けた》でできている基台を支え、その上に横梁と頑丈《がんじょう》な厚板が載り、土と砂利でおおってある。乗用車《リムジン》はあぶなげなく渡ったが、トラックは重すぎるので、積荷は全部荷車でむこうに運ばなければならなかった。左岸でトラックに積みなおした。

　いま河は前日よりもはるかに水が多い。敦煌《トンホアン》の近くで、党河《タンホ》から一〇本の水路が流れ出ていて、順番に利用されている。農民がある一定期間自分の水路を使用しようと思えば、他のものは閉じておかなければならない。昨日、橋の上手《かみて》にあるひとつの水路が水量全部を独占したために、橋の下は水がチョロチョロ流れているだけだった。一一月八日は橋の下手《しもて》にある水路の順番に当っていたから、橋の下を全水量が流れていた。

　そしていまや敦煌《トンホアン》との真の訣別《けつべつ》がおとずれた。トラックにはガソリンを一一〇〇リットル積んだ。二台の車を合わせると、一〇キロ行くのに九リットル必要である。最短距離は四〇〇キロ余りである。もし道路がまっすぐで良ければ、アルトゥミッシュ・ブラクへ往復するのに約七五〇リットルで十分だったろう。しかしこの点、われわれは誤算した。コースはうねりくねっていて、道は悪かった。

北西の方向をとって村々を通り抜け、農家や塀《へい》や畑や寺院のそばを走り、並木道を通り、水路を越えた。牛車や馬車に乗った農民や小規模のロバのキャラヴァンに出会った。キャラヴァンは枯れたタマリスクの幹や根を積んでいた。それらを町で薪《たきぎ》に売るのである。ここに羊の群が草を食《は》み、あそこにはひと群のラクダがいた。黒豚《ぶた》が溝《みぞ》のなかを掘りかえし、犬が吠《ほ》え、時折、猫《ねこ》がサッと道を横切った。

道は長い距離にわたって、地面が三メートルも深くえぐられているが、それは荷車の車輪や牛馬の蹄《ひづめ》、また五〇世代もの人間によって踏みしめられて、千年のあいだにすりへったことを物語っている。

ステップ地帯を通過して、向う側にある笆《バー》子《ツ》場《チャン》村に到着した。どこへ行っても、自動車は至るところでセンセーションをまき起した。ここでは、馬や牛もいないのに道を走るような乗物を一度も見たことがないのだから、怪しむに足りない。向うから来る農民たちは仰天して口もきけずに立ちどまり、農家からは人びとが道へ飛び出して、自分の眼を疑った。馬はおびえて積荷を放り出したが、しかしロバと牛はこの未知の驚異を哲学的な平静さで受けとめた。

われわれはいま述べた村——その名は射撃場という意味だが——のはずれの平地にキャンプを張った。人びとはわれわれをぎっしり取り囲んで、この珍しい見世物を見逃すまいとし

砂漠のへりで枯れかかっているタマリスク。

た。彼らはすり切れた、昔は白いこともあった羊の毛皮か、または中国で普通見られる青い服を着ていた。無帽のものも何人かいたが、その他は毛皮帽や頭巾をかぶるか、あるいは簡単な鉢巻《はちまき》をしていた。トンガン人は居らず、中国人ばかりだった。何人かは髯《ひげ》を生やしていたが、これはトルコ種との混血を示すものであった。彼らはわれわれのことを大馬《ターマー》の物騒な一味だと信じていたようだが、中国人の案内人が安心させ、数回交渉したあげく、われわれに薪を売り、炊事《すいじ》用の水を持ってくるようにさせた。夜どおし、荷車がキャンプのそばをギシギシ音をたてて通り過ぎた。それはステップで薪を集め、敦煌《トンホアン》で売って生計を立てている人たちの車だった。

夜、気温はマイナス一〇・一度にさがった。われわれはとがった黄色い草の茂みと、ポツンポツンと立っているタマリスクにおおわれた平坦《へいたん》なステップを進んだ。セラトがカモシカを一頭撃った。草木の生えた低い砂丘を越えて、また党河《タンホ》の広い平らな河床に到達した。水は一滴もなく、やわらかい砂でいっぱいだった。われわれはここで忍耐のかぎりをつくした。二台の自動車は砂の河床にはまりこんだので、むしろを使ってやっと草におおわれた右岸の砂丘まで動かすことができた。もうこれ以上進めないことがすぐにはっきりした。何時間もかかってわれわれはあくせく働いたが、ほんの二、三メートル先に進んだだけだった。しかしとうとう、ラクダ半ダースと牛車二台を伴った人びとがここに通りかかった。こういう地形に価値を発揮するこの輸送機関に荷物を積んで、ここからステップのもっと堅い地面まで運んでもらった。最後に、自動車は砂丘のもぐる砂のところを牛で曳っぱらなければならなかった。

それから、かなりやわらかいステップの道を北北東の方向に進んだのだが、そこは幅のせまい帯状の砂丘によって党河《タンホ》の河床とへだてられているだけだった。黄墩子《ホアントンツ》——黄色の塔——は見捨てられた古い土地の廃墟《はいきょ》だが、そこにふたつの寺院があって、そのひとつには崩れかけた扶壁《ふへき》アーチの玄関が三つあり、もうひとつには僧侶がたったひとりでまだ住んでいる。薪拾い以外、めったに人が迷いこむことのないこの荒れはてた地方に寺院が置かれているのはふしぎなことだ。恐らく宗教上の祭日には信心深い人びとが訪れるのだろう。神仙《シェンシェン》廟《ミャオ》にはふたりの道士が住んでいて、そのうちひとりは居たが、もうひとりは疏勒河《スロホ》つまりここでは北河《ベイホ》——北の河——と呼ばれている河のほとりの寺へ出かけていた。

旧い望楼、尖墩子《チェントンツ》のむこうは植物がまばらで、粘土《ねんど》質の砂漠は一層なめらかで堅くなっていた。カモシカが驚いてかたわらへ逃げ去ることもまれではなかった。この砂漠の道は完全に死に絶えているわけではなかった。ここにはまた時折ラクダやロバを連れた薪拾いが歩いている。

道は北へ向かっているので、西にあるわれわれの目的地アルトゥミッシュ・ブラクからは遠ざかってしまう。西へ分岐する道を探したが無駄だった。市長がつけてくれた案内人はとてつもなく背が高く、不作法な男で、西方の土地に対してどうしようもない恐怖心を抱いているようにみえた。そこには砂と砂利の層以外に何もなく、自動車の通れない地形だ、と断言した。彼は、戦争が続いていて射殺されることもあり得る新疆《シンキャン》へ、われわれがおびきよせようとしているのではないかと心配しているようだった。ともかく、彼は北西と北北東に通ずるふたつの道しか知らなかった。その両方ともに低い峠道を通って北山《ベイシャン》の周縁山脈へと通じているが、うち、前者のほうが後者よりも楽である。ともかく、われわれは西へ曲る可能性を見つけるまでにかなりの距離を北へ進んだ。

砂漠のなかに第一二〇キャンプを張った。ここでは道のほか、人跡は全くなく、寺院も廃墟もなかった。キャンプを張るのは、大キャラヴァンで旅するときよりも、自動車隊のときのほうが簡単である。テント、寝袋、炊事用の箱、旅行者の個人的な日用品等、必要なものはすべてトラックの一番上にしばりつけてあって、投げ落すかまたは注意深くおろす。その仕事で最も敏捷《びんしょう》なのはいつもコックの賈貴《チアコイ》であって、かまどをしつらえ、壺《つぼ》や缶《かん》に水を満たし、火を起こす。そのあいだにエッフェと李《リー》が尤《ヨウ》、龔《コン》、陳《チェン》とわたし用のテントを建てる。テントの中では寝袋をいつもの場所にひろげ、各自の旅行鞄《かばん》をそれぞれの寝袋の枕もとに置く。テントの入口のすぐそばの軽便かまどに火を燃すが、それは実のところ空のガソリン缶で鉄のパイプをテントの入口から出したものに外ならない。ベッドの上であぐらをかいていると、程なく賈貴《チアコイ》がお茶とバター、チーズ、ゼリーを持ってくる。その後、それぞれ日記や観察にとりかかるが、三人の中国人諸氏はその日の道程の地図を作製する。その間、エッフェとセラトとジョムチャは自動車の手入れに没頭する。数時間後に食事が運ばれる。スープと肉料理とコーヒーである。夜、エッフェと二人のモンゴル人は賈貴《チアコイ》と炊事用テントのなかの寝場所について話をきめる。テントのポールから、ガラスで保護した明るいランプがぶらさがっている。われわれのテントで一番あとに寝床にもぐりこむのは勤勉な陳《チエン》である。かまどの煙出しのため、テントは半開きになっていて、その隙間《すきま》はまっ黒な三角形をしているが、白いテントの布地はランプでまばゆく照らされている。明りを消すと、テントの内部は漆黒《しっこく》の闇《やみ》になり、その三角形は星の青白い光にかがやく。そして謎《なぞ》に満ちた広がりが無限と荘厳な沈黙をたたえてわれわれをみつめるのである。

遠くに鈴の音がかすかに聞える。それは強くなり、だんだん近付いてくる。ついにその音は激しさを加え、キャンプのそばを通り過ぎる小キャラヴァンのラクダの歩調に合わせて重々しく鳴りひびく。それから音はまた強さを失い、遠くに消えてゆく。

一一月一〇日朝はマイナス八・七度。空はうす曇りだ。太陽はうす雲を通してひかり、黄色の円盤のようにみえた。北の方に山なみがほのかに浮かんでいた。

むら気な案内人とちょっと相談して、われわれはまず北へ行く道をたどって疏勒河《スロホ》へ行くことにきめた。地面はかなり堅く、荷車の轍《わだち》が深くついている。粘土質の土地では、往々にして北側に落ちこんでいる小段丘がみられる。道は、鬱蒼《うっそう》たるタマリスクのあいだを通るほとんど平らな河床と交差している。ティエンシェンコンはちっぽけな煉瓦《れんが》工場で、作業員用の家が一軒ある。そのうしろの丘の上に、昔は仏像が一体安置されていた壁龕《へきがん》がある。

道があまりにも北東の方へ行きすぎるので、われわれはこの道をやめることにして、タマリスクがかなり密生しているステップを通って北西の方角に向かった。あまり行かないうちに地形は通行不能になった――やわらかくてざらざらし、タマリスクが円錐丘《えんすいきゅう》上にむやみに生い茂っていた。そこで引き返して、北と北西を念入りに探しながら、もとの道を進んだ。

点水《ティエンシュイ》井《チン》の井戸すなわち「滴《したた》りおちる水」はその名に値するものであって、ほんのわずかしか水がなく、それさえラクダの糞《ふん》やほこりや粗朶《そだ》で汚されてだいなしになっていた。しかし、ゆうべ鈴の音を聞いたキャラヴァンがここに留まっていた。それは小麦粉と米を積んだ一九頭のラクダから成っていて、ハミへ向かう途中であった。その案内人はトンガン人だった。われわれがたずねると、彼らもはじめて通ってみることなので、道にはくわしくない、と答えた。安西《アンシー》とハミとのあいだの普通の道を、彼らはあえて利用しなかったのだが、それはしばしば盗賊におそわれるからだった。盗賊のことに通じているわれわれの案内人は、やつらはこの西寄りの道についても、東寄りのと同じようによく知っている、と確言した。

タマリスクが堅い粘土の地面に帯状に散在して生えている。時折、薪拾いの斧《おの》に荒らされて切株だけが残っている藪《やぶ》のそばを通り過ぎた。しばらくすると、粘土の地面も植物も同時になくなって、中くらいの堅さの「ゴビ」すなわち完全に不毛な暗灰色の砂漠の地面が続いた。そのなかに、道がゆるやかに蛇行《だこう》する明灰色の帯のように際立《きわだ》っている。土地の表面は薄い砂利の層でおおわれていて、その下は黄灰色の砂であった。見た目には、砂漠は海原のように平滑《へいかつ》だが、しかしすぐに、それと気づかぬほどに波打つ地形に変りはじめる。北山《ペイシャン》の最南端の連山の輪郭《りんかく》が一段とはっきりしてきた。小さなケルンのところでしばらく停止して西の方を見渡した。最後の夜営地である第一二〇キャンプから、二〇〇メートルも上っている。

われわれはとっくに疏勒河《スロホ》の河床を渡ったのだが、河には特別注意を払わなかった。われわれがティエンシェンコンのところでその上を通り、水の流れた痕跡《こんせき》が全くなかった、あのほとんど平坦な河床こそ、安西《アンシー》で渡った、少ないけれどもとにかく水が流れていて、鋭くはっきりと目立っていた河にほかならなかった。また党河《タンホ》の河床も同じように乾《ひ》上って水が流れていないことが分った。流れる水が最後にこの河床で道を探して以来、長い年月が経ったにちがいない、という印象を受けた。

いまやわれわれは真に岐路《きろ》に立った。まっすぐ西にそれて、古代のシルク・ロードを見届けるべきであろうか。そこをわたしは、わずか一日行程ではあるが、歩いたことがあった。それは一九〇一年二月六日、アチク・クドゥク（敦煌《トンホアン》の西一六五キロ）からトグラク・クドゥクへであって、北山《ペイシャン》の山々を北へ行くコースを取る前のことであった。スタインは一九〇六年から八年にかけての旅行でここを通ったし、ヘルナーと陳《チェン》も一九三〇年から三一年にかけての冬にこれを利用した。わたしが通った一六キロという短い距離は、一部分はラクダが深い足跡を残していた微細な砂塵《さじん》、一部分は砂と気まぐれな形をした粘土の段丘とから成り立っていた。さらに西の方で、ヘルナーは「極めて疎《そ》な沖積層の砂利」の地形を見出した。そのほかに、この砂漠の道は水が非常に乏しいということがある。トグラク・クドゥクすなわち「ポプラの井戸」の水は飲めはするけれども、何ともゆっくり滴っているだけである。

それに対して、山脈の道にはある種の長所がある。ひとつは北山《ペイシャン》の低い山嶺や隆起のあいだに堅くて車の通行に耐えられる土地が見つかる望みがあるし、ひとつは水も期待できる。結局、山脈の道は未だかつてヨーロッパ人が足を踏み入れたことのない、全く未知の土地を通って行けるのではないか、というわけで、その道のほうに心ひかれた。わたしの知っている唯ひとつのルートには、ずっと西の方でぶつかることだろうが、それは一九〇一年二月にわたしが地図を作ったものであった。その時わたしはトグラク・クドゥクからラクダを連れて北山《ペイシャン》の尾根を北に横断し、北緯四一度二九分まで行き、そこから西、南西、西へとアルトゥミッシュ・ブラクに向かって曲って行ったのであった。その時以来三三年が経過したのだが、しかし、砂丘にさまたげられはしなかったこと、地面が比較的堅くてラクダには快適であったこと等を、今なおあざやかに記憶している。

かつて荒々しい冒険へとわたしをしきりにそそのかした、あの昔なじみの魅惑的な「未知の国への希求《デジデリウム・テルラエ・インコグニタエ》」が今度も作用して、山脈の道のほうに決めさせたのだということを、わたしは喜んで告白する。そして、われわれは自動車の通行可能な道を探すために出発したのであって、しかも砂漠の道に対しては正当な不信の念を抱いていたのだから、事態は明らかであった。そこでさしあたり西方への方向転換はせずに、北山《ペイシャン》の麓《ふもと》に向かうコースを保った。

やがてわれわれは山岳地帯に入り、ケルンを標識とした古い道を確実にたどった。道に沿ったひとつの丘の上に望楼があった。左側の山腹には小さな石の壁が築いてあり、もっと大きな望楼があった。石板泉《シーパンチュアン》つまり「岩の泉」は小さな隆起の裾《すそ》にあって、澄明なすばらしい湧水のある、露呈した泉である。大きさは二×一・五メートル、深さは〇・七〇メートルである。ここでわれわれは容器に入っている悪い水をこぼして、新しいすてきな湧水を充たした。

相変らずケルンを標識にしている道が、低い山や小さい峰のあいだを通って、さらに北北西へと向かっている。地面は堅く、勾配はごくわずかで、あちこちに叢《くさむら》が茂っている。やや小さな隆起を越えてから、海抜一五〇〇メートルの砂利の平地にキャンプした。

翌日は低い黒ずんだ尾根のあいだを通って北へ向かう、という行程だった。われわれは地面の堅い広々した谷間をたどって行った。案内人はわれわれの計画にびっくりして、次の峠道は自動車が通れない、と言った。左手にひとつのケルンが泉のあることを示していたが、いまは乾上っていた。しかし雨が降ったあとには水が出る。「通れない」峠道は平らで快適であって、海抜約一七七〇メートル。その北側は広々した眺望が開けていた。幅わずか一〇メートルの隘路《あいろ》を抜けて、闘技場のような谷間に出た。そこにはひからびた刺《とげ》だらけの叢が至るところにあった。荷車の古い轍を見たが、これによって、この道がハミに通じていることは疑いなく、車の通行も可能であることが分った。ケルンはたくさんあって、一度などは同じ場所から九個も見えたほどであった。そこここで古いキャンプの跡を通り過ぎた。そのひとつにラクダの骨があった。山々の相対的な高さは大したことはなく、五〇メートルか高くても一〇〇メートルであった。

次の乗っ越しは高さ一八七〇メートルで、小石を円錐形に積んだかなり大きな堆石がてっぺんにあった。向う側にはまた闘技場のような谷間があって、ぐるりを低い山に取り囲まれていた。雪片がハラハラ落ちてくる。一方、めったに姿を見せない太陽が、時たま砂漠のうえを照らした。寒くて、トラックの上に乗っているものは毛皮を着た。谷のまんなかにタマリスクが何本か生えていた。明水《ミンシュイ》つまり「澄明な水」というのは泉も井戸もない場所のことだが、谷底を掘ると水が得られる。上のほうに、石で造った望楼の廃墟がみえる。

われわれがたどって行く谷間はだんだんせまくなって、とうとう自動車がやっと通れるくらいになった。これはケルンのある乗っ越し（一八〇〇メートル）に通じている。向う側の谷は細長い丘のあいだを蛇行《だこう》している。丘はそれからあとだんだん高くなり円形になって、イルカの背に似てくる。

少し雪が降った。午後には西から激しい吹雪《ふぶき》になってきた。タマリスクの生えているところで、夕方の薪を集めた。雪は自動車の窓に打ちつけ、あたり一面まっ白になって、われわれは完全な冬に取り組まれた。銀世界のなかあちこちに灰黄色の叢が出ているのがみえる。われわれはせまい迷路のなかに居て、眼前の地形がどうなっているのか、見ることもできない。そのため、前進に踏み切る前に、あらかじめ偵察員を出した。風景は、凍結した波頭、尾根、山稜《さんりょう》、峰などからして、荒れ狂う海原に似ている。われわれは二週間前に通ったハミ・安西《アンシー》間の道から、約六〇キロしか離れていない。また、せまい曲りくねった回廊地帯を通ったかと思うと、谷間を抜け、植物が多少生えているやわらかい地面の小さな空地を越え、丘のそばを通って行く。丘の中腹の黒いやわらかい土のうえには、白い石で聖賢の言葉が漢字で書かれている。

この入り組んだ丘の北の麓に到着してから、われわれは案内人が「馬連泉《マーリエンチュアン》」と呼ぶ井戸のほとりに停止した。前のキャンプからこの第一二二キャンプに至るまで、約四〇キロしか走っていなかったにもかかわらず、一日の大部分を費してしまった。通行可能な道をたえず探していたこと、土地がやわらかだったり、または砂利や石でおおわれていたこと、それとともに地図を作製するためにコンパスで測定したこと等が、いつものことながら、こうしたゆっくりした進み具合の言い訳である。

馬連泉《マーリエンチュアン》は侵蝕の裂け目の口にある、直径ギリギリ一メートルの露出した小さな湧水地である。泉の下約七〇メートルのところに井戸がひとつある。深さは一メートルで、その水面は地表より三〇センチ下にある。そこでわれわれはあらゆる容器に八日分の水を充たした。昼のあいだに降った雪はすぐに消えて、陰になった溝や裂け目にだけ白い筋が残っていた。

大胆なわが案内人はひとりで敦煌《トンホアン》へ戻って行く気がしないと打ち明けて、われわれといっしょに居させてくれと頼んできた。その願いを聞きいれてやると、彼は頼まれもしないのにひどく打ち解けて、以前、長年のあいだアヘンの密貿易者であったと話した。誰でも意のままにアヘンを新疆《シンキャン》から甘粛《カンスー》へ輸出することができたが、関税が高すぎるので、間道を利用するほうを選んだ。密貿易者は砂漠のなかで水を発見する術《すべ》に長じているのに加えて、このての道を実に良く知っている。わが李《リー》はハミから南の方角へ、ずっと西にある間道を自身で歩き、馬連泉《マーリエンチュアン》の西にある水の悪い三つの泉のことを知っていた。彼は高価な荷物はラクダに積んで、しかも冬にそうするのが、駄獣が雪どけ水を得られるので、一番好きだった。

マイナス一〇・一度の夜が明けて、一一月一二日は、最初にひとつの谷を通ったが、そこでとうとう北西と西の方向を取って進むことができた。そちらのほうに通じている道はなかったが、すぐに北に通じている古い道にぶつかった。地面は中くらいのやわらかさで、無数の侵蝕溝が刻まれていた。タマリスクや叢が点々とあらわれた。野獣の足跡は見当らなかったが、ラクダや牛馬の糞はよく見かけた。恐らく、ハミと敦煌《トンホアン》間のこの間道を旅した難民か密貿易者のキャラヴァンによるものであろう。われわれは前日に越えてきた山々の麓をたどり、いまはその山々から北に数キロメートル距離を置いていた。山々からは無数の小さな侵蝕溝が北に向かって走っていたが、これらはわれわれの忍耐力をきびしい試練にさらし、徐行せざるを得なくさせた。進行方向の南にある山々のなかに、紅柳《ホンリュウ》泉つまり「タマリスクの泉」という泉があることを案内人は知っていた。

一日行程のうちの最初の数キロを行ったか行かないかというとき、右手の低い丘のあいだにのんびり草を食んでいる九頭のラクダが見えた。新疆《シンキャン》へ行く途中の商人のキャラヴァンか、さもなければその地から来た難民のものだろうと考えて、そのまま進んだ。次の瞬間、数百メートル前方に、ひとりの男が銃を持っているのがみえた。まともな人間ならば決して迷いこむことのないこの地方で自動車の音がするのに驚いて、彼は急に立ち止まり、くるりと向きを変えて全速力で道のかたわらに姿を消した。

南西の丘の上に望楼がそびえていた。われわれはそこへ行きつく前に、道のすぐ右側の丘に半ば隠れて、ボロボロの東トルコ風の服を着た六人の男がいるのを認めた。二人が先込め銃を持っていた。彼らが気づいたとき、われわれはすぐ近くまで行っていた。われわれが小さな峡谷をたどって行ったので、自動車が見えなかったからである。けれども乗用車《リムジン》がすぐあとにトラックを従えているのを目にすると、彼らは驚いて、どうしたらよいか、明らかに決めかねていた。ひとりは飛びあがって東にある手近な丘のあいだに姿を消し、他のふたりは早く走れるようにと毛皮を投げ捨て、北の方に向かって一目散に駆けて行った。残った三人は心が定まらず、そこにとどまってしゃがみこんだ。

われわれは急ブレーキをかけて停車し、その男たちに呼びかけた。「来なさい。話があるんだ」逃げなかった三人がまずのろのろした足どりで乗用車《リムジン》のところへ来た。まもなくあとの三人も戻って来た。最初の男たちのうちふたりはトルコ風の毛皮のオーバーの下に軍服を着ていて、ハミのヨルバルスカン軍の掠奪兵であることは疑いなかった。

わたしがトルコ語で許しかけると、彼らは車窓の前に集まってきた。

「君らは何だね？」とわたしはたずねた。

「ハミから来た猟師でさ」

「野獣なんぞ影も形もないこの砂漠で、一体何を狩るのかね」

「だが、ここには野生のラクダがいまさ。まだ見つけちゃいねえが、北と西で探します。肉がほしくて射つんでさ。ほかに毛皮を取るために狐《きつね》も狩ります」

男たちのひとりが向うへ行き、狐の毛皮を何枚か持ってきて見せた。

「君らは何人いる？　キャラヴァンはどれくらいの大きさかね」

「一一人で、ラクダ一一頭とロバ一三頭」

「仲間はどこにいる？」

「三人がラクダの足跡を探しに西の方にいて、その他のものはこの近くの北にいます」

「キャンプは何処《どこ》だね」

「ここの洮刀水《タオタオシュイ》の井戸でさ」

「ハミからどの道を通って来たのかね」

「洮水《タオシュイ》、孤石《クシ》、オットゥンケサの泉を通ってね」

自動車で西の方へどれくらい行けるかとたずねたら、その方角へは一日行程くらいしか知らず、また道はずっと山道で、車ではむつかしい、と答えた。彼らはゆうべ洮刀水《タオタオシュイ》に着いたのだが、狩りがもし駄目だったらハミへ戻ることにしていた。神も忘れ果てた砂漠にわれわれが出現したので、彼らは奇異に思い、不安の気持を隠せないでいた。彼らは明らかに心にやましいところがあったので、われわれが彼らを探しに来ているのだと心配したらしい。彼らのうち、背が高くがっしりしたトルコ人がわれわれの旅の目的を用心深くたずねた。コルラに通ずる新しい道路を造るつもりなので、地形を調査しているのだ、とわたしは答えたが、彼にははっきり分らず、われわれの真の意図を隠すつもりの言い訳として受け取ったようである。

話が半時間ほど続いているあいだに、尤《ヨウ》はチャンスをつかんで、ハミから来た「猟師たち」の写真をとり、それから互いに不信の念を抱いて別れた。われわれは彼らを盗賊団とみなし、彼らはわれわれを司直による探索の吏とみなしたのである。

叢におおわれ、厄介《やっかい》な深い侵蝕溝に切り刻まれているステップを越えてさらに進み、南方数キロをへだてて左手の丘の上にある望楼をあとにした。われわれは旧い街道、ずっと以前から使われなくなっている道にいて、かなり大きな崩壊したケルンのそばを通り過ぎた。右手の、黄ばんだ葦《あし》と四本の木が生えているくぼ地のまん中に、小さな家かまたは大昔の望楼かも知れない廃墟が見えた。地形は西の方にゆるやかに傾斜していた。第一二二キャンプから二〇〇メートル下っている。地面は完全に不毛で、中くらいの堅さであって、自動車の跡がうしろにくっきりついていた。誰かがわれわれのあとをつけようと思えば、タイヤの跡を見わけるのは雑作ない事だ。谷の幅は半キロと一キロのあいだで変化した。

直径数百メートルの地域に枯死したタマリスクがたくさんあって、その一本一本の根もと

に円錐状に砂が堆積していた。薪は豊富にあった。われわれが盗賊団を驚かせた洮刀水《タオタオシュイ》の

井戸のほとりの望楼がまだ見えた。昔は、この地方をはるかに見下すすばらしい道標の役割

を果していたのである。昔の小径《こみち》が今なおかすかながらもはっきりと地面に刻みつけられて

いる。馬の新しい足跡を二、三度みつけた。不毛の土地のうえを一羽の鷲《わし》が舞っている

——数日ぶりに見るはじめての生物のしるしである。

四五キロ走って、高さ一メートルそこそこのケルンの近くでキャンプした。このような砂漠のなかでは、きっとラクダに踏み堅められているであろう大昔の道すじを取り違えることはあり得ない。谷間の平地がとても狭くて地面が堅く、地形の構造によって侵蝕溝ができないようなところでは、無数のラクダに踏みしめられたこういう小径は非常に長いあいだ地面にはっきり残るものである。望楼や廃墟となった家や丘の上のケルンが、比較的新しい時代に造られたものでないことは確実である。そして疑いもなくこの山地は二千年前も今日と同じく不毛で荒涼として、風化していたのである。道自体も、また道標や望楼も、恐らく楼蘭《ロウラン》が栄え、絹のキャラヴァン——またはともかくその大部分——が、夏期、酷暑にあえぐ下の平坦な砂漠よりも、高くて涼しい山地を歩むほうを好んだ時代の遺物なのであろう。そのほかに、山地のほうがむしろ井戸や泉の水が見つかるということもある。塩分を含んだ水のところも多いが、ラクダには飲めるのだ。これに反して、われわれの通っている道は荷車では通れなかったのである。

第一二三キャンプからアルトゥミッシュ・ブラクまでは四二五キロそこそこで、一九〇一

年にわたしが北へ行った道までは一六〇キロである、とわれわれは計算した。

夕方、キャンプを整えたときに案内人の李《リー》がやって来て、まだ少々驚いていて、われわれが谷間でびっくりさせた一一人の東トルコ人は有名な強盗団だと報告した。彼自身も一度、密輸のキャラヴァンを率いて北山《ベイシャン》を通ったとき、この一団に襲われて掠奪された。わたしが話を交わしたもののうち数人を彼は見おぼえていて、またひとりの男も李のことを認めて、視線が合うと顔をそむけた。彼らの一一頭のラクダはキャラヴァンから掠奪したものであり、彼らはまた盗んだものを山中のどこか——恐らく洮刀水《タオタオシュイ》のすぐ近く——の巣窟《そうくつ》にかくしているのだろう、と彼は確信していた。自分の経験からして、李は彼らが襲撃するときどういう行動を起すかを知っていた。彼らは待ち伏せしていて飛び出し、通りかかるキャラヴァンを停め、新疆《シンキャン》省の税関に勤める者だという口実をもうけて一定の関税を要求する。キャラヴァンの人びとが武装していないことがはっきりすると、彼ら自身は銃を持っているのだから、一定の関税のことなど一言も言わず、値打のあるものは何でも洗いざらい掠奪し、最後にはラクダを取って、身ぐるみ剝《は》がれたキャラヴァンの人びとに、消えちまえ、と命令する。李は、あの盗賊団は洮刀水《タオタオシュイ》のほとりで夜を過ごすことはしないで、急いで立ち去るだろう、われわれが困難な地形にさまたげられてすぐに戻ってくれば、きっと悪事を見破られて厄介《やっかい》なことになりそうだ、とおもんばかるからだ、というが、信じられることだ。

一七　ガシュン・ゴビの砂丘

第一二三キャンプから一一〇〇メートル離れたところに、案内人が駱駝井《ロトチン》つまり「ラクダの井戸」と呼ぶ井戸がある。

一一月一三日朝、龔《コン》はそこへ行って盗賊団のひとりに出会った。その男は、ロバが二頭逃げ出したので自分ともうひとりの男が探しに出ている、と言った。彼らは夕方、自動車のエンジン音を聞いたので、暗闇《くらやみ》に乗じてわれわれのキャンプに忍び寄ったのだ。彼は、われわれが西の方では十日行程も水を見つけることはないだろう、と信じていた。

この井戸はむしろ泉であって、五か所の流出口があり、そこから、いくらか塩気はあるが非常の場合には飲用できる水が滴《したた》っていた。泉のそばにある氷塊の融けた水は完全な真水になった。駱駝井《ロトチン》はわれわれにとって、真に重要な拠点になることだろう。夜の気温は今はもうマイナス一二・一度にさがった。

まばゆいほど澄明な大気、きらめく太陽、墓場のような静けさ！　われわれは丘のあいだですぐに道に迷った。三人の盗賊がわれわれを見張り、一番高い丘陵《きゅうりょう》によじ登っていた。風景はたえず様相を変える。円くなった丘のあいだの小さい谷を通って行くかと思うと、叢《くさむら》やタマリスクが生えている小ステップを走った。より年を経たブッシュは枯れていてとても良い薪《たきぎ》になったが、より若いものはまだ生きていた。前方にふたりの乗馬者があらわれた。彼らはわれわれを見つけると、急いで南の方に姿を消した。われわれは正体不明の追《おい》剝《はぎ》に監視されている様子だ。

地面がやわらかく、トラックはしばしば立往生した。シャベルとむしろはフル回転だった。もっと堅い地面を見つけようとして、北西に進み、開けた地形のところに出た。ここではたびたびラクダの糞《ふん》を見かけ、また野生のロバやカモシカの新しい足跡さえ見つけた。野獣たちはみんな露呈した泉のことを知っているのだ――駱駝《ロト》井《チン》のあたりは足跡だらけだった。

コースは再び西に向かっている。北の方は実に広々として平坦《へいたん》な土地だが、南の方にはかなり低い丘が見える。表面が灰色の微細な砂利でおおわれている、やわらかな不毛の地面を走っているかと思うと、また、雨で洗い流され、大広間の寄せ木張りの床《ゆか》のように堅くて鏡みたいになめらかになっている黄色い粘土《ねんど》層の地点を走るという具合だった。

午後、高さ三メートルの侵蝕段丘のあいだにある幅広い流出溝のところに出た。われわれはこのありがたい河床を何時間もたどって行き、もっとずっと続けて前進できればよいが、と望んだ。地面は西南西に向かって目立たないくらいに傾斜していて、堅くなめらかである。河床からやや離れたところに、また低い丘が隆起していた。

トラックが停まり、セラトが銃を持って飛び降りた。右手に野生のラクダが一頭、のんびり歩いていた。それは急に立ち止まり、頭を高くあげ、一瞬、彫像のように立ちすくんだが、それから北の方に疾走し、雲をかすみと逃げ去った。砂漠の王者が誤まって射殺されなかったことを、わたしはうれしく思った。

五時には暗くなって、コンパス測定のときには懐中電燈の明りが要った。そのすぐあと、一日の行程約六五キロを終えて、われわれはキャンプを張った。最初の数日間は地形が困難だったのでひどくガソリンを食った。第一二四キャンプに復路用として一六〇リットル埋めたから、手持ちは六一〇リットルである。われわれの計画は、二四五キロを二台いっしょに行き、それから適当な場所にトラックを置き放しにして、アルトゥミッシュ・ブラクまでの最後の一〇〇キロを乗用車《リムジン》だけで完走しようというのであった。

一一月一四日も同じようなすばらしい溝《みぞ》のなかの進路を走ったが、しかしその地面は最初の数マイルを過ぎると、せまくやわらかくなってきて、進路は低い丘のあいだを西南西の方向に曲りくねった。丘の色はバラ色で、そこここに黒がまじっていた。山なみはしばしば赤い色調でチカチカ光った。一度、白い珪岩《けいがん》の地点を通過した。

大きな溝はだんだんとあいまいになり、広々した地形のなかに消えていった。トラックが先頭を切って走った。セラトはすぐれた水先案内人であって、土地のけわしさ加減を、彼ほど上手に判断できるものは誰もいない。時々彼の自動車が消えてしまう――すると彼がくぼ地に居るのだと分る。彼が長いこと見えていれば、地面が良い状態だと安心できる。彼が急に停止すれば、どこかやわらかい場所にはまりこんだということが分る。われわれは乗用車《リムジン》に乗って緊張して彼に続いた。そこらあたりに結晶質の岩石すなわち斑岩《はんがん》、片麻岩《へんまがん》あるいは花崗岩《かこうがん》などが堅い岩となって露出していた。円形の段丘のあいだに溝が依然として認められる。その幅は一〇〇メートルから二〇〇メートルのあいだで変化している。ところでわれわれはいま、叢がポツンポツンと生えていて起伏のあるステップに四方を取り囲まれている。ただ南西の方にだけ、はるか彼方《かなた》に低い尾根が見える。われわれのコースは西を指している。その方向に地形はごくゆるやかに傾斜している。

三時半、われわれは約六三キロ走ったが、そのとき溝が突然尽きて、平たい砂丘の下に消えてしまった。トラックははまりこんで動けなくなった。トラックの上から双眼鏡で四方を見張った。至るところ砂、砂、砂で、西も北西も北も砂丘の海原であった。乗用車《リムジン》は通報船のように、通れる道を探さなければならなかった。けれども、そういうところが見つからないので、東へ向きを変え、一五キロ走ったところでキャンプ（第一二五）を張った。われわれは翌日この地点から偵察しようと思った。これが、世界中で最も荒涼たる砂漠のひとつ、ガシュン・ゴビであって、われわれの西方への突進に待ったをかけたのである。

夕方は澄み切って、星が輝き、生命のしるしは全く認められず、野獣の足跡もなく、植物はテントのまわりにあるなけなしの乾いた叢以外には何もなかった。砂漠は四方に偉大な謎《なぞ》を拡げていた。

一一月一五日の北と南への偵察行は何の収穫もなかった。前日の恵み深い溝は人を欺《あざむ》くものだということがはっきりした。そして、ガシュン・ゴビへ入りこんだために大量のガソリンを消費してしまった。

野生のラクダが六頭見えたが、そっとしておいた。時折、乾《ひ》上って雪のように白い小鹹《かん》湖を通り過ぎた。野生ラクダに踏み固められた小径《こみち》を何度も見たが、それらは砂漠の船であるラクダだけが知っている泉に通じているのだ。ここには、有機的生命の痕跡《こんせき》はない。

われわれはもとの轍《わだち》のところへ戻った——地面に深く刻みつけられたこの謎めいた溝、人里離れた彼らの郷里に現れたごく新しい未知の線を、野生ラクダはあえて横切るだろうか。彼らはあらゆる石、あらゆる丘、高みのあいだのあらゆる流出溝を心得ているが、しかし、タイヤの跡は今までに見たこともなかったものだ。このしるしは何を意味するのだろうか、塩気のある泉に向かう彼らを捕えようとするわなか陥穽《かんせい》なのだろうか。

われわれは、周縁山脈の南で西に向かって新たに突き進もうという意図をもって、われわれ自身のタイヤの跡を東へ引き返して行った。第一二四キャンプで、ここに残しておいたガソリン缶《かん》をまた掘り出した。その上で夕闇と暗闇のなかを駱駝井《ロトチン》への道のりを進んだ。今度は地図を作るためにたえずコンパス測定をくりかえして時間をつぶすということがなかったから、速く進んだ。

気温はさがり、夜の最低気温はマイナス一三・七度だった。冬が迫っているのだ。

一日分の食糧を持って、尤《ヨウ》とわたしは乗用車で、今回は第一二六キャンプである駱駝《ロト》井《チン》の井泉を出発して、南方の山脈へと向かった。われわれは連続した丘陵を通り、ケルンの目印があるはっきりした道をたどって、西から東へと走っている縦谷を横切った。それから低い隆起と峡谷が続くので、何ともめちゃくちゃな地形である。見晴しのよい高みには、すべてケルンが立っている。盗賊団の乗馬者が何人か通った跡がある。一群のカモシカが逃げて行った。野生のラクダとロバの足跡はみんな西に向かっているが、きっとどこかに露呈した泉があるのだろう。

全く不毛の平地で、われわれは旧《ふる》い道を見失った。あちこち探したあと、またケルンを見つけたが、それはせまい石だらけの谷間を指し示していて、その谷間は南と南東の方角に行き、赤い花崗岩と黒い斑岩からなる尾根にある高さ一八五〇メートルの峠に通じている。谷はそこから先は通れないので、われわれは平地に引き返し、夕方おそく、また駱駝井《ロトチン》に戻った。

こうして、この二回目の前進も得るところなく終った。けわしい岩壁のあいだのせまい谷間は乗用車《リムジン》ですら通り抜けられないのだから、ましてトラックでは行けるはずがない。われわれはすでに通って来たルートと、駱駝井《ロトチン》からアルトゥミッシュ・ブラクと安西《アンシー》までの距離を地図でたしかめた。なにしろ、北山《ペイシャン》の山岳地帯の内部に関して地図は空白なのだ——一九〇一年にわたしが通ったルートは例外だが。そこで尤《ヨウ》が翌日トラックで安西《アンシー》に戻ることにきまった。彼はエッフェ、セラトと召使の劉嘉《チウチア》とに加えて、たった今解雇したばかりの案内人李《リー》を連れて行くことになった。二七〇〇リットルのガソリンを取りに行き、イエオリがエズル・フォード[*1]に積んでわれわれのところへ輸送することになったのである。食糧品の貯えも、羊、卵、パン、砂糖その他たくさんのものを補充しなければならなかった。

未知の土地に旅して、しかも根拠地が全然ないばあい、食糧、水、ガソリン、オイルが必要なのはたしかなことである。けれども、もうひとつ別のものも必要であって、それがなければ他のものすべてが無価値になってしまう――すなわち忍耐、それも天使のような非常な忍耐強さである。

尤《ヨウ》とその一行は一一月一七日にわれわれを後にしてまっすぐ東へ向かい、ハミ・安西《アンシー》間の大きな道に面した紅柳園《ホンリウユアン》の村と泉へ行き、そこから南東に方向を変えて安西《アンシー》の町へ行くのである。エンジンの轟音《ごうおん》が彼方に消えたとき、彼らの帰りを待って駱駝井《ロトチン》に残っているわれわれとしては、忍耐をほんとうに痛切に必要とした。

龔《コン》と陳《チェン》とわたしはいつものテントに住み、賈貴《チアコイ》とジョムチャと李は炊事《すいじ》用テントに住んだ。わたしは尤《ヨウ》に五日の日数を与えておいた。だから一一月二一日の日暮れに、彼はイエオリを連れて、いつもエズルと呼んでいるトラックにガソリンを積んで戻って来るはずだった。彼は安西《アンシー》で出す郵便と電報を持って行って、外界のニュースを持って来ることになっていた。われわれがいないあいだに何が起っているか分らなかった。ことによると、即刻南京《ナンキン》へ帰還せよという命令が来ているかも知れないし、そのために、われわれが探しているロプ盆地《ぼんち》への新しい道は今まで通り知られないままになるかも分らない。

龔《コン》と陳《チェン》とわたしはテントに戻った。ストーヴに火がパチパチ燃えていた。いつものようにわれわれは地図を研究し、距離を算定した。それからわたしは書きものと読書をするために乗用車《リムジン》の中に坐った。わたしは荘厳な沈黙と砂漠の驚くべき静寂に包まれた。ただ南の微風が、自動車についているスウェーデンと中国の小さな国旗をはためかせた。未知の国《テラ・インコグニタ》が四方に広がっていた。ここにはまだヨーロッパ人はひとりも立ったことがなかった。西の方にはわれわれ自身のルートが一一五キロ、ガシュン・ゴビがわれわれの行手に打ち立てた砂の障壁のところまで伸びているだけである。砂がわれわれを打ち負かしたのだが、そこから南の方で新たな前進をしなければならず、しかもそれを成功させなければならないのだ。ここで、内陸アジアの地図に最後に残った空白地点のひとつを横断することになるのだ。われわれ以前には誰もここへ来たものはない。盗賊団ですら、駱駝井《ロトチン》より彼方に身をひそめたことはない。地平線が丘のあいだに平らな線を伸ばしている西方に、未知の国に通ずる門が開いているように思われる。われわれが引き返した地点から、一九〇一年にわたしが通った、空白地点を横断する唯一のルートで、まだ五〇キロもある。

気温は一日中零度以下であって、日没後すぐに寒くなった。八時にはもうマイナス一一・五度で、一一月一八日にかけての夜、寒暖計はマイナス一七・四度を指した。この日もまた水晶のように澄明になったが、ただはるか南、丘の上に薄い白雲がただよっていた。われわれのキャンプは地殻《ちかく》の巨大な円盤、すなわち存在する中で最も荒涼たるもののひとつの中心点である。

一一月一九日朝、南方の丘を越える通行可能な道を見つけるために、陳《チエン》と龔《コン》にジョムチャを運転手として乗用車《リムジン》で小偵察行をさせることにきめた。そこはわれわれが三日前に前進しようと試みて失敗したところである。

いま、キャンプにいるのは賈貴《チアコイ》と李《リー》とわたしだけだった。探検隊は四方に散り散りになった。イエオリとふたりの召使は安西《アンシー》にいる。尤《ヨウ》とエッフェとセラトと劉嘉《リウチア》は、まさにその町へ行く途中だし、龔《コン》と陳《チエン》とジョムチャは南へ偵察に行っているし、われわれ三人は駱駝井《ロトチン》の井戸のほとりにいる。

一二時三〇分に賈貴《チアコイ》と李は空のガソリン缶を背負って井戸へ水を汲みに行った。この目的のために、彼らは一段と深いくぼ地に新しい井戸を掘っておいたのだ。というわけで、わたしはキャンプにひとりぼっちになり、犬のタギルが居ればよい、と思った。この犬はウルムチを出発するとき、困難が迫っていると感じて脱走してしまった。墓場のような静けさが支配し、ただ風がそよぐばかりで、生物の気配は全くなく、空の下には鳥一羽すら見えなかった。

一時ほんのちょっと過ぎ、近くの丘で視界がさえぎられている井戸のほうから、銃声が三発続いて聞こえた。盗賊団だ！　とわたしは思った。彼らは、われわれの何人かがトラックで東へ行ったのをかぎつけたのだ。さらに続けて探検隊員が乗用車《リムジン》で南へ行ったのを、彼らは見張りを通じて確認したのだ。そして最後に、残留者のなかからふたりの男がキャンプを出たのを認めた。このふたりを襲っておけば、続いてテントにいる最後のひとりをやっつけるのは簡単なことなのだ。

わたしはピストルを抜いて、手近かな丘に登り、双眼鏡で偵察した。何も見えないし、何も聞えない。わたしはテントで仕事を続けた。半時間後、ふたりの若者は水を汲んで帰って来た。彼らだったのだ、彼らが野生のロバに向かって発砲したのだ。

それから長いこと経って、龔《コン》と陳《チエン》とジョムチャがドライヴから戻って来た。彼らは通行可能な堅い地面を、南西の方向に八〇キロ進んだ。見つけた道がトラックにも可能であると彼らは保証した。

一一月二一日は、わたしが尤《ヨウ》の自由に任せた五日目、つまり最後の日であった。けれども、その翌日が丸一日過ぎ去っても、彼から何の音沙汰《おとさた》もなかった。彼が帰って来なかったら、どうしたらよいだろう。あと何日かして帰ってこなければ、何かが彼の身にふりかかったのだ。恐らく彼は安西《アンシー》の当局に抑留されているのかも知れない。イエオリとふたりの部下と「エズル」を人質に取ることで、われわれに対しては十分じゃないか。安西《アンシー》の市長も敦煌《トンホアン》の市長も、われわれに三人の護衛兵をつけるとあくまでも主張したのだが、しかしわれわれは自動車の積荷が重すぎて、もうこれ以上載せられないと頑固《がんこ》に断ったのである。いまは出かけてから二〇日も経つし、われわれが何をもくろんでいるか、誰も知ってはいない。尤《ヨウ》とエッフェとセラトが抑留されたとすれば、残りの探検隊員もまたやむなく帰らざるを得ない。

西の地平線は真紅に燃え、東の霧の中から満月が白銀にかがやいて昇った。一方では、この豪華絢爛《けんらん》と暖かみのある燃えるような色彩の幻想的な豊かさ、他方では、冷たい静まりかえった銀のかがやきをまのあたりにすると、人は、砂漠の貧困さとも和解するのである。けれども、西方の燃えたつような色調はすぐに消えゆく燦原《りょうげん》の火のように色あせ、ただ月だけが風雨にさらされた丘の上にかかっていた。

われわれはテントの中に坐って雑談していた。ちょうどランプを消そうとしたとき、陳《チェン》が叫んだ、「自動車だ！」そして外へ飛び出した。それ来たぞ！　トラック一台だけ。悪い兆候だ！　イエオリもいっしょで、「エズル」を持って来るはずだ。多分、南京《ナンキン》の命令で、われわれ全員が帰らなければならない、という指令を尤《ヨウ》が持ってきているのかも知れない。

旅行者たちが飛び降りた。尤《ヨウ》とエッフェとセラトと召使のサンワッツとモンゴル人のチョクドゥンである。さてこれで一一人が駱駝井《ロトチン》の井戸のほとりの高みに集まった。イエオリと劉嘉《リウチア》だけが欠けていた。

「安西《アンシー》では異常なかったかね」とわたしがたずねると、尤《ヨウ》が答えた。

「万事とてもうまくいっています」

「イエオリとエズルはどこ？」

「イエオリは自動車を暗闇のなかで危険にさらす気になれなかったのです。それでぼくたちは別れたのですが、明日には来ます」

テントの中で、尤《ヨウ》はニュースをたて続けにまくしたてた。新疆《シンキャン》に新たに戦争が起った。東トルキスタンは盛世才《ションシーツァイ》に対して反乱の状態にある。われわれは間一髪のところで逃《のが》れた。もう一日待っていたら、どのくらい長く動きがつかずにいるかわからなかったろう。馬仲英《マーチュンイン》つまり大馬《ターマー》のことは誰も知らなかったが、しかしコータンに居ると思われていた。トンガン人の兵士二個師団編成の軍隊が、西方、安西《アンシー》と新疆《シンキャン》に向かって進んでいるという噂《うわさ》だった。われわれはシルク・ロードで彼らと出会って、四度目に、そして今度は永久に自動車をなくすことになりそうだった。われわれが指揮下にある南京《ナンキン》の鉄道部長顧孟餘《クーモンユー》は、計画の遂行をわれわれの裁量に任せる旨《むね》打電してきた、等々である。

そういうわけで、テント内の気分《ムード》はすばらしく、数えきれないほどの質問と答えが交錯した。そして尤《ヨウ》が外界から持ちこんできたニュースは無尽蔵のようだった。計画を慎重にねりあげるのに丸一日かかった。

晩九時に数キロ離れたところから強い爆発音が聞えた。イエオリが襲われたのか、彼のガソリンが爆発したのか、あるいはただ単に岩が落ちたのだろうか。エッフェは銃とピストルを用意するように勧《すす》めてくれた。けれどもそれ以上不審な音は聞えず、夜はおだやかに更けていった。乗馬者や馬の足跡が、このあたり、特に自動車の轍の中にあるのをわれわれは認めていた。尤《ヨウ》とエッフェとセラトは、われわれが洮刀水《タオタオシュイ》で出会った盗賊団がたくさんの旅人を殺し、そのキャラヴァンを掠奪《りゃくだつ》した、ということを安西《アンシー》で耳にしていた。

一一月二二日も丸一昼夜、イエオリから何の音沙汰もなしに過ぎた。二三日の午前になっても姿を見せないならば、何かが彼の身にふりかかったに違いない。最後の瞬間に抑留されたのか、それとも途中で車軸《しゃじく》を折ったのだろうか。彼はもう二四時間も遅れている。わたしは尤《ヨウ》とエッフェとジョムチャを連れて、自身で偵察に出かけることにきめた。乗用車《リムジン》の用意を終え、毛皮とわずかな食糧品だけを持って行った。

一一時二〇分に出発した。今度は地図の作製に時間がかかることもなく、以前のタイヤの跡をたどって、洮刀水《タオタオシュイ》の盗賊の井戸に早く着いた。今度は誰もいなかった。われわれはラジエーターの水を汲むためにちょと停まった。すがすがしい風のなかに湯気がラジエーターから立ちのぼった。二時間後に馬連泉《マーリエンチュアン》の泉に着いた。この泉の名は、暇を出した案内人から聞いた。洮刀水《タオタオシュイ》のほとりにはひどく風化した花崗片麻岩があったが、馬連泉《マーリエンチュアン》のほとりにはきめの粗《あら》い黄白色の大理石があった。照壁井《チャオビーチン》はひとつの井戸とひとつの露呈した泉で、葦の原と叢で囲まれている。そこから四メートルの深さにえぐられた河床をたどり、無数の流出溝とタマリスクが小さな森のように生えている平地を横切った。

太陽は血のように赤く沈んで、大地の影が東の地平線にくっきりと際立《きわだ》って浮かんだ。われわれがハミ・安西《アンシー》間の街道上にある大泉《ターチュアン》の泉から一〇キロそこそこのところにさしかかったとき、闇は濃くなっていた。ここでエッフェはスピードを落して言った。「人がふたりいる！」しめた、盗賊ではない、何故なら、いま「エズル」も暗闇のなかに見えたから。

われわれはイエオリと劉嘉《リウチア》のところに二、三時間いたのだが、彼らは不運に腹を立てて、気も狂わんばかりだった。エンジンのベアリングがいくつか焼きついたのだ。それは二一日の朝起った。だから彼らはここに三日居たので、食糧は底をついてしまった。セラトの車にある工具がなければ故障を直すことはできなかった。一一月二〇日夜、イエオリが安西《アンシー》からセラトについてきていれば、故障はすぐに直すことができただろう。夜の暗闇を嫌ったばかりに、彼はここで途方に暮れ、工具ともわれわれのキャンプとも遮断《しゃだん》されたのだ。彼はちょうど劉嘉《リウチア》をわれわれのところへよこそうと決心したところで、この若い中国人ならばこの距離を強行軍して一五時間で歩いただろう。

われわれは二時間留まっていて、持っていたわずかな食糧をイエオリに渡し、彼の必要としている救助物資を駱駝井《ロトチン》のキャンプから取って来るために、来たときと同じ道を引き返した。車の中は寒くなり、八時にはマイナス九度になった。その夜の最低気温はマイナス一六・三度になった。

馬連泉《マーリエンチュアン》で水を汲むためにしばらく停まった。藪《やぶ》の中で何人かの男が話しあっている声が聞えた。われわれは月明りのなかを探したが、彼らは影のごとく消えうせた。

さらに進んだ。ヘッド・ライトをつけた。その鋭い光の中に、タマリスクが白い幽霊か妖《よう》怪《かい》のように暗闇からあらわれた。エッフェは、小さな丘のてっぺんから男が頭を出した、と言った。あっ、それは単なる道標だ。

一二時間を走って駱駝井《ロトチン》のテントに到着したときは、夜の一時を過ぎていた。みんなぐっすり眠りこんでいたので、警笛を鳴らして起さなければならなかった。それから食事をした。明けがたの四時まで眠らずに長々と相談したが、その間、外では冬の寒気がバリバリと音を立てていた。

一八　野生ラクダの故郷を通って

一一月二四日、二台の自動車はイエオリが難破した場所に向けて出発した。セラトとチョクドゥンはトラックで、尤《ヨウ》とエッフェとジョムチャは乗用車《リムジン》で行った。駱駝井《ロトチン》に残留しているわれわれとしては、待つという新たな忍耐の試練が始まったのである。

夜は零下一八度だった。二五日の死者慰霊日は輝くばかりの澄明な空とともに明けたが、午後になるとごく薄い雲のヴェールでおおわれた。[1]

夕方六時に炊事《すいじ》用テントから叫び声が聞えた。「東にライトが!」セラトとチョクドゥンがガソリンを持って「エズル」から戻って来たのだ。尤《ヨウ》とエッフェはイエオリのところに一時間居ただけで、それからさらに安西《アンシー》へと旅を続けた。セラトとジョムチャはイエオリの修理を手伝った。それからジョムチャは、命ぜられた通り、われわれの到着を待つために安西《アンシー》へ行った。

二六日に龔《コン》は重要な偵察旅行の途についた。同行者はセラトとサンワッツとチョクドゥンだった。彼はガソリンの半分、飲料水四缶、自動車用に塩分を含んだ水六缶、食糧品二週間分、テント、寝袋を持って出かけた。五日間出かけている予定だった。今度は陳《チエン》とわたしと賈貴《チアコイ》と李《リー》の四人がキャンプに居た。あとのふたりは毎晩塩分を含んだ井戸水を戸外に置いて凍らせ、朝になると氷を取って、お茶やスープに使った。

一一月二七日にかけての夜にはマイナス二三・八度になった。ちょっとのあいだ戸外にいるだけで、身を切るような西風に指はこわばり、ストーヴが恋しくなる。駱駝井《ロトチン》に長く留まっていると、少なくとも海抜一三五〇メートルという高度の持つ、極めて確実な価値が感じられる。アルトゥミッシュ・ブラクでわたしが三三年前に測ったら、一〇三三メートルであった。だから、地形は大体において西に向かってゆるやかに下がっている。

われわれは大忙しだ。陳《チエン》は一分たりとも手を休めてはいない。彼は観察を集計したり、気象の観測をしたり、われわれのルートの地図を作ったりしている。わたしは記録類を整理している。

一一月二八日の朝五時半、わたしは自動車の音で目を覚まして、陳《チエン》を起した。明りをつけた。尤《ヨウ》が入ってきて、おくれてエッフェもあらわれたが、彼はラジエーターの水を抜いてきたところだった。賈貴《チアコイ》が旅行者のために朝食を用意し、李がストーヴを焚《た》きつけているあいだに、尤《ヨウ》はまた安西《アンシー》では平穏無事だと報告した。彼はわたしの故郷からのうれしい電報も持ってきてくれた。

イエオリとしては、今度もまた不毛の山々へわれわれといっしょに行けなくて、あてがはずれたことだろう。けれども、一一月二一日にエズルのエンジンのベアリングが演じたいたずらは、われわれに警告を発し、用心するように命じたのである。一般的に言って、内陸アジアの地形には八気筒の一九三四年式よりも、四気筒のフォード・トラックのほうがふさわしいことを、われわれは経験していた。この車が、もしロプ・ノール低地へ進んでいるときにもっと重大な災難に遭ったとしたら、永遠に置き去りにせざるを得なかったであろう。安《アン》西《シー》から西安《シーアン》[*2]への帰途、この車は何回もくりかえして不快ないたずらをしたが、それでもなお、無事北京に着き、一九三五年の晩秋、イギリス公使館書記官エリック・タイクマン卿[*3]の自動車旅行に参加するという栄誉を荷なった。この旅行は、われわれのあとをたどって、ゴビを通ってハミへ行き、さらに古城子《クーチョンツ》[*4]、ウルムチ、コルラを越えてカシュガルへ行く、というものであった。エリック卿もわれわれと同様、フォード車を「丈夫で速く、馬力があって頼りになる」と認めて、こう付け加えている。「最も強い自動車だけがゴビ砂漠という重荷に耐えられる——その際、通らなければならない長い道のりの状態を、確信のもてるように見ておかなければならない」

綏遠《スイユアン》＊5からカシュガルへの四五五キロの道には三八日かかった。出発にあたってエリック・タイクマン卿は、われわれや他の多くのゴビ旅行者と同じく、イエオリ・ゼーデルボムから貴重な援助を受けた。タイクマンは自分の自動車旅行とわれわれのそれとの関係についてこう言っている。

「荷物の輸送には、新しいのと旧《ふる》いのと二台のフォード・トラックを使った。旧いのは昨年スヴェン・ヘディン博士の探検ですでに数千マイル走っていた。旧い車はあちこち機械の故障を起して、とうとうカシュガルの手前一〇〇〇キロのところで放棄しなければならなかった。新車は優秀な状態で旅の終着点に達し、中国国境からカシュガルまで完走した最初の自動車という名声を得たのである。新しい自動車だけがゴビ旅行の諸要求に堪えうるのだ、というのが教訓である。わたしの部下のうち現地人が六人、そのなかにヘディン博士の最後の旅行に同行したふたりのモンゴル人自動車技術者がいた。そのひとりは、イエオリ・ゼーデルボム氏が帰化城《コイホワチョン》であっせんしてくれた人物、モンゴル人のセラトであって、この上なくありがたい働きをしてくれた。セラトは旅行全体を通じて、わたしの右腕であった。若い頃ラーソン氏に仕えたのをふり出しに、彼はその生涯を、内外モンゴルを縦横に歩きまわって過ごした。続いてヘディン博士とともに新疆《シンキャン》へ二度探検に出かけ、いまやモンゴルと中国領トルキスタンの自動車旅行の道と実際的な細目に関しては、他の誰にも増して自負することができよう……」（「ジェオグラフィカル・ジャーナル」、一九三七年四月号。一九六ページ以下）

セラトに対するこの高い称賛は、決して大げさではない。すでに一九二八年、彼は忠実な勤務によってスウェーデン国王から金メダルをもって表彰されたことを、わたしはすでに報告しておいた。アジア人とヨーロッパ人とを問わず、内陸アジアとくにモンゴルの道に関する知識では、後に比肩しうるほどの人物をわたしは知らない。

＊

一一月三〇日はカルル一二世[*6]が薨去《こうきょ》されてから二一六年目に当る。わたしはこの日を記念して、尤《ヨウ》と陳《チエン》にこの王の話をした。彼らは王の運命を伝説めいたものと思い、この話からかつてトルコ人やアジアのイスラム世界が受けたと同じような強い印象を受けた。

仕事と相談と待機とで、その日は暮れた。龔《コン》とセラトは五日間留守にすることになっていたが、一一月三〇日がその五日目であった。彼らは西方ロプ・ノール低地への通行可能な道を探るように委任されていた。

三時近く、自動車の音が聞えたので急いで外に出た。セラトとチョクドゥンがトラックで龔《コン》の手紙を持って帰って来た。龔《コン》は手紙でこう報告している。ひどく困難な地形を越えて南西と西へ約一六〇キロ行って、ひとつの低地にまで前進し、そこを掘って水を見つけた。そこからさらに二二キロ前進したが、ついに越えがたい砂丘にはばまれた。そこで「龔井《コンチン》」つまり龔《コン》の井戸と名づけた新しい井戸へ引き返した。龔《コン》とサンワッツはそこに残ったが、セラトとチョクドゥンはわれわれのところへ帰ってきた。手紙の中で龔《コン》は、龔井《コンチン》から出て西に向かうもっと南寄りの道を探すために、大至急来てほしいと頼んできた。

一二月一日早朝、また全部のものを荷作りして積みこんだ。すべての積荷を一台のトラックにおさめることなど、とてもできないと思われた。ここにガソリン缶、食糧品の箱、荷物の箱などが絵画的な無秩序さでずらりと並んでいるかと思うと、むこうにはぐるぐる巻きにしたテントや寝袋が置いてある。また氷をつめた袋や飲料水の缶の置き場所もつくらなければならない。自動車の積荷はきっと二トン以上だったろう。

いま手許《てもと》には約一一〇〇リットルのガソリンがある。龔《コン》のところには約五〇〇リットルある。復路用のガソリンを貯えて残しておくということは、同じ道を帰るかどうか分らないのだから、危険すぎるような気がした。余った四個の空缶には砂をつめて道標にした。多分この「石塚」は案山子《かかし》にも似て、駱駝井《ロトチン》に水を飲みに来る野生のラクダやロバに疑惑と恐怖の念を起させることだろう。しかし今後盗賊団がこの場所に来るようなことがあれば、わが記念碑は安泰に立ったままではいまい——ブリキの缶は水を運ぶのに使うと便利なのだ。

正午過ぎてしまってから出発して、井戸のそばを通り過ぎると、氷片がちらばり、日光を受けて光っていた。この地方にはおびただしいラクダの踏み跡が入り乱れていた。これらの踏み跡のひとつをたどって南西へ行った。ここにもかなり旧い道が走っていて、見晴しの良い高みに作ってある多くの標石で示されている。

堅い岩とか明るい色の花崗岩《かこう》はほとんど現れず、そこここに白い斑点《はんてん》のある石英が登場した。小さな谷を通り、平たい丘を越えて走って行くと、ところどころ小さな平地でさえぎられたが、これはかなり粗《あら》い角のとがった、直径二センチほどの砂礫《されき》が、ごく微細な砂か塵《ちり》の低層の上に均等にばらまかれているというものだった。前方に太陽がきらめくダイアモンドにも似て沈んで行き、夕焼けの光が無言の砂漠を照らしていた。一般にこの地方は完全に不毛だが、乾《ひ》からびた叢《くさむら》やタマリスクが丘の上に生えているところがたくさんあった。こういう土地に第一二八キャンプを張った。地図によればたった二六キロしか走っていない。やわらかい凹凸《おうとつ》の地形で時間がだいぶかかってしまったからである。テントの上にはオリオンがきらめき、夜の静寂をさまたげる物音は全く聞えなかった。

翌日は、高さ二メートルの河岸段丘のあいだにある幅一〇〇メートルの溝《みぞ》が、南西に向かうすばらしい車道となった。地面はたたきのように平らだ。またふわふわした淡黄色の砂塵のうえに、砂礫が数センチの厚さで信じられないほど均等に分布していて、そこに偵察行のタイヤの跡が深くついていた。この黒と白の砂礫はほとんど幾何学的な厳密さで地面の上に散在していて、これらが互いにくっついているようなことはめったに、あるいは全くない。

地面の形状と性質とを研究したヘルナー博士ならば、何故重くて堅い砂礫が細かくて軽い砂塵のなかに沈みこまないで、コルクが水に浮かぶように表面にただよっているのか、という質問に答えてくれることができるだろう。

左手数キロの距離に再びうっすらと山脈があらわれ、近づくに従ってはっきりしてきた。

時折、地面は低い波状になって、腹立たしい厄介《やっかい》な小溝が通っている。溝と溝との間隔はわずか数メートルに過ぎない。自動車は波間のボートのように揺れ動いた。ふたつの溝のあいだが二〇メートルもあると、のんびり落ち着くような気がする。南から北に向かって傾斜している。右手は淡く明るい色調の低い丘が隆起し、一方、南の山脈はほとんど黒である。エリック・ノーリン博士はわたしが持ち帰った岩石の標本を調査し、この地域の山々は、板岩性が強い結晶状の石灰岩と大理石から成り立っていることを確認した。

七四キロ走ってから、タマリスクの薪《たきぎ》がある場所に第一二九キャンプを張った。

大陸性の寒気をともなう冬が始まりつつあり、すべての海から遠い大きな大陸の心臓部にわれわれは居るのだが、別に凍える寒さをこぼしたくなるようなわけもなかった。一二月二日から三日にかけての夜はマイナス一四・六度だったが、決してわれわれの妨《さまた》げにはならなかった。冬はわれわれにずっと親切であって、嵐がもうもうたる砂塵や飛砂で苦しめたことなど、ただの一度もなかった。

恵み深い溝のなかを、今まで通り前進した。溝は南西、つまりわれわれの進路の方向に傾斜し、幅は四〇メートルから一二〇メートルのあいだをたえず変化し、両側は高さ三メートルの段丘であって、そのそばに風化した丘や嶺が隆起していた。ここは海抜一一二〇メートルで、ロプ・ノールよりも三〇〇メートル高い。

あたり一帯は死の国であった。野獣も足跡もなく、孤独に死ぬためにここへ帰ってきた老いぼれた野生ラクダの頭蓋骨《ずがい》ひとつさえない。溝のあちこちに乾からびた叢がある。枯死しているように見えるが、局所的に驟雨《しゅうう》が降れば、数週間は蘇生する生命の火花を今なお内蔵していることだろう。

南南東に三つの山脈の嶺々が見分けられるが、その一番近いものはとても低くて、われわれがたどっている谷の境界をなしている。他方、一番遠いのは非常に高く見え、薄くあっさりした色調で際立っている。これは明らかに北山《ペイシャン》山系の南にある最も外側の周縁山脈であろう。この谷は先のほうで暗灰色をした斑岩の岩壁を横切っている。この岩壁は凍結して砕《くだ》けたので、断面は新しく、ぼろぼろに風化してはいない。その後、黒い小さな山の脊梁のあいだを通り抜けたのだが、丘や溝や峠などが全くの迷路をなしていた。ここには、粒状の角《かく》閃《せん》石とならんで、ひどく分解して微粒状になっている片麻岩がある。はるか南に、あたかも淡い予感のように、蜃気楼《しんきろう》――嶺に雪を頂いた連山の輪郭《りんかく》が認められた。それはチベット北東の周縁山脈であるアスティン・タークであって、われわれからは一九〇キロもへだたっている。われわれはふたつの山系のあいだに介在する砂漠圏に眼を走らせた。そこには人間は全く居住せず、野獣や植物もごくまれである。この地帯のなかに、疎勒《スロ》河《ホ》の最後の流出口が消えて行き、砂漠が、わたしが一九〇一年二月に横断したクム・タークつまり「砂の山脈」

が広がるのである。
赤と黒の岩のあいだを通って、われわれはもうひとつの、あまりはっきりしない谷間をたどった。それは徐々に広くなって、起伏のある平地へと移行した。その彼方《かなた》は丘で限られていた。

五三キロ走って、龔《コン》とサンワッツが待っているところに着いた。再会と、もうこれ以上荒地にさびしく残る必要もなくなったことを喜んで、彼らは飛び出て来てわれわれを迎えた。キャンプの北一キロのところに、龔《コン》の掘った井戸、龔井《コンチン》があるが、それはタマリスクと葦《あし》の生えたくぼ地である。ここに第一三〇キャンプを張った。海抜一〇五〇メートル。ロプ・ノールより二三〇メートル高く、第一二九キャンプより二七〇メートル低い。

井戸水は塩分を含んでいるが、一度凍ってそれから融ければ完全に飲めるようになる。最初の二八センチは塩分を含んだ砂塵の層で、さらに二〇センチの砂、その下に堅い輝緑岩と輝緑玢《ひん》岩が続く。この新しい井戸は深さ三四センチである。

持ってきた地図の資料に基づいて、第一三〇キャンプからアルトゥミッシュ・ブラクまでは三一〇キロ、安西《アンシー》までは三七五キロと算定した。一九〇一年にわたしが通った、北に走っているルートに至るまで、まだ約一〇〇キロも行かなければならない。はじめ、ガシュン・ゴビの砂丘のために引き返した地点は第一三〇キャンプの真北にあるはずだ。この本に付した地図にはわれわれの旅行の道すじが、唯一の定点である敦煌《トンホアン》とともに記入してある。北山《ペイシャン》を通る自動車旅行の西の終点は、地図にあるところよりもずっと西の方にあるらしい。

翌日は西北方への偵察にふり向けた。セラトを案内人にして、乗用車《リムジン》だけを使った。わたしは第一三〇キャンプに残留した。晩の六時、夕闇のなかにライトがぱっと光って、偵察者たちが帰ってきた。彼らは往路七〇キロにガソリン四〇・九リットルを、復路にも同量を使った。発見したものは、ひとつの露呈した塩水の泉、飼われていたらしいラクダの骸骨、ラクダと馬の糞《ふん》、古いキャンプのはっきりしない痕跡《こんせき》などであった。彼らは幅三キロの砂の地帯を横断したが、トラックの障害になるとは考えていなかった。

無くても済むものはみんな第一三〇キャンプに残しておいた。またサンワッツとチョクドゥンがテント一張、十分な食糧品、ガソリン七二八リットルを持ってここに残留した。このためにトラックはかなり軽くなって、一二月五日、われわれは輝くような澄みわたった日に出発した。

われわれは完全に不毛な土地を通って西へ進んだ。砂塵の上に黒い砂礫がのっている、起伏のある平地であった。小さな丘の上で小休止して道標《みちしるべ》の石をたてた。将来、旅人がこれを見つけることがあるだろうか。われわれがあいだを縫って走っている山々は、斑岩と斑凝灰岩とで成り立っている。

土地は南西と西に開けて、海のようになった。南西に疎勒河《スロホ》の乾上った河床がはっきり認められ、地面の南側はアスティン・タークの麓《ふもと》に向かってゆっくりのぼりになっているのが見える。われわれと疎勒河《スロホ》とのあいだには、低い山脈も丘陵もなかった。疎勒河《スロホ》の河床まで、地形は徐々に低くなっている。

われわれは平らで見通しのきかない地形を南西に向かった。この方角遠くに砂丘が現れた。ポツンと一本生えているタマリスクと衰えた小さな葦の茂みのところを通り過ぎた。昨日の偵察のときには見えなかったが、二頭のラクダのごく新しい足跡があった。

　迷いやすい風景である。前方つまり西の方は平坦に見えるが、ちょっと進むと浅い流出溝のなかに迷いこみ、再び低い丘のあいだにはいりこんでしまう。峡谷のあちこちには飛砂が積もっている。ここには草一本生えていない。小さい砂原は迂回《うかい》して行ける。北に高い砂丘が姿を見せている。今までは三、四センチもぐっていたタイヤがいまは六センチも沈みこむ。

　高さ四メートルの砂丘を右手に見て進んだ。丘の上からくりかえし偵察を続けて、砂の地帯のあいだにうねうね曲りくねったせまい通路があるのを見つけた。黄色い微細な砂を通り抜けると、大粒の砂が風紋をなしているところへ出た。右手近くに小さな鹹湖《かんこ》の湖床が出現した。この盆地に底の堅い河床が通じていて、重量に耐えうる車道となっている。五九・八キロ走り、日没頃キャンプ（第一三二）を張った。

　夜間はマイナス一六度であった。キャンプの手順は幾分簡略化された。身体を洗うのは禁止された――水を節約しなければならない。朝食はテントでとらず、テントは取り払ってセラトの車に積みこんだ。炊事用テントで食事をしていると、買貴《チアコイ》がきれいなスウェーデン語で「お早うございます」と愛想よく挨拶《あいさつ》した。

　われわれは乾上った河床の中を走り続けた。ここには、昔、流水のために截然《せつぜん》と仕上げられた高さ四メートルの岩塊がある。その頂きに古い標石が立っている。河床の表面は結晶した塩の薄い膜《まく》でおおわれている。タマリスクの木がどっさり流されて、河床に積み重なっているところがあった。岸辺に、生きているタマリスクの密生した茂みが二か所見えた。

明け放った門を通り抜けるかのように、実にはっきりした谷へ入って行った。両側にひとつずつ標石のある、切通しのかたちをした谷である。ここで、河床のまん中に、露呈した浅い塩水の泉を見つけた。左手つまり東側はスパリと切り取ったような侵蝕《しんしょく》段丘で、右手は山がけわしく河床に落ちこんでいる。泉には目がふたつあって、上のほうのものは、ちょっと出っ張っている岩が水溜《みずたま》りを造っているそばにある。そこはいま氷におおわれている。その氷を取り、数個の空缶に水を満たして、帰って来るまでに凍らせておこうとした。泉のほとりにはタマリスクや葦がいっぱい茂っていた。ここは心惹《ひ》かれる快適な場所で、味気ない山中の砂漠のなかで本当のオアシスであった。

三回キャンプするため、よく乾いた薪を二台の自動車に積みこんだ。この地域は四方八方に野生ラクダの足跡が縦横についていて、新しい糞もしばしば見かけた。ラクダそのものを見ることはめったになかったが、恐らく自動車の音におびえて逃げて行ったからだろう。以前、わたしのキャラヴァンが、人に馴《な》らされた彼らの同類で構成されていたときとは違っていた。キャラヴァンのラクダも野生のものと同じように静かに砂漠を歩くからである。野生ラクダの感覚は信じられないほど鋭く発達している。彼らはごく遠方から、ガソリンの臭《にお》いと自動車の音に気づいて、早々に退散する。ただ足跡だけが、すぐ見分けのつく刻印としてやわらかい地面に残るのである。

龔《コン》は、野生ラクダの足跡と飼い馴らされたラクダのものとは簡単に見分けられるというが、全く正しい。飼い馴らされたラクダの足跡は、より大きくより深く残る。けれども彼が、飼い馴らされた乗用ラクダの足跡から、乗り手が男か女かを見分けられる、とわれわれに信じこませようとしたときには、その女性が既婚か未婚か、また何人子供がいるかということまで分るのか、と質問せざるを得なかった。

谷は北西と西へと向きを変え、そのあげく平地に出た。かなり遠くが低い丘陵で限られている。ここで六頭の野生ラクダの群が通り過ぎて行った。

標石が多くなり、いつも見晴しのよい高みに立っていた。あるものは四個の石でできており、またあるものは大小さまざまの石や石片を円錐《えんすい》形に積みあげてあった。ここに、よく知られよく使われた夏の道が通っていたことは疑いない。ラクダの牧草地と恐らくあちこちに真水か泉か井戸がコースのわきにあるのだろう。昔、中国の絹を西方諸国へ運んで行ったラクダのキャラヴァンにとっては、下のほうの平坦な暑い砂漠よりも北山《ペイシャン》の山地のほうがあらゆる点で好都合であった。山々のあいだには、掘れば何とか水が出るくぼ地が十中八九あるものなのだ。前述の泉のそばを一〇〇メートルくらい谷を下ったところの半メートルほどのくぼみで、この泉よりも塩分のやや少ない水が得られる。思うに、二千年前無数のキャラヴァンが高価な荷物を積んでここにキャンプしたことだろう。当時この場所には名前がついていたのだが、後に砂漠の風に吹き払われてしまったのだ。われわれはここに、新疆《シンキャン》と綏《スイ》遠《ユアン》というふたつの省に因《ちな》んで、綏新《スイシン》・ブラクという名前をつけた。泉のそばに珪片麻岩《けいへんまがん》さらに角閃片麻岩と石英斑凝灰《はんぎょうかい》岩がある。

河床ははっきりしなくなり、われわれは平たい高みを越えて小さな分水嶺に達した。最後のキャンプから一〇〇メートル上っていた。そこから地形は再び西北に向かって下降している。この地域のどこかで、わたしが一九〇一年に北に向かったルートと交差するはずである。しかし、わたしのラクダが地面に残した足跡は、時の流れによって消えていた。以来三四年が経過し、嵐が何度もこの孤独な山を吹き抜けていった。風当りをまぬがれたくぼ地には、ことによると消えそうになった踏みあとの痕跡があるかも知れなかった。わたしはみんなに目をみはっていてくれと注意した。しかし探しても無駄だった。足跡は、海原に船が残した航跡のように、あとかたもなく消え失せていた。休みなくさすらう砂粒や砂塵は、吹き荒れる嵐の力によって、われわれのキャラヴァンが丘陵の多い地面に書いたうつろいやすい文字をぬぐい去ってしまったのである。白い乗馬の鞍《くら》にまたがっていたとき、あるいは、ことによったら身体を暖めるために歩いていたかも知れないとき、ある特定の瞬間に通り過ぎた地点に、わたしは、三四年と一〇か月後に戻って来て束《つか》の間にまた立ち去ってしまうことになるなどとは、予想すらしたこともなかったのである。

一九〇一年二月の六日と七日に、わたしは砂漠の昔の街道上にあるトグラク・クドゥクつまり「ポプラの井戸」のほとりにキャンプしたのだが、その場所は敦煌《トンホアン》と楼蘭《ロウラン》を結ぶ絹のキャラヴァンが冬季にいつも通ることになっていた。ここには海抜八二二メートルの頂きがあった。そこからわたしは一〇キロ北へ行き、二月八日に山脈の麓、高さ八二六メートルのところにキャンプした。次の、つまり二月九日のキャンプは前日よりも一〇キロ北に張ったが、その高度は一一二八メートルであった。そこで周縁山脈を横断して、北山《ペイシャン》の南の部分に出た。さらに北へ二〇・五キロ進み、二月一〇日の第一一八キャンプに着いた。その高度は一四六四メートルだった。高度の状況と山脈の形状からして、一九三四年一二月六日現在、第一一七キャンプと第一一八キャンプのあいだの区間で旧いルートを横切ったのに違いない。残念ながら、西方を目指すこの自動車旅行では、天文学的観測をしなかった。また無線機はコルラでロシア軍に押収されて、こわされてしまった。だから、ただ図上位置の標示と自動車の速度計とに頼るしかなかった。

かれこれするうちに、われわれは西に走っている流出溝をさらに進んだ。その黄色い粘土の底は堅く平坦であった。溝はたえず尽きそうになっては、いつもまた次の角を曲ると先きに続いていた。至るところで自分の生命のための戦いがなおも行われているのだ。ところどころ塩で白く彩《いろど》られた赤い粘土の段丘のあいだを、われわれにとって実に好都合だった溝は西南と南とに向きを変えて、砂漠のほうへ下っていた。そこでこの溝を行くのはやめにして、幅五〇メートルの谷間を抜けて小さな段丘状の隆起に到着し、そこから同じように小さな谷を通って第一二二キャンプへと下って行った。そこは高度一三〇〇メートルであった。そこまででほぼ五〇キロ強を走った。

闇夜なので、ヘッド・ライトの光でテントを張らなければならなかった。翌朝、さし昇る太陽が見覚えのない風景を照らした。けれども、その違いはひどいものではなかった。われわれは丘のあいだの平坦な谷間にいる。それから西へちょっと進んで、鋭く切り立った低い断崖《だんがい》のあいだを通り抜けた。ここには標石はなかった。昨夜、くらがりのなかで昔の街道を見失ったのだ。土地は完全に不毛である。二頭のラクダの足跡が北東に走っている。地面に刻印したこの神秘的な動物は姿を見せなかったが、きっと遠くで自動車の音を聞いて逃げてしまったのだろう。

われわれのたどっている谷は、赤色と灰色の片麻岩と輝緑岩とから成るふたつの岩の門を抜けている。かなり多くの岩塊が散在しているが、しかしわれわれの道をふさいではいない。岩は堅く、風化の手も及んではいなかった。長さ約一〇〇メートル、高さ一メートル内外の地面の隆起が、独特な規則正しい形状をしていて、人間が築いた防塁のようであった。右手には橙《だいだい》色に光かがやく嶺が隆起していた。

車の行く道はとてもやわらかい。セラトのトラックが立往生した。李《リー》が飛び下りて押した。セラトは離脱した。李はあわててよじ登ろうとしたが、ちょうどその時車が揺れたので、この若者は手掛りを失って地面に落ち、のびてしまった。後続のわれわれはこの出来事を目撃して、色を失い緊張した。運転手のエッフェはスピードをあげて怪我人のそばへ行った。下敷きになって死んだのではないかとひどく心配して、われわれはあわてて車を降りた。けれども、そんなに危険ではなかった。彼は起き上った。後輪に左足をひかれていた。われわれは彼の長靴と靴下を脱がせた。骨が折れているかどうか、わたしが触《さわ》ってたしかめたところ、足が痛んで彼は目に涙を浮かべた。幸いなことに、ここの地面は砂地でやわらかく、足が砂のなかにめりこんだだけだった。これが堅い粘土の地面で起ったならば、李の足は圧しつぶされていただろう。もっともそういう地形であれば、自動車ははまりこむこともないし、助けを必要とすることもなかったのだ。親切な龔《コン》が李に席をゆずってやったので、李は手当を受けて、われわれといっしょに乗用車《リムジン》で行くことができた。数日間、彼はすべての仕事を免除されたが、ほどなくすっかり回復した。

それから、五メートルから一〇メートルまでの高さの丘のあいだを通っている、死に絶えたように物音ひとつしない谷を抜けて、さらに西へと進んだ。黒と赤の色調が強かった。しばらくして土地は開けた。西の方の眺望は果てしなかった。もはや燃料も草の生えた丘も泉もなかった。厳粛《げんしゅく》な気持で、われわれはこの神にも見放された土地へと入って行った。地形は、赤い段丘で区切られている溝のほうに傾斜している。あちこちに塩が白く見える。高度は八三〇メートルである。

はるか西の方に新しい嶺が実に淡い色調で浮かび上った。南には、大部分がごくゆるやかに起伏している地形が現れ、その彼方、上のほうにアスティン・ターグがうっすらとした輪郭でそびえていた。

地面はますますやわらかくなった。黒い円形の丘陵のあいだで、セラトは南に向きを変えた。溝がひとつ南西に走っている。トラックはうなりをあげてもがいたが、タイヤが深くもぐった。丘陵の最後の隘路《あいろ》を通り抜けると、完全に開けた平坦な土地に出た。ただ南の方にクム・ターグに属する丘陵帯がかろうじて認められた。エッフェは限りなくひろがる平坦な砂漠をけげんそうに見やって叫んだ。

「われわれはいま、まっすぐロプ・ノールへ下っているんだ！」

その通りだ。前方西南西には「さまよえる湖」が横たわっている。けれども、距離が遠すぎて、見えはしない。ちょうど西南西に、地平線が海のようにまったいらに続いていた。そういう地形のうえに湖水が広がっていても、地球の球形のカーブのために完全に隠されてしまう。高度計は八〇〇メートルを示したが、恐らくもう数十メートルは高かっただろう。というのは、われわれは前もってロプ・ノールが八二〇メートルであると算定していたからである。

最後にわれわれは、低く平らではあるが極めてはっきりしたふたつの河岸線に沿って走り、七七キロの走行ののち、この乾上った海原の岸でキャンプ（第一三三）した。この海の最後の、しかも唯一の名残《なご》りが「さまよえる湖」なのである。

一九　旅路の終りに

一九三四年一二月七日にテントを張ったキャンプ地は、地理学的観点から大へん興味深いものがあった。ここでわれわれは北山《ペイシャン》山系の最も外側にある最後の周縁山脈を横断してそこを後にし、北方に北山《ペイシャン》、南方にアスティン・ターグを、約一五〇キロの幅で隔てている砂漠圏の北縁に居る。アスティン・ターグの周縁山脈の山嶺に至るまで、一八〇キロの距離がある。東トルコ人はこの砂漠圏をクム・ターグすなわち「砂の山脈」と呼んでいるが、その名称は砂漠の内部に大きな砂丘が山脈のように盛りあがっていることを示している。

クム・ターグ砂漠はふたつの山系を隔てているのだが、またそれとともにふたつの大きな砂漠地帯、すなわち西方におけるタリム盆地《ぼんち》の砂の海タクラ・マカンと、東方における本来の巨大なゴビとを結びつけているのである。

第一三三キャンプからは、新しいロプ・ノールの東岸の最も近い部分に至るまで、西南西の方向に約一一七キロ、アルトゥミッシュ・ブラクまで西北西に直線距離で一七六キロあるはずだった。だが、先に述べたように、われわれはやや西寄りにいたらしい。

一二月八日、朝日が砂漠や山々に光を投げかけたとき、われわれは第一三三キャンプからアルトゥミッシュ・ブラクまで、通行可能な道を探り出すことができるかどうかという問題に直面していた。まっすぐ西北西の方向は恐らく不可能であろう。何故なら、乾上《ひ》った旧い湖の北東側の大きな入江を横断しなければならないからである。これを避けるためには、北に向かう迂回《うかい》路をえらばなければならないだろう。乾いた湖底はロプ・ノールが現在よりも恐らく六、七倍は広かった時代のものである。湖底は、東トルコ語でショルと呼ぶ塩分を含んだ泥土から成っているが、それは乾燥して煉瓦《れんが》のように堅くなり、ほぼ半メートルほどの高さの脊梁を形づくっている。わたしはロプ砂漠を横断したときに、この恐るべき地形を知った。これはあらゆる輸送手段を、徒歩旅行者さえも手ひどく痛めつけるものであって、わたしの知るところでは、自動車を使うことなど、技術的に全く考えられなかった。

ヘルナーと陳《チェン》は大へんな辛苦《しんく》と窮乏《きゅうぼう》を耐えしのんで、この危険なショルの地面を第六一キャンプからロプ・ノールの東岸まで横断した。このキャンプは彼らの地図とわれわれの図上標示によれば、われわれの第一二三キャンプから南南西へたった二六・七キロのところにあった。東トルキスタンに通ずる自動車道路がこの方向をたどることは決してあり得ない。とにかく、これはまっすぐ湖に通じているのだから。唯一の可能性は、北山《ベイシャン》の周縁山脈の南麓《なんろく》を、近くにある突出部の最西端までたどって行ってそれを迂回し、それから最北端にある「ショルの入江」を左手にして、北西と北に進路を取ることであろう。

さしあたって偵察ドライヴをしなければならない。セラトが中国人たちを乗用車《リムジン》に乗せて南西と西へ行った。この方角の地面が車が通っても大丈夫だと分れば、われわれ全員が二台の自動車で出発するつもりであった。

けれども偵察ドライヴは長くはかからなかった。キャンプから自動車がずっと見えていた。それは南西の周縁山脈の突出部にゆっくり近づいた。そこでしばらく停車し、それからキャンプへ引き返した。偵察は全部で一時間一五分しかかからず、しかも全然駄目だという結果に終った。偵察員たちは簡にして要を得た報告をした。

「全然駄目です。地面は南西と西へ行けば行くほどやわらかくなります。自動車は結局どうしようもなくて、石膏《せっこう》を含んでいてしまりのない微細な砂塵にもぐってしまったので、引き返すよりほかなかったのです。自動車を引っ張り出すのに骨を折りました。この地点から西、遠くのほうに、ヤルダンのように見える凹凸があるのに気づきました。地面が『ショル』に移行する傾向を示している場所もありました。西南西に六・五キロ離れたところに、かすかですがはっきり認められる小径《こみち》のあとがあり、また旧ロプ・ノール湖岸段丘の一か所に標石があるのを見つけました」

それ以上知る必要はなかった。砂漠の道はわれわれに無条件に閉ざされたのだ。軽い乗用車《リムジン》が前進できないような地形をトラックで何とかしようなどとは、考えられるものではない。けれども、周縁山脈の西の突出部のところをキャラヴァンを連れて通り過ぎたのは誰だったろうか。また、旧ロプ・ノールの湖岸段丘に標石を建てたのは誰だったろうか。昔のこととは思われない。それにしては地面がゆるすぎる。オーレル・スタイン卿はこの地方を通って来たが、しかしそれ以来二〇年の歳月が流れた。こういう土質と嵐が吹き荒れるにまかせていた広々とした地形では、足跡はそんなに長く残るものではない。しかし、ヘルナーと陳《チエン》は一九三〇年のクリスマスにこの付近でキャンプしたのだから、彼らのキャラヴァンの足跡が三年一〇か月のあいだ残っていることは可能であるし、ありそうなことでもある。もしこの仮定が正しければ、偵察ドライヴにも大きな意味があったことになる。それによってわれわれはヘルナーや陳《チエン》の地図と合致したのだから。

ニルス・ヘルナーはその著書『ロプへの旅』（ストックホルム、一九三六年）のなかで、こう言っている（一五二ページ）。

「一九三〇年一二月二八日……われわれは昔の湖岸にある岬をあとにして、旧大ロプ・ノールの乾燥した堅い塊状の塩の外皮のほうに進路を定めた。足もとの地面がどんなに堅く乾いてしっかりしていようと、海のうえに出たかのような印象を受けた。いま、廃墟の町楼蘭《ロウラン》へわれわれを導いてくれるにちがいない西北西のコースを取って進んだ。もっとも、その前に新しい湖水という通行止にぶつかることは覚悟していた。しかし、その新しい湖こそわれわれの探し求めたものであり、あこがれの的《まと》であった。だがしかし、すべては絶望的なまでに乾ききっていた――石のように堅い塩ばかりだった。海のうえに居るかのように、方向を示すのはただコンパスだけであって、陸地の標識はもはや存在しなかった」

ヘルナーはわたしに報告した。北山《ペイシャン》の周縁山脈のすぐ南、第一三三キャンプの近くに約五〇キロにわたる地帯があるが、これは「極めてゆるい沖積層の砂礫」から成り立っていて、「通行不能」である、と。彼は著書のなかでもこの地方について触れ、ラクダも「歩行困難」だと述べている。「ショル」の地面については、ざっと耕してそのあとでカチカチに凍った農地に似ている、と言っている――極めて適切な比喩《ひゆ》である。それによって生じた畝《うね》は塩の外皮と塩や粘土の塊とで成り立っている。その高さは二〇センチから五〇センチである。さらに西のほうで、ヘルナーは完全に平たくて堅い「新塩」と甘い「ショル」塩とのあいだに截然《せつぜん》たる境界のあることを発見した。その境界は、湖が一九二一年にこの湖床に戻って来たときの最大限の広がりを示している。ヘルナーの著書にある相当数の図は非常に啓発的であって、この異常な地形について明確な概念を与えてくれる。

巨大なロプ・ノールの輪郭を示しているショルの平地を、ヘルナーと陳《チェン》は一九三〇年から三一年にかけて横断し、水を発見できずに一四日間歩いたのだが、これは長く延びたほとんど二等辺の三角形を形成していて、そのひとつの頂点は西南西（カラ・コシュン）を、もうひとつは東北東のヘルナーの第六一キャンプを、三番目のは北東を指している。一九〇一年二月七日、三番目のから遠くない箇所で、わたしはこの三角形を横断したのだが、そこは約二〇キロの幅しかなかった。一九〇六年アメリカ人エルスワース・ハンチントン[*1]がこの塩の外皮全体を越え、また一九一四年にオーレル・スタインが二等辺のふたつの角を越えた。しかしこの独特な旧湖底を、一九三〇年から三一年にかけての旅で陳《チェン》と共同したヘルナーほど、徹底的に調査した人は誰もいない。

そうするうちに、われわれは第一三三キャンプのところで再びロプ・ノール低地と関係を持つようになって、疏勒河《スロホ》の流域をあとにした。換言すれば、ヘルナーのいうところの、疏《ス》勒河《ロホ》とロプ・ノール低地が合体する可能性をなくしている隆起を、われわれは越えたのである。これについて、ヘルナーはその著書のなかで述べている（一四二ページ）。

「疏勒河《スロホ》は決してロプ・ノール低地に流れこんではいない。そして流水溝と考えられる低地の一部は、明らかに全然別の起源である」

そしてさらに

「疏勒河《スロホ》とロプ・ノールのあいだに関係があると主張されているが、そういうことは全くないし、また人間が生きている限りあるものではなかった」

と言っている。

さて、一九三四年一二月八日に戻ろう。

周縁山脈を南に迂回する砂漠の道は自動車では通れないという情報を、パトロールが持って帰って来たので、山脈を北に抜ける偵察をすることにきめた。ガソリンは六四七リットルあるし、その他にも安西《アンシー》帰還用のものが綏新《スイシン》・ブラクに九〇リットル、龔井《コンチン》に約七〇〇リットルある。だから燃料について心配する必要はなかった。

はじめ、われわれの以前のタイヤの跡をたどって、円形の黒い山稜《さんりょう》を右手にみて通り過ぎた。この山稜はちょうど海岸の岬のように低地に突き出している。赤、バラ色、黒の尾根のあいだを通り、砂礫におおわれた隆起を越えて、われわれは北に進路を定めた。野獣の足跡はどこにもなく、草の葉ひとつなかった。道は、われわれのほうからは低い尾根でさえぎられた。それを北東に迂回しようとしたが、黒い板岩《はん》の低い尾根筋がたくさんあって、さまたげられた。見通しのよい高みからあたりをうかがった。北と西は絶望的のように思われた。

セラトをトラックに待たせておいて、われわれは乗用車《リムジン》で北東、北、北西へ偵察ドライヴをした。ときにはけわしい隆起に、ときには落下した岩塊でふさがれたせまい谷間にはばまれた。赤い砂礫が散り敷かれている幅の広い流出溝が、再び道をあけていた。赤と黒の丘のあいだに小さな平地が開けていた。われわれは探しながらジグザグに進んだり、また、車を下りて歩いて小さな山の鋸《のこぎり》の歯のような迷路のなかで様子をさぐったりした。山はおおむね東西に位置していた。周縁山脈の分水嶺を越えると、地形は再びロプ低地のほうに下っているようだった。けれども第一三三キャンプよりもまだ一三〇メートルほど高い。われわれは明らかにさきに述べた入江に近づいている。それは大ロプ・ノールの乾燥した旧「ショル」平地から北東に伸びている。

北東と東へと迂回して、この入江の縁に出た。これは大きな平原に似て、黄色に輝き、そこここに暗色の筋や帯状のヤルダンやメサが走っている。午後おそく、ひとつの流出溝が平坦な湖底に通ずる道になっていることが分った。溝のなかには、目立たない叢《くさむら》が三つあり、またここにはカモシカと野生ラクダの足跡がみえた。彼らがこんなあわれな食物で満足しているとしたら、随分欲が少ないにちがいない。ここでもまた低くなっている段丘の形をした湖岸線がはっきり現れていた。

八五キロの偵察ドライヴを終えてセラトのところに戻り、第一三四キャンプを設営した。われわれが一日中乗り越えなければならなかった不愉快な丘は、斑岩、片麻岩、板岩から成り立っていた。

一二月八日から九日にかけての夜は珍しく暖かで、最低気温はマイナス六・五度であった。トラックをできるだけ軽くするために、もう一度余計な荷物を全部キャンプに残した。

われわれが最後の突進に踏み切ったとき、荒涼たる風景が陽光を浴びて横たわっていた。大体において昨日のタイヤの跡をたどったのだが、困難な箇所は避けて、新しい道を探した。地面は赤い色調に輝き、丘は普通は黒かったが、珪岩の塊がところどころに光っていた。地形は思わしくなかった。トラックはしばしば立往生し、シャベルとむしろを使って助け出さなければならなかった。われわれは様々な方向にさまよった。

われわれの居るところは北山《ペイシャン》の前衛山脈で、半島状をしていて、先端がギザギザになった大きな舌のようにロプ低地の西部へ押し出している。方法は、ただほどよいところでそれを越えるということだけである。丸一日が経過して、夕方、キャンプを張った。

夕方は、何をすべきかという活発な論議のうちに時間が経った。食糧はなくなり、水は三日分を余すのみだった。事態は紛糾《ふんきゅう》していた。トラックと乗員と全部の荷物を第一三五キャンプに残しておいて、尤《ヨウ》と龔《コン》と陳《チエン》とわたしがエッフェを運転手にしてアルトゥミッシュ・ブラクへ最後の突進をかけるというのが一番簡単なことだろう。地形に恵まれれば、ドライヴは一日しかかかるまい。距離は恐らく一五〇キロそこそこだろう。

けれども――すべてを一枚のカードに賭《か》けるというのは、賢明だろうか、得策だろうか、あるいはまた単に責任を取ることだけなのだろうか。わたしは、エッフェを運転手にして連れて行くだけで最後の突進をする、と提案した。そのとき、個人的な願望を述べたのは確かだが、実のところ、探検隊からわたしを切り離す徳義上の権利はないという立場を取っていた。われわれが西方への旅に出たために長いあいだ留守にしているのだ、という噂《うわさ》がもう安西《アンシー》に広まっていて、そこからハミを経てウルムチにまでとどいていることはほぼ確実であった。安西《アンシー》には、ガソリンと食糧品を補給しに二、三度行っていたから、それが長い旅に関係あるのだということが人びとには分ったはずだ。われわれは大へん骨を折ったあげくに新《シン》疆《キャン》省を出る許可を手に入れた――ところが、いま一か月半経ってから、突然許可もなしにまたそこへ戻って行くことになったのだ。当然、盛世才《ションシーツァイ》将軍はわれわれの意図を不信の目で眺め、境界パトロール隊をロプ・ノール地方に派遣して、われわれをスパイあつかいすることだろう。そうなればわれわれはアルトゥミッシュ・ブラクで逮捕されてウルムチへ送られ、そこで数か月もしくは数年間も抑留されることになるだろう。

その間、第一三五キャンプで待っている人たちは食糧も水も尽きて、餓死《がし》しないためにやむを得ず安西《アンシー》へ戻って行くことになるだろう。

もし乗用車に乗った偵察グループが境界警備隊に出会わずにアルトゥミッシュ・ブラクに到着できたとしても、泉の近くで自動車が故障を起して役に立たなくなったばあい、絶望的な事態に追いこまれることになろう。そうなれば遭難者たちは五〇〇キロ以上も歩いて敦《トン》煌《ホアン》に戻らなければならないことになる——食物も水もなく、また燃料も寝袋もない冬の行軍では、どんなに頑健《がんけん》なものでも参ってしまうだろう。

わたしひとりきりだったら、一枚のカードにすべてを賭けることもできたろう。けれどもわたしは探検隊員とその家族に責任を負っており、また中国政府に服務している身でもある。トラックを持っているかぎり、もう二日間西方へのドライヴを続けることが可能だった。けれどもわれわれが一二月九日に詳細に踏査した地形は、トラックの荷を軽くすれば克服できるというような性質のものではなかった。ここではシャベルもむしろも役には立たない。自動車はやわらかく崩れやすい砂塵の地面に、一〇メートルごとにはまりこんで、抜け出るのに一時間くらいかかる。

そのため、トラックとセラトとジョムチャを第一三五キャンプに残して、翌一二月一〇日朝、われわれ自身で乗用車《リムジン》を駆り、ロプ低地の平坦な地面までごく短いドライヴをしてそこで引き返し、隊をまとめて安西《アンシー》へ戻ることにきめた。

一〇時一七分、われわれは西北西に向けて出発し、三分後にはもう下の低地についた。その地面は砂礫におおわれ、数か所に塩の外皮がみえた。背後にはわれわれの通ってきた小さな谷が口をあけ、前方には坦々《たんたん》たる平地が広がっていた。地形はそれと分らぬほどに西に傾斜し、われわれは湖岸線らしいものを数回越えて進んだ。

二三分走ったが、地面は自動車がかろうじて通れるほどであって、徐行せざるを得なかった。しかし、トラックだったらどうにもならなくなって立往生したことだろう。それから、古城の廃墟に酷似した高さ一五メートルから二〇メートルくらいのメサのところに来た。それは巨大な粘土の塊であって、その地層は部分的に垂直面があるが、おおむね水平で、ところどころややくずれていた。ここにしばらく停まって、何枚か写真を撮ったり、スケッチしたりした。もっと近づいて見ると、赤い沈積のなかに白い石膏《せっこう》層が認められた。白い縞《しま》は厚さたった数センチ、橙色《だいだい》のものは一〇センチから二〇センチであった。

第三紀後期の侵蝕の巨大な残存物であるこのすばらしい天然記念物のすぐ西側に、なお四つのメサを見つけたが、最初のものよりもみなやや小さく、絵画的でもなかった。何千年もの嵐にいためつけられた、こうした侵蝕の残存物は他の場所にもみえた。

巨大な粘土の塊が岩礁《がんしょう》のように、そのほかは広々とした海原にそびえ立っているこの印象的な島の世界に、われわれは四五分間留まって、それから西と西南西に向かってドライヴ

ロプ低地のへりにあるメサ。

を続けた。地形は完全な水平ではなかった。ごく低く、長く伸びた波が認められ、遠くのものほど明るい色調に見えた。

南から西七〇度に向かって数分走ると、右手の数百メートル離れたところに、また赤いメサの残存物が姿をみせた。それらは一際《ひときわ》明るい斜面から岩礁のようにそびえていて、ゴートラント[*2]の岩礁島を思わせるものがあった。

西に向かい、やや小さいメサの残存物のそばを通り過ぎた。八分かかって横断した、とある地帯は、表面に石膏片が一面に散り敷かれ、日光にピカピカ光っていた。あちこちに未発達の砂丘が認められた。

一六キロ走って、一一時四五分に停車した。

車を下りて地平線を見渡した。南から一五度西に平たい丘が見えたが、これはわれわれが横断した半島の最も外側にある西の緩斜面で、北山《ペイシャン》の最南端の周縁山脈に属している。南西と西南西に水平線のように平らな地平線が走っている。またちょうどこ

ロプ・ノール畔のメサの形。

の方角に行けば、ロプ・ノールに出るにちがいない。西北西に山脈の輪郭がごく淡くみえている。あれはクルク・ターグなのだろう。西北、北、北東にも青い山々がみえる。

われわれが折り返した地点は、わたしが一九〇一年の二月に通った道[*3]の南三〇キロで、地面がショルになっている、大ロプ・ノールの北東に向いた入江から東に約四〇キロのところであった。この入江の地形の性質と外観については、わたしの著書『アジアの心臓部にて』第二巻二六ページ以下の、一九〇一年二月の行進について述べたところで理解して頂けることと思う。これには、ヤルダンの地方はラクダにとってさえどんなにひどく困難であるかということ、先史時代の湖の入江が自動車にとっては越えがたい限界になっていること、などが述べてある。

「二月一七日（一九〇一年）。われわれの状況は実に容易ならぬことになりはじめた。ラクダは一週間前にみつけた二口三口の雪のほか、十日前から渇《かわ》きを

ロプ低地東縁最後のメサ。

いやすものを全然与えられずにいる。彼らの力がいつまでも続くものではない。

北に向かっていたときに越えた小さな山脈を、今日行進したあいだに順々に通り過ぎた。これらの山々は次々に西の方で終って消滅していた。だから、これらは山岳誌上では同一体系に属しているけれども、クルク・ターグと連続して結びついていることは一度もないのだ。はるか西方にクルク・ターグの連山が見えた。それらはわれわれが今までに越えて来たものよりも高く、大きかった。その近くへ行けば、砂漠の中よりも水が見つかる見通が大であったから、われわれはそちらにコースを定めた……

山脈の最も外側の突出部を後にしてから、塩分を含んだ全く平坦な地面に下りてきたが、しかしここにも高さが最高二メートルの脊梁やこぶの形をした丘状の突起があった。砂漠は南西に無限に伸び、また北東の方も地平線が山で隠されてはいない。

五時間歩いてから、わたしはキャラヴァンを待った。地勢はその後砂漠よりも悪くなった。ロプ砂漠でわれわれが識ったのと同じヤルダンあるいは粘土の脊梁であったが、しかしここでは高さが六メートル、幅は一〇メートルまであった。それらは南北の方向をとり、無数の列をなしていた。あちこちが隙間《すきま》で中断されていなかったならば、地勢は絶対に通ることができなかったろう。両側が垂直なのだから。隙間を通って半キロ、いや一キロ行かなければ、次の隙間に行きついて目指す方向に数十メートルすら進むことができないのだ。ここではどんな忍耐も役立たない。こうした地勢は人を絶望に追いこんでしまう。

しかし、わたしはとうとうこのひどく時間のかかる迷路から出ることができた……」

われわれが旧ロプ・ノールの湖床の北東端を横断したあの時には、ヘルナーと陳《チェン》が三〇年後に湖床を横断したところとは違い、地面は塩の「ショル」ではなく、ヤルダンの脊梁から成り立っていた。ヤルダンの入江は北東にそれほど遠く伸びていないらしく、自動車でらくに迂回できるようだった。

ロプ低地への第二次進出の終点で位置を確定してから、われわれ自身のタイヤの跡をたどって、橙《だいだい》色のメサが並んでいるところを通り過ぎ、第一三五キャンプに戻った。アルトゥミッシュ・ブラクと直接つながりをもつことはできなかったが、コルラと安西《アンシー》のあいだで偵察してなかった一五〇キロは自動車道路の工事にさほどむつかしいことはない、ということが分った。ヤルダンの土地を二〇キロも床《ゆか》のように平らにするのは簡単なことである。交通路を改良するために、恐ろしく堅い山脈でも貫通するような時代なのだから。安西《アンシー》・コルラ

クルク・ターク南部の谷。

間の直線距離、きっちり九二〇キロのうち、われわれは自動車で七七〇キロを走った。全行程のうち、残りの一五〇キロだけはトラックで克服できなかった。地面がややわらか過ぎたのだ。一九〇一年と一九三四年の経験によって、北山《ペイシャン》を横断したときのように、折返し地点とアルトゥミッシュ・ブラクのあいだにも通行可能な迂回路を簡単に見つけ出せるだろう、とわたしは確信していた。わたしは軽装の自動車隊で、西安《シーアン》から蘭州《ランチョウ》、涼《リャン》州《チョウ》、甘州《カンチョウ》、粛州《スーチョウ》、玉門《ユーメン》、安西《アンシー》、アルトゥミッシュ・ブラク、コルラ、クチャ、アクス、マラルバシ経由でカシュガルまで、直線距離にしてちょうど三五〇〇キロの全行程の走破を、いつでも引き受けることだろう。トゥルファン経由クチャに至る道が、皇帝道路[*4]によってもエチン・ゴル経由でも通行可能であることを、われわれ自身立証しておいた。クチャからカシュガルまでの距離はロシアの自動車がたくさん走ったし、また最近ではエリック・タイクマン卿が走っている。安西《アンシー》からハミとトゥルファンを経由してコルラに至る道はきっちり一五〇〇キロである。われわれが偵察した北山《ペイシャン》を抜ける砂漠の道は約五〇〇キロ短く、古代のシルク・ロードのあとをたどっている。

第一三五キャンプに空のドラム缶八個で記念碑を立てた。そのうち三個には、ピラミッド型の構造を支えるために砂を詰めた。後世いつか旅行者か道路工夫がこれを見つけることであろう。ここへ来て取り除くものは他にいないだろうから。落ち着くことのない、さまよえるオランダ人[*5]のように、時折この場所に迷いこんでくる野生ラクダは、前にはここになかった黒いお化けを見て、急に立ちどまり、においをかいで回れ右をし、別の方向へ風のように姿を消すことだろう。

われわれは時間のかかる地図作製をする必要もなく帰途につき、もとのキャンプ地のそばを次々に通り過ぎた。一一日、すでに遠くまで来たとき、乗用車《リムジン》の前部スプリングが折れた。幸いなことに予備のスプリングを持っていた。修理にたっぷり三時間かかった。アルトゥミッシュ・ブラクへ進んでいるときにこういう事故が起り、トラックに助けてもらう可能性がなかったならば、乗用車《リムジン》は乗員もろとも遭難したことだろう。

セラトが先導した。風がなかったので、車のうしろに起る砂塵は霧のように轍《わだち》の上にただよった。われわれは何回も通った道にいた。タイヤの跡はどれくらい長くこのままついているだろうか。数年はたしかなところで、ことによるともっと長いかも知れない。

「綏新《スイシン》・ブラク」で、留守していたあいだにブリキ缶の中にできていた氷を集めた。そこからちょっと離れて、一頭の野生ラクダがかなりのあいだタイヤの跡に並んで走ってきたが、それを横切ることができないでいた。そのラクダの足跡はジグザグの線をえがいている。何度もタイヤの跡に近づいてはまた離れ、そして好奇心に駆られ再び戻ってくる。こわいので、地面についている二本の深い溝を思い切って飛び越す決心がつかないのだ。

夕方、龔井《コンチン》に到着した。そこではサンワッツとチョクドゥンが緊張と不安に包まれてわれわれの帰りを待っていた。サンワッツは龔《コン》が掘った井戸のところで地面に棒を立て、次のような文句を漢字で書いた看板を作っていた。「龔井《コンチン》。綏新《スイシン》自動車探検隊駅。鉄道部」これで多少なりと喜ぶのはせいぜい精霊ぐらいのものだろう。なぜなら、野生のラクダやロバやカモシカたちは、砂漠における彼らの故郷に自然自身が書いた文字のほかは判読することができないのだから。

一二月一二日早朝、すでに確かめたのよりも北のコースを取って、西へ新たに突進するかどうかという論議が再び活発に行われた。ガソリンと食糧品は今まで通り安西《アンシー》で手に入れることができる。こういう計画を遂行するにあたって最も大きなさまたげとなったのは、自動車がくたびれていることだった。極度に消耗する地形をすでに一万六千キロ走破し、しかも北山《ペイシャン》の山々へ新たに強行軍をするのには耐えられないだろう。あらためて前進するためには、完全に新しい装備が必要であろう。そこで、われわれはこの計画を断念した。

こうして、われわれはさらに第一二九キャンプと第一二八キャンプを通り過ぎたが、このふたつのキャンプのあいだの道のりはひどいもので、小さな横断溝が三メートルごとにくりかえしあらわれ、乗員は揺られて上下に飛びはね、あやうく腸捻転《ちょうねんてん》を起すところだった。いつもの通りエッフェが歌うと、まるでしゃっくりしているように聞えた。

夜八時、せいぜい四〇メートルくらい前方に、突然大きな明灰色のオオカミが現れ、自動車のライトに催眠術をかけられ目を眩《くら》まされて、麻痺《まひ》したように立ちすくんだ。ここでエッフェも平静を失った。彼は車を停め、銃をつかんで撃とうとした。すると魔法が解けてオオカミは正気にかえり、光の輪のそとの暗がりに姿を消した。

夜のあいだに、われわれは駱駝井《ロトチン》、洮刀水《タオタオシュイ》、馬連泉《マーリエンチュアン》を通過し、翌日、大泉《ターチュアン》を経てハミ街道に出、その夜、疏勒河《スロホ》の北岸にキャンプした。

一二月一四日、最後の朝、東北東から襲ってきた嵐で目を覚ました。もうもうたる砂塵が秒速一六メートルでテントに吹きつけた。支流は三つとも氷結した。最初のは乗用車が通れたが、二番目のでは前輪の下で氷が割れた。自動車に損害はなかった。やや下流のもっと堅い氷を渡って、しばらくして安西《アンシー》の城門に着いたが、そこで、高い毛皮帽をかぶり毛皮をまとった六人の兵隊に停められた。その後すぐに、われわれは友好的な市長と同席して話を交わしていた。察するところ、彼は尤《ヨウ》からわれわれの秘密を明かされたらしい。さもなければ、彼の示した顕著な慎み深さと礼儀とに感謝しなければならない。とにかく、われわれが帰ってきたとき、六週間もの長いあいだ西方の砂漠で何をしていたのか、と一度も尋ねられなかったのだから。

一一月一二日、洮刀水《タオタオシュイ》で不意に盗賊団に出会ってから以来、一か月以上ものあいだ、イエオリは別として、生きた人間にはひとりも会わなかった。死人にさえも会わなかった。われわれはひとっ子ひとり迷いこんだことがなく、道も全然ない地方にとどまっていたのだ。とうに硬化した血管にも、かつては生命が脈打っていたということを示す唯一のものは、丘や段丘や山々に立てられている標石であって、その任務は商人やキャラヴァンに古代のシルク・ロードの正しい進路を教えることであった。標石の多くのものは南北に走るいくつかの街道を指し示しているが、それらのうちで、ハミと敦煌《トンホアン》とのあいだの少なくとも三つの道が地図に載っている。われわれは多くの箇所でこれらの街道を横切った。けれども標石を建てた人びとは二千年来墓のなかで眠っているのであって、その墓は極奥アジア全域と中国に散在している。

現在、あとかたなく消し去られた小径を行く旅人は、遠くに消えてゆくキャラヴァンの鈴の響きやラクダ追いの掛け声を、幻想のうちに聞くだけなのである。

二〇　さまよえる湖

わたしは内陸アジアに旅して、今まで知られていなかった多くの湖の地図を作った。そのなかには、東トルキスタンとツァイダム[*1]のあいだに横たわるチベット高原の北の縦谷にある一連の湖全部、さらにトランスヒマラヤの北麓《ほくろく》にある一連の湖もあった。

聖書でなじみ深い聖地のあるゲネサレ湖[2]を除いて、わたしが最も深い関心を抱いている湖がアジアに四つある。

チベットの心臓部にあるチャルグート・ツォ湖上を、わたしは一九〇一年の秋、チベットの召集兵たちが空しく岸辺を捜索しているあいだに、荒天をついて折りたたみ式ボートで数日の航行をした。[3]

一九〇六年から一九〇七年にかけての年の変り目に、わたしはラダキの曳く橇《そり》に乗って、凍っていない場所で水深を測定するために、氷結したンガンツェ・ツォ湖上を縦横に走った。[4]東岸は、ナクツァン州知事がわたしに対して道を閉鎖した。しかし長々と談判したあげく、禁断の国と高位の僧タシ・ラマの住む神聖な僧院タシ・ルンポに通ずる扉《とびら》が、わたしのキャラヴァンに開かれたのである。

わたしの生涯《しょうがい》に重要な役割を演じた三番目のアジアの湖は、この世のあらゆる河川や湖沼のなかで最も神聖なマナサロワール湖[5]で、数億のインド人にとっても、またチベット民族にとっても――ツォ・マワンという名で――神聖なのである。この湖は、夏、晴れて日光の降りそそぐ日には鏡のようであり、冬、氷雪のなかではまばゆいばかりに白い。これを取り囲んで、北には、シヴァ[6]の楽園、ブラフマ[7]の天国である聖山カイラスすなわちカン・リンポチェ、南には、青く微光を発する氷河とまばゆく白い雪原とで鎧《よろ》ったグルラ・マンダッタの巨大な連峰がある。嵐の日にもおだやかな日にも、わたしはこの湖上を漕いだり帆走したりして水深を測定し、そして、まっ青《さお》なトルコ玉の腕輪にちりばめられている宝石のような八つの僧院の客となっていた。

けれども、この三つの湖よりもわたしの人生にずっと強く入りこんだのは、ロプ・ノールすなわち「さまよえる湖」であった。運命のめぐりあわせによって、この湖はわたしの生涯にぴったり結びついてきた。わたしがその岸辺に最初にテントを張ってから、四一年が過ぎ去った。最後に春風が葦《あし》にそよぐのに耳を傾け、またこの書物に記したように、湖の北の水面をカヌーで行って以来、三年が経過した。このふたつの重大な時期のあいだに流れた歳月を、わたしは一部分は自分自身で、一部分は探検隊員の研究を通じて、いわば医者が患者の心臓の活動と血液の循環《じゅんかん》とを診察するように、タリムの流れとロプ・ノールの脈搏《みゃくはく》を追求したのであった。そしていまついに、われわれは力をあわせて、謎《なぞ》の湖の移動という六〇年来の問題を解決し、この気まぐれに移り動く存在に自然が賦与《ふよ》した動機を確かめることに成功したのである。

タリムとその末端湖に関する最古の記述は、紀元前一世紀にさかのぼり、『漢書』[*8]に書かれている。これには次のように述べてある。パミールの一源流が崑崙《クンルン》の他の源流と合体した。それらは長さも幅も三〇〇里ある蒲昌海《プーチャンハイ》すなわち鹹湖《かんこ》たるロプ・ノールに注ぐ、と。古記録の誤まった解釈のために、中国人は当時とその後二千年のあいだ、ロプ・ノールの中に消えうせた河が北東チベットで再び地表に出て、中国の大河である黄河《ホアンホ》となる、と信じたのである。

一一三七年以前の中国の地図はすべて失われているので、西安《シーアン》の博物館に保存されている石板に記載された地図が[*9]、タリムとロプ・ノール（蒲昌海）について述べた最古のものである。

漢王朝時代のヨーロッパ人、ギリシアのテュルスの人マリヌス[*10]によるこの水系の記述は、われわれにとって実に貴重である。それは漢書の内容と一致する。マリヌス自身はキャラヴァンでシルク・ロードを通った商人たちからその知識を得た。彼の叙述は紀元後二世紀にプトレマイオス[*11]が取り入れ、そのアジアの地図の最北東端にセリカすなわち絹の国という名前と、ふたつの源流から成り、東方の山脈の麓にある湖で終っているオエカルデス河とを記入している。

プトレマイオスの地図には、オエカルデスの南にもうひとつの、これまたふたつの源流から成り、ひとつの湖に終っている河、バウティスス、フルウィウスが載っている。多くの地理学者はバウティススをチベットのツァンポ・ブラフマプトラと同一視した。拙著『南チベット』第一巻で、わたしはバウティススがタリムに、その末端の湖がロプ・ノールに相応する、従ってプトレマイオスの地図に二度出てくるのだ、ということを示そうと試みた。何故か？　それはマリヌスもプトレマイオスもチベットの存在を夢にも知らなかったからである。プトレマイオスのこの有名な地図には、西から東へとひとつの山脈が描かれていて、その西はイマウス・モンス、中央はエモディ・モンテス、東はセリキ・モンテスと名づけられている。イマウスはヒマラヤであって、セリキ・モンテスは崑崙と南山《ナンシャン》すなわち南方で古代のシルク・ロードの境界をなしている山脈である。チベットは、プトレマイオスにとっては存在しない。タリムとロプ・ノールが同じ地図に二度も記入されていることに対する説明は極めて簡単である。タリムとロプ・ノールに関する報告が、ふたりの別々の証人に基づいているのである。マリヌスもプトレマイオスも、その話が同じひとつの河と末端湖に関することだとは知らなかったのである。

人は当然次のような質問をするだろう。最も大きな大陸の心臓部に隠れていて、あらゆる砂漠のうち最大のものに取り囲まれ、エビ・ノール[*12]は別として、他のいかなる湖よりも大海原の渚《なぎさ》から遠く離れているこの湖は、ヨーロッパの地理学者にとって一八七〇年にはじめて現実的な概念となったのだが、それにもかかわらず、すでに二千年前に何人かの西洋の地理学者がこれを知っていたということがあり得るだろうか、と。しかし紀元後一五〇年頃、プトレマイオスはふたつの源流をもつ大河が西から東に流れていることを知っていた。われわれが本書のはじめの何章かで述べたクム・ダリアのように、この河は砂漠の北部にあるひとつの湖に注ぎこんでおり、しかもそれはわれわれが一九三〇年頃の探検でロプ・ノールを発見したのと同じ場所なのである！

またロプ・ノールという概念が、プトレマイオスの時代以後、夜空の流星のごとく消え失せ、それ以来、犯しがたい静寂が千五〇〇年以上も神秘的な湖を包んでいたということがあり得るのだろうか。

ひとりのヨーロッパ人の旅行者が、一二七三年にロプという名が呼ばれるのを、恐らく聞いたことだろう。それはヴェネチアの商人、不朽のマルコ・ポーロであった。けれども彼は、この名前の意味を、われわれ同様ほとんど理解しなかった。彼の非凡な旅行記によって、ロプという名前ははじめてヨーロッパに知られた。けれども彼はロプ・ノールについては一言も触れていない。彼はただロプの大砂漠について語り、その報告を伝説めいた怪談で飾っているだけである[*13]。

　ロプという名前は、一六世紀にはじめてヨーロッパの地図にあらわれた。例えば、一五六一年のヤコポ・ガスタルディスのインドおよび内陸アジアの地図に「ロプの砂漠《ディセルト・デ・ロプ》」という言葉が読みとられるのである。

　そこで、こう言うことができるだろうか。すなわち、マルコ・ポーロはロプ・ノールのことを知っていなかった、あるいは少なくとも湖の存在を知らなかった、と。いやちがう。何故なら、彼がチャルクリクから敦煌《トンホアン》へと向かう道筋の左手つまり北側に、葦の茂った湖をひとつあるいはたくさん見たか、さもなければ少なくともそれらのことを話に聞いた、ということが考えられるからである。しかし彼はその発見を伝えることが骨折り甲斐《がい》のあることだなどとは、まるっきり考えてもみなかったのである。のみならず、彼はカシュガルからヤルカンド、コータンを通ってチャルクリクまで旅行したのに、右手にずっと世界最高の山脈が横たわっていることに、一言も触れていないのである。

　世紀は次々に変ったが、いつでもこの謎めいた湖は砂漠の風がまわりにどよめいて、その秘密を保ち続けることができたのである。イエズス会士のベネディクト・ゴエス[*14]が一六〇三年にアジアに冒険旅行をしたとき、タリム下流の土地を通り過ぎた。しかし残念なことに、彼は一六〇七年、粛州《スーチョウ》で病死した。敵意を抱いたイスラム教徒は彼の記録を全部焼き尽した。北京のイエズス会士たちはその旅行の道筋を少しばかり聞き知ったのだが、それはゴエスのアルメニア人の同行者が——もちろんごく不十分なものだが——伝えたものである。一七六〇年頃、乾隆帝[*15]はイエズス会士のハレルシュタイン[*16]、ダ・ローシャ[*17]、ド・エスピニヤ[*18]を東トルキスタンに派遣して、当時新たに征服した内陸アジアの諸地方にあるさまざまな町村の位置を天文学的に確定させた。しかしこの学者たちも、ロプ・ノールに関しては全然報告すべきことがなかった。この湖に打ち寄せる波音のあるかなきかの反響すらも、水上にたゆたう砂漠の霧を通って伝わることはなかったのである。

それにもかかわらず、テュルスのマリヌスとアレクサンドリアのプトレマイオスとは、湖について、またその湖の生命を支えている河についても、はっきり伝えていて、彼らはふたつの互いに似通った描き方で地図に記入したのである。

われわれの知識が、あの驚くべき絹貿易のおかげをこうむっていることは全く疑問の余地がない。世界で最も長く最も古いこの貿易路のうえを、われわれが見てきたように、当時、キャラヴァンが高価な絹をセレスの国中国から敦煌《トンホアン》を経、砂漠を越えて運んだのである。彼らはロプ・ノールの北岸とクム・ダリアに沿って旅をし、さらにコルラ、クチャ、アクスを経てカシュガルへと向かったのである。またヨーロッパの貿易代理人たちもその地に旅行して、見てきた国々や湖や河のことを物語った。そのようにして知識はマリヌスへ、そして彼からプトレマイオスへと伝わったのである。こういう次第で、昔の地理学が、この有名な湖とその水系に関する最初の知識を得るようになったのは、もっぱら絹貿易に負うていたのである。

ロプ・ノール北部からあまり遠くない西側に、シルク・ロードに沿って楼蘭《ロウラン》の町があった。およそ紀元後三三〇年頃、タリムの下流とロプ・ノールの位置に革命的な変化が生じた。恐らく数百年ものあいだ、タリムの下流つまり今われわれがクム・ダリアと呼んでいる部分は、真東に流れていて、砂漠の北部にその末端の湖を形成したあとで、もとの河床を捨てて南東と南に向かって砂漠をつらぬく新しい流路を開拓し、そして南にひとつかふたつの新しい湖をつくったのである。同時に、もとの流れともとの湖は乾《ひ》上った。楼蘭《ロウラン》の町は住民に見捨てられて完全に忘れ去られたのである。「さまよえる湖」が北から南へとこうして位置を変えたことについて、マルコ・ポーロ、ベネディクト・ゴエス、ハレルシュタイン、ダ・ローシャ、ド・エスピニャたちは、たとえ新しくできた湖を見たとしても、全く考え及ばなかったのである。また過去現在を問わず、中国人が、二千年前に蒲昌海《プーチャンハイ》という名前で知っていた湖がさまよえる湖、あるいはヘルナーの言うように変化する湖であったことを、また現在もそうだということを理解していないのは注目に価する。彼らのあらゆる地図、一八六三年の重要な武昌《ウーチャン》[*19]地図でさえ、河は真東に流れていて、しかもそのずっと東のほうにロプ・ノールがある。一九二八年の領域図でさえ、旧《ふる》い古典的な解釈から離れることができないでいる。

フランスの著名な地図学者ドリル[*20]が一七〇六年にパリで刊行したすぐれた地図書のなかに、「タルタルの地図」があって、他の以前から出ている名前とならんで、いくつかの新しい名

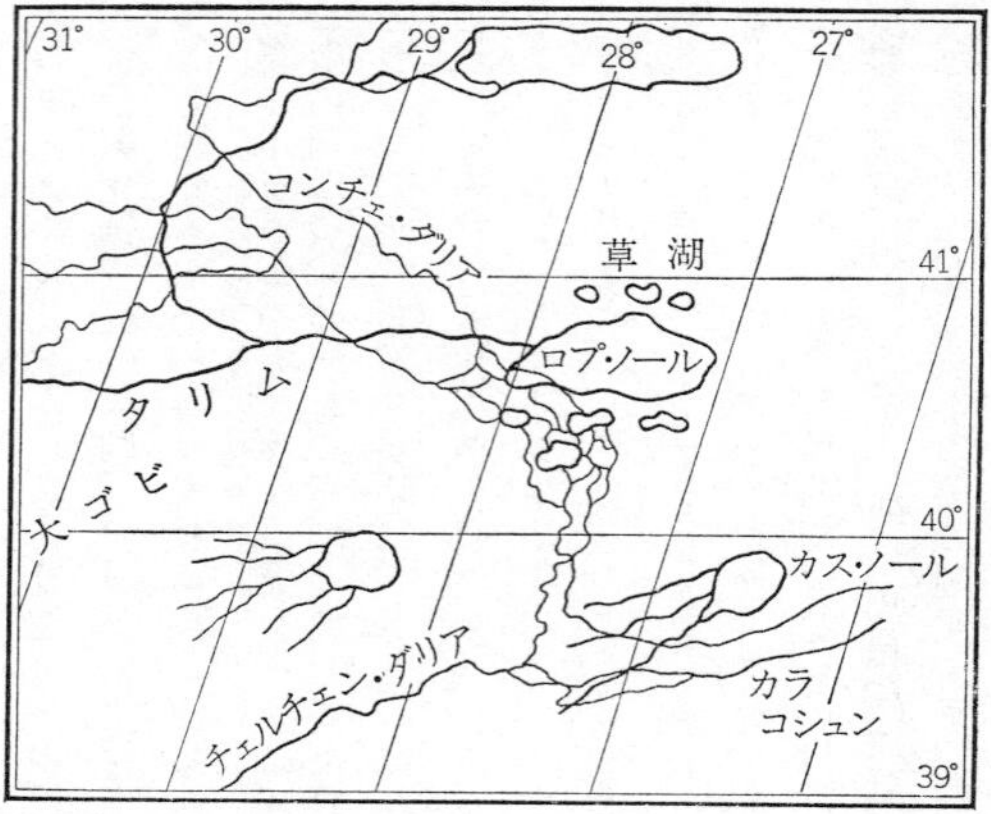

1863年の武昌地図ともっと古い中国の記録にもとづくロプ・ノール、タリム、コンチェ・ダリア、バグラシュ・ケル。タリムの最下流部は今日のクム・ダリアに相応する。また1896年の水系も細い線で記入してある。

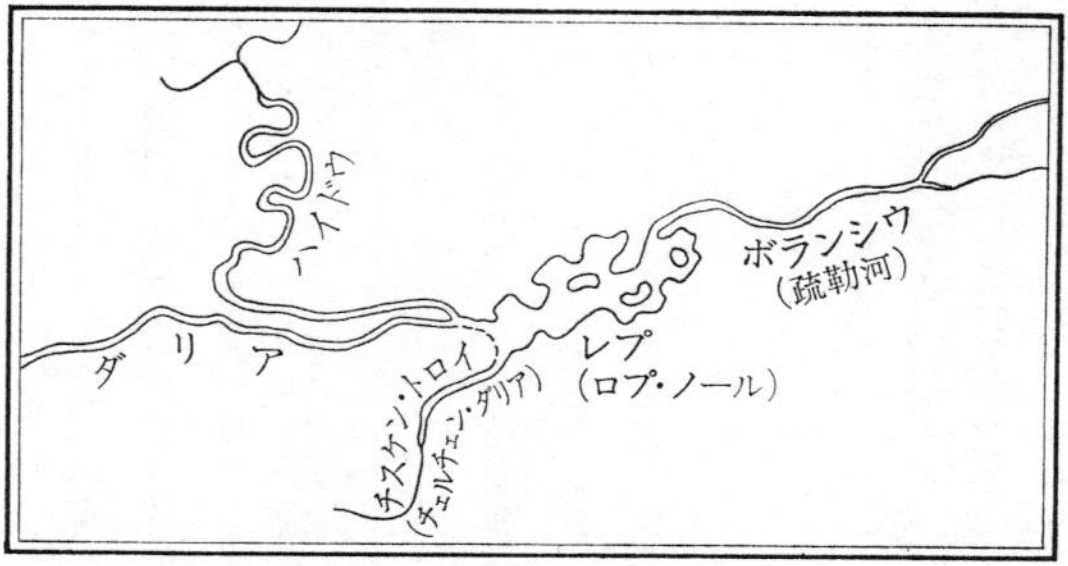

グスタフ・レナーツ中尉作製地図1733年(ストックホルム刊)に載るロプ・ノールとその支流。中国の地図におけるのと同じく湖は砂漠の北部に移されている。この地図では疏勒河はロプ・ノールの東部に注いでいる。

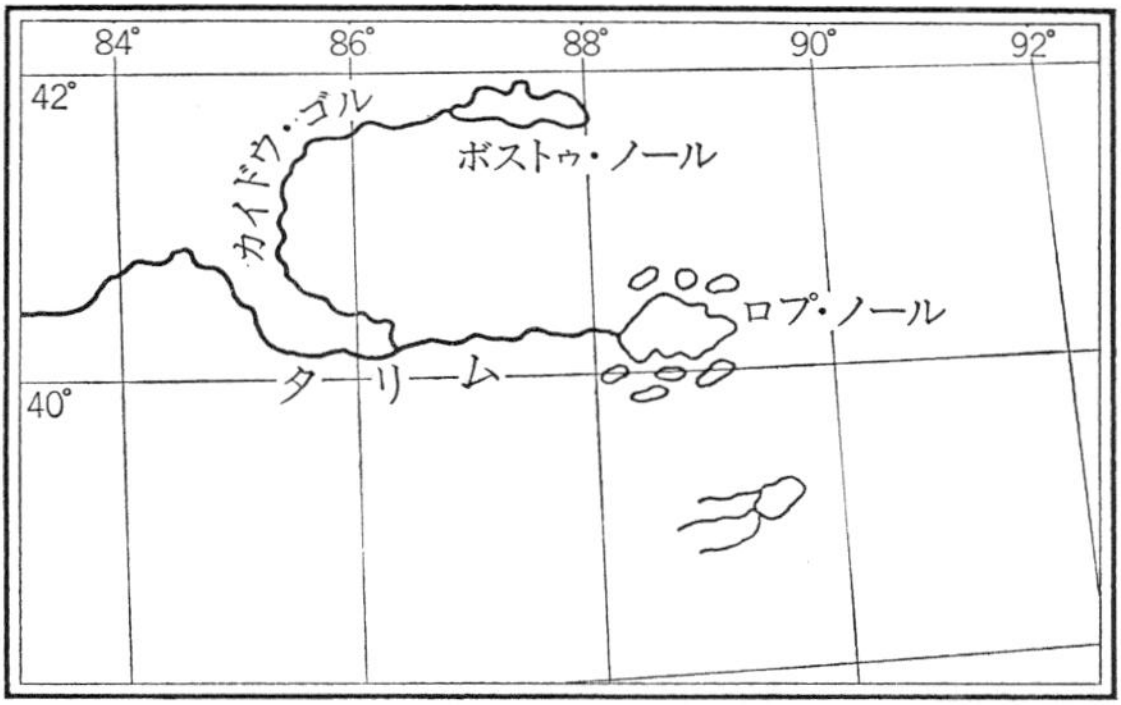

シュティーラーの中型地図書1875年刊にあるロプ・ノール。この地図でもタリムの下流はおおむね今日のクム・ダリアと同じ位置にある。つまり、まっすぐ東に末端湖まで流れている。

前が挙げてある。そこにはカシュガル、ウゲン、コンチェ、ユルドゥズ、コンチェ・ダリアに当るケンケル河などが載っているけれども、ロプ・ノールはない。「さまよえる湖」は依然として知られないままでいられたのである。ドリルは内奥アジア全域を「独立タタル」と称した。その中央に途方もない砂漠があることを彼は知っていた。アクスとクチャのあいだに、彼は大きな山脈を描いたが、それはプトレマイオスが、西の方をイマウス山脈の内側のスキティア、東の方をイマウス山脈の外側のスキティアとして分けている、イマウス山脈の残存物らしい。

一七三〇年、北および中央アジアの注目すべき地図がストックホルムで出版された。すなわちカルル一二世の士官シュトラーレンベリがシベリアで捕虜になっていたあいだに完成したものである。彼のタリムとロプ・ノールに関する理解は、ドリルのものと一致している。けれども彼はカラシャールと、まだタリムと一致してはいないがハイドゥ・ゴルとを知っている。相変らずロプ・ノールは出てこない。

この地域についてもっと重大な意味を持ったのは、カルル一二世のもうひとりの軍人グスタフ・レナーツ[*21]である。彼がロプ・ノールとその河川を表示したのは根本的には正しいが、疏《ス》勒《ロ》河《ホ》もこの河の水系に加えていることだけは誤りである。彼によれば、曲りくねっているハイドゥはタリムと合流して、いっしょにレプと呼ばれる湖に注ぎこんでいるが、レプとは約五〇〇年前のマルコ・ポーロのロプの訛《なま》ったものである。

レナーツの地図と同じ年――一七三三年――に、中国におけるイエズス会士の研究をふまえたダンヴィル[*22]の内陸アジア大地図がパリで出版された。彼の河川体系とロプ・ノールの表示のしかたは、ジュンガリアの典拠にもとづいたレナーツよりもずっと劣る。

ロプ・ノールの謎はその後さらに一四〇年も解けないままでいた。イギリス人のロバート・ショウ[*23]が、一八七〇年に東トルキスタン西部のみのり多き旅から帰ってきたとき、ヨーロッパではこれらの河川や湖について極めてあいまいな観念しか持っていなかった。ショウは信頼すべき証言を得ることができなかった。これについて、彼は旅行記のなかでこう言っているだけである。

「砂漠の縁辺地域には、イスラム教徒で盗みをはたらく半遊牧民のドロン族が住んでいる……砂漠のまんなか、コールダム・カークと呼ばれる地域の近く、東トルキスタンの河川が合流して砂のなかに消えてゆくところに、潟《かた》と湖が形成されていて、その最大のものをロプ・ノールと称する。そこには、魚を食い樹皮を服にしている野蛮な種族が住んでいるという、はっきりしない噂《うわさ》がひろまっている。けれども、わたしはそういうやからを見たという人間にはひとりも会わなかった」

その代りにショウは次のことを知った。すなわち「カモシカは大群をなして生活しているが、これはまた東方の大砂漠にいる野生ラクダ（?）における状況と同じである。この砂漠には奇妙な迷信がさかんである」と。ショウが野生ラクダのあとに疑問符をつけているのは、つまりそれらの存在を疑っていたらしい。だから、ロプ・ノールと野生ラクダについては、一八七〇年にはまだはっきりした知識がなかったのである。

カール・リッター[*24]はその大著『地理学』の第七部（三二七ページ）で、カシュガル、アクス、カラシャール等々について述べ、こう言っている。

「これらの土地に関する個々の報告に、その近郊における水文学《すいもんがく》的状態に言及しているのをそこここに見受ける。なにしろ、トルキスタンの大きな河川体系とロプ・ノールに終るステップの河川の流路と関係については、目撃者のくわしい報告が得られないのである。その岸辺に沿って旅をした人があれば、一般に仮定されているこれらの関係の事実が、はじめて疑問の余地ないものになるであろう」

ゴビ砂漠についてはこう言っている。

「ラクダや馬が野生で、またはそれにごく近い状態でまだ暮らしている故郷が、もしどこかにあるとすれば、それはここである。ここでは野生ラクダや野生馬のことがたびたび口の端にのぼる。ボグド・オーラ[*25]周辺のステップや、ゲロングが祈禱《きとう》する山の高みには、経験豊かな老ラマ僧が直接見て証言したところによれば、今日でもまだ野生ラクダがいるということである。それらが他のものと違っているところは、ふたつの瘤《こぶ》がほとんど見えない、ということだけである。（これらの瘤は飼育されることによってのみ形成されるとみなすことができるものだろうか?）ラマ僧の言うには、若いのを捕えればらくに馴らすことができるが、年取ったものはほっておくそうである」（『地理学』第三部三八一ページ）

　一八七五年においても、ロプ・ノールと野生ラクダに関する知識は、まだ四〇年前のリッター以上ではなかった。一八七五年に出たシュティーラー[*26]の小型地図書にある「インドの半島部および内陸アジア」の一葉によれば、タリム河はまっすぐ東に流れてロプ・ノール湖を形成している。だから、中国のすべての地図と同様、砂漠の北部に置かれているのである。この地図でも、また他のすべてのヨーロッパの地図でも同じように、湖は南にある最も近い山から四六〇キロ離れている。

　さて、二千年間ロプ・ノールをおおっていた謎のヴェールをはぐ時機が熟した。

　一八三九年にスモレンスク近郊で生まれたロシア人、ニコライ・ミハイロヴィッチ・プルジェワルスキー大佐は、内奥アジアの未知の部分に最初の大旅行をなしとげて、すでに有名になっていた。一八七六年八月一二日から一八七七年七月三日にかけて、彼は四二四六キロにおよぶ第二回目の旅行をしたが、その大部分は未知の土地を行くものであった。

1877年、プルジェワルスキーはカラ・コシュンを古い歴史的な湖ロプ・ノールと同一であるとした。彼の描写によればタリムの下流は南東と南へ、その水を集める終点の盆地へと流れていることがわかる。

この「一八七六年から一八七七年にかけてクルジャから天山《ティエンシャン》を越えてロプ・ノールとアルティン・ターグを目指す」旅で、プルジェワルスキーはタリム河が東に向かって流れているのでは全くないことを発見した。実のところ、この河は南東と南へ曲り、砂漠の南でカラ・ブランとカラ・コシュンという双生の湖を形成しているが、それは昔から中国の地図に載っている位置よりも一緯度南寄りにある。

プルジェワルスキーはまた、この末端湖が中国人の言うロプ・ノールと同じものとみなしたのだが、南にある山々から六〇キロしか離れていないことを確認した。これによって内陸アジアの様相は決定的に変えられたのである。

プルジェワルスキーは、原住民が知って利用していた道筋からはずれなかったから、野生ラクダを見ることはついにできなかったが、原住民の猟師から一枚の毛皮を手に入れ、以前から疑問視されていたこの堂々たる動物の存在を証明したのである。

プルジェワルスキーがこの旅行でした発見は、地理学界に未曾有のセンセーションをまき起した。彼の報告電報の第一報が学界にとどくと、地理学者ベーム博士[*27]は「ペーターマンス・ミッタイルンゲン」誌上に次のように書いた。

「かくしてついにロプ・ノールもその神秘的な晦冥《かいめい》から脱し、やがてわれわれはその真の形状と位置を地図上に見ることになろう。しかし、その南岸に高い山脈の存在を誰が予想したであろうか……ゴビ砂漠に関するわれわれの観念は根本的な変革を蒙ることになるであろう」

男爵フォン・リヒトホーフェン教授[*28]は、この旅行を近代に企図されたもののなかで最も重要であるとみなした。またアウグスト・ペーターマン博士[*29]はその「ミッタイルンゲン」誌にこう書いている。

「大へん興味深く重要であって、最大の功績をあげた地理学的業績がプルジェワルスキーの旅行である……それは内陸アジアの大規模な研究事業に冠を戴かせたのであり、われわれの現在の研究と六〇〇年前のマルコ・ポーロの研究やその他もっと古い研究とを結びつけ、地図の上にそれ以上重要なものは考えられない一線を置くのである。何故なら、この一線は内陸アジアの現在に至るまで最も未知の状態にあった地域のまんなかを貫いているからである……それ故、内陸アジアの大きな特色は、プルジェワルスキーの旅行によってある種の成果

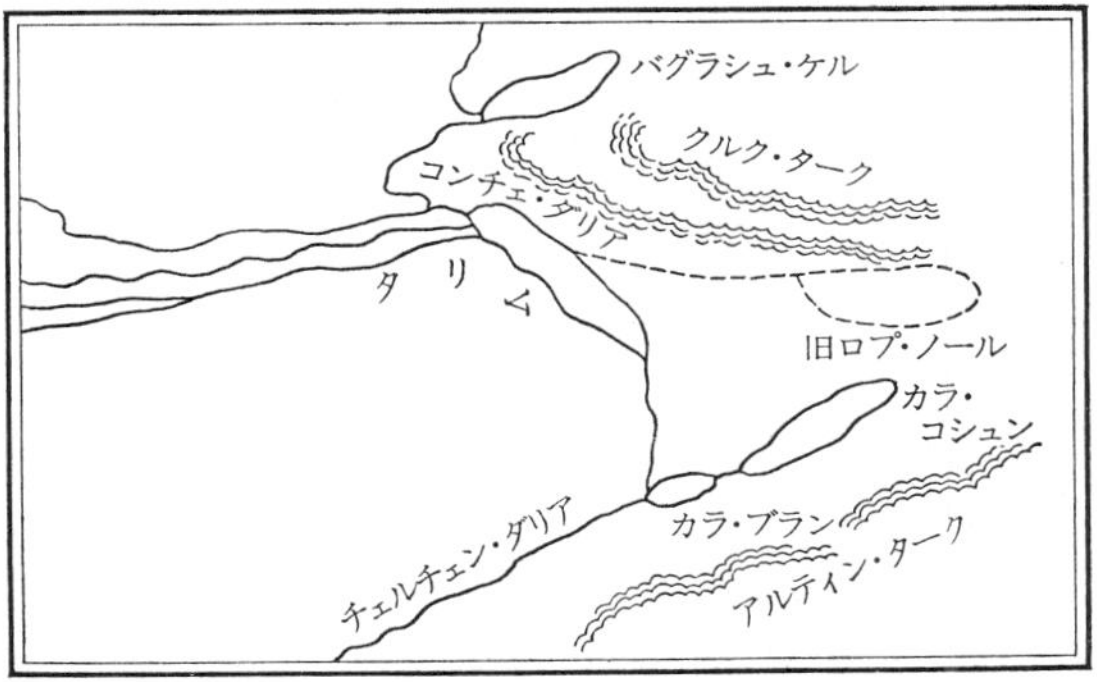

旧湖の真の位置（点線部）。リヒトホーフェン男爵の1878年の図示による。

を得、確固たる土台を得るに至ったのである。そして、地理学の重要な欠陥がこれによって充足されたのである。この点においてプルジェワルスキーの旅行は、オーストラリア横断、北極あるいはティンブクトゥ[*30]への到達、ナイルの水源発見、スタンレーによるコンゴ河追求等のような有名な問題の解決と同列に立つものである……プルジェワルスキーのロプ・ノールへの旅は、地理学の分野における斯くも優秀な記録なのである」

このロシアの大佐が帰還した年に、フォン・リヒトホーフェン男爵はいわゆるロプ・ノールの発見に鋭い徹底的な批判的調査を行った。その結果、プルジュワルスキーが発見したのは、歴史的な湖たるロプ・ノールすなわち中国人のいう蒲昌海《プーチヤンハイ》つまり塩沢《イエンツオ》ではなくして、新たに形成された湖であったことを証明する、というなりゆきとなった。ステップと砂漠を流れる大きな河が数千年のあいだにあらゆる種類のステップの塩を集中した末端湖は、絶対的に塩分を含んでいるべきものであり、それ故に塩沢と呼ばれているのである。しかるに、最初のヨーロッパ人の目撃者、しかもまれに見る観察力の持主が、タリム河の最終の貯水池を淡水湖であると報告したのである！

フォン・リヒトホーフェン男爵はさまざまな解釈を求め、しばしば流れと位置を変えるタリム河は以前の貯水池を捨てて、比較的新しい現在のところに流入したものであるという説をえらんだ。

最も確率度の高い解答として、彼はこう考えた。すなわち、プルジェワルスキーはタリム河のさまざまな支流のあいだを旅行したが、一本の支流に注意しなかった。その支流というのは——中国の地図に載っているように——東に流れ、そして砂漠の内部でタリム河の延長部にひとつの湖を形成している。その湖というのが中国人のいう真の歴史的な湖ロプ・ノールである、と。そして次のような言葉で結んでいる。

「プルジェワルスキーがロプ・ノールの研究のためにしたことを、われわれは高く評価しなければならないが、彼が辛苦《しんく》を重ねて取組んだ問題が、まだ完全に解決されたと見なすことはできないのである」

これに対してプルジェワルスキーは次のように答えた。

「わたしは、それほど重大な変化（タリム河が、より新しい時代に、別のもっと南東寄りの流路を探したということ）が比較的後代に起ったことはない、という見解をとる。タリム下流とロプ・ノールに関する中国の地図と記述のいうところは、すべて中国人自身がこの地方について持っている誤まった不正確な情報に負うている……

フォン・リヒトホーフェン男爵が考えるように、もうひとつの支流が存在し、タリム河はそれによって水の一部を東に送り、そこに真のロプ・ノール湖を形成しているという可能性に関しては、今までに得た事実によって、そういう推測はたのむに足りない。そういう水路やそんなに重要な湖があれば、原住民たちはそれらに関する知識を十分に持っていて、遅かれ早かれわたしに伝えたであろう。それは別としても、われわれは自身でタリム河沿岸をたどって、しかも進路と交差しているものは、どんなちっぽけな流出溝ですらも発見できなかったのである。もしそういうものがあったとしたら、われわれの注意を引かないはずはない。水路を越えるというのは、いつも厄介《やっかい》なことだったからである……結局わたしは、原住民たちみんなが、われわれがそのほとりで生活した湖以外に、周囲の砂漠にいくつかの湖があるというのを否定しているのであって、それをここにくりかえすことをわたしの義務と考えるものである」

河を下ればその水量が減るということは、プルジェワルスキーによれば、水の大部分が灌《かん》漑《がい》と漁労に利用されている水路に引かれていることに基づく。湖岸の各所の止水が塩分を含んでいるのに、カラ・コシュンが淡水であるのは、彼の意見によれば、タリム河が流れこんでいることによるという。

カラ・コシュンが淡水湖であったのは驚くべきことではなかろう。その北東部の岸辺で、わたしは軽く塩分を含んだ水の潟を見つけた。恐らく、ヘルナーが推測しているように、淡水湖の北東部にはけ口のない塩水の内湾があったのだろう。そうとしたら、カラ・コシュンは流れのある湖であって、従って淡水をたたえているということになるだろう。

また四回目の旅行（一八八三―八五年）で、プルジェワルスキーはカラ・コシュンをおとずれ、その岸辺で二か月を過ごした。旅行記のなかで彼は次のように言っている。

「タリムの延長部にもうひとつロプ・ノールが存在するということに関して……われわれがそのことをロプ・ノールの人びとに徹底的に尋ねておいたことを、わたしは述べておきたい。彼らは異口同音に否定的な回答を寄せ、さらに、彼らがそのほとりに住んでいる湖は、土地の伝承を過去にさかのぼるかぎり、いつも現在と同じ位置にあった、と言明したのである」

以上が偉大な発見者プルジェワルスキーと偉大な地理学者フォン・リヒトホーフェンとの科学的論争の特色となっている。その結果、歴史的地理的な意味合いにおけるロプ・ノール問題は依然として未解決のままであった。われわれがいまさまよえる湖について持っている知識によって、対論者双方の洞察力に深く敬服するとともに、われわれは双方ともにある点においては正しく、ある点においては誤っていることを認めなければならない。

フォン・リヒトホーフェン男爵が理論的考究にもとづいて、プルジェワルスキーがロプ・ノールだというカラ・コシュンは新しく形成された湖であり、古典的な湖はタリム河の東の延長部にあるに違いない、と言明したのは正しかった。けれども、一八七七年にもなお、砂漠の北部にある中国人のいう古い湖にひとつの支流が注ぎこんでいたと推測したのは誤っていた。

プルジェワルスキーが、自分の発見した湖が中国の古地図に記録してあるロプ・ノールつまり蒲昌海《プーチャンハイ》と同一なりと断定的に主張したことは誤っていたが、しかし、東に横たわる砂漠の湖に支流は一本も流れこんではいない、と保証したのは正しかった。同様に、そういう湖の存在を断乎否定したのも正しかった。

スウェーデンにおいても、プルジェワルスキーの発見は多大の感銘を与えた。一八八四年春、カルル・ニストレーム博士はわが国地理学協会において、彼の旅行に関する講演をした。当時わたしはまだ在学中であって、講演のための大きな壁地図を書かせてもらった。これが、プルジェワルスキーとそのライフ・ワークに触れた最初であった。一八八四年四月二四日、ヴェガ[*31]の日に、そのときアジアの内陸部に居たこの偉大なロシア人はヴェガ・メダルを授けられた。有名な亜欧大陸周航から最近帰ったばかりのノルデンシェルド[*32]は、アジアの極めて重要な部分に入りこんで探究したこの人物を賞賛した。わたし自身は、いつかプルジェワルスキーの探検隊に参加させてもらいたいという幸運を夢みていたので、一八八八年に彼の死去のニュースを読んだとき、いかに苦痛を感じたか、まだ記憶している。一八九一年の夏、わたしはイッシク・クールのほとりにある彼の墓にもうで、同じ年に彼の旅行記を出版した。これにノルデンシェルドは序言を寄せてくれた。

プルジェワルスキーの後、タリムの最下流とその末端の湖をおとずれた旅行家は、一八八五年にイギリス人のケアリーとダルグレイシュ、一八八九年にボンヴァロ[*33]とオルレアン公子のアンリ[*34]、その翌年にピェフツォーフ将軍[*35]、一八九四年にリトゥルデイル[*36]らであるが、彼らはプルジェワルスキーのあとを忠実にたどっただけで、砂漠へ何らの突進をも試みなかった。だから、彼らはだれひとりとして謎の解明に貢献しはしなかった。

　これに対して、コズロフ中尉は一八九三年から九四年にかけての冬、ロプ砂漠の北部を旅行して、東の方向に走っている乾上った河床を発見した。それは東トルコ人たちにクルク・ダリアすなわち「乾いた河」と呼ばれていた。コズロフはこれに二か所で接触したが、しかしその意義を認めることはなかった。

　わたしが一八九三年から九七年にかけてアジア横断旅行[*37]をしたとき、達成したいと望んでいた目的のひとつに、ロプ・ノール問題解決に貢献するということがあった。一八九六年三月、わたしは乾上った旧河床がコンチェ・ダリアから分岐している場所の近くで、クルク・ダリアの最上流部を渡った。わたしはそれを地図に「コンチェ・ダリアの乾上った旧河床」と名づけた。当時わたしはまだ、コズロフが二年前にやや東寄りのところで旧河床を発見したということを知らなかった。それはまだ公表されていなかった。

　それからわたしは、リヒトホーフェン男爵が仮定したように、砂漠のなかへ支流が一本流れこんでいるかどうかを確かめるために、タリム・デルタに派生している諸水路の東岸をたどった。河がそういうふうに分岐しているところはなかった。だから、この点ではプルジェワルスキーが正しかったのである。

　そのかわりに、わたしはタリムの諸支流が貫流している一連の湖を発見した。わたしはこれらを旧ロプ・ノール湖本来の姿が変形した最終的な残部であるとみなした。リヒトホーフエン男爵が支持してくれたこの解釈を、わたしはその後、新たな調査に基づいて放棄しなければならなかった。四〇年以上も前のその当時、すでにわたしはロプ・ノールに「さまよえる湖」という名前をつけていた。(『アジアの砂漠を通って』第二巻一四四ページ以下)『アジアの心臓部にて、未知の踏跡を一万キロ』というわたしの著書の第七章の標題は「さまよえる湖」となっている(第二巻七七ページ)。

一八九七年一〇月二七日、わたしがセント・ペテルスブルクのロシア帝室地理学会で講演したあと、コズロフは小さな本を著わして、わたしの論証に一点一点反駁《はんばく》した。彼はクルク・ダリアがコンチェ・ダリアの旧河床であることを認めはしたが、しかしこの古い河は東に迂《う》廻《かい》してカラ・コシュンに注ぐ、と主張した。彼はプルジェワルスキーの名誉を是が非でも擁護しようとして、最後に次のように言明している。

「わたしがこの議論全体から読みとることのできる唯一の結果は、カラ・コシュンが忘れがたい恩師N・M・プルジェワルスキーのいうロプ・ノールであるのみならず、また中国の地理学者のいう、古い歴史的な真のロプ・ノールである、ということである。こうして、この湖はここ千年のあいだ存在していたのであり、また今後もこのまま存在するであろう」

三年後、この論断は軽率であったことが明らかとなった。一九〇〇年にわたしはこの論争の的《まと》となった地域に戻って、クルク・ダリアの乾上った河床を、ロプ砂漠のなかに認め得るかぎりたどって行って、通常その幅は一〇〇メートルで深さは四乃至五メートルであることを確認した。この大きさだから、かなり昔には、タリム河全体が支流のコンチェ・ダリアをもあわせて、後になって乾上り棄て去られた河床を流れていた、というのが事実らしい。

わたしはアルトゥミッシュ・ブラクの泉から、ロプ砂漠全体を横断してカラ・コシュンまで行き、一九〇〇年三月二八日、その北部で楼蘭《ロウラン》の町の廃墟を発見した。水が十分になかったので、二〇時間以上は留まっていられなかった。わたしは、これが極めて重大な発見であるとすぐに気づいたので、北山《ペイシャン》を抜ける東寄りの迂廻路を通って、一九〇一年三月初旬に楼蘭《ロウラン》に戻った。このことはすでに述べておいた。ここでわたしは一週間にわたって考古学的発掘を行い、重大な成果をあげた。

楼蘭《ロウラン》から南に向かって高度を測定したところ、砂漠の北の部分が沈下していることが明らかになった。楼蘭《ロウラン》のキャンプ付近の出発点とカラ・コシュンの北部湖岸との高度差は二メートルよりやや多い程度になっていた。ロプ砂漠は大体において海面のように水平で平坦《へいたん》であることが分った。ここは、湖中に沈澱《ちんでん》したさまざまな年代の沈積物でおおわれていた。砂漠の風が、すでにわれわれが知っている独特の「ヤルダン」を形成していた。より古い湖底の表面は、大部分が「ショル」すなわち凝固《ぎょうこ》して堅い煉瓦《れんが》のような土くれや、山稜《さんりょう》になった塩分を含んだ粘土から成り立っていた。

そこで、クルク・ダリアの乾上った河床の地図を作ること、楼蘭《ロウラン》周辺の地域を踏査することが、わたしの課題であった。そして、カヌーその他の乗物によって、タリムのデルタ支流や大部分の湖を航行した。葦原の続くカラ・コシュンをできる限り遠くまで進もうとし、ついに旧ロプ・ノール低地の最東北端にある湾を横断した。

あらゆることを通してわたしは経験をまとめ、この地域全体に関する概念を得て、次のような理論を立てることができた。

表面が海面のように平坦な砂漠地方においては、流水はごくわずかな表面の変化にも極めて敏感である。ここで問題となっている、一五〇〇年という地質学的にいえば短い時間のあいだに、地殻《ちかく》の変動によって生ずる一世紀ばかりの表面の変化などは、目立つほどの役割を演ずるものではない。末端の湖が砂漠の北と南の部分のあいだを周期的に移動する、もしくはそれが北と南の盆地を交互に占有する、というのは別の理由、すなわちより早く進行する地表の変化に基づくものでなければならない。

この理由は、まず第一に、有機的または無機的な固体が流水によって間断なく供給されること、次いで、地面を侵蝕し、その削剝《さくはく》力によって堅い成分を分解して運び去る風の力である。

こうして、平均水深〇・八一メートルの南の湖カラ・コシュンは、タリムの河泥、空からの飛砂や砂塵、腐朽《ふきゅう》した動植物の残骸《ざんがい》、種々雑多な動物の排泄《はいせつ》物などで満たされるのである。

南方の湖が満たされるあいだに、北方の乾燥した砂漠地帯は極めて烈しい東北東の強風によってえぐられる。こういうわけでロプ砂漠の北部地表の高地は低下するが、一方、カラ・コシュンの湖底はますます高くなる。それにすぐ続いて生ずる結果はといえば、カラ・コシュンが徐々に砂に埋まり、タリムが流入してたえず新しくなっているその水は湖の面積を拡

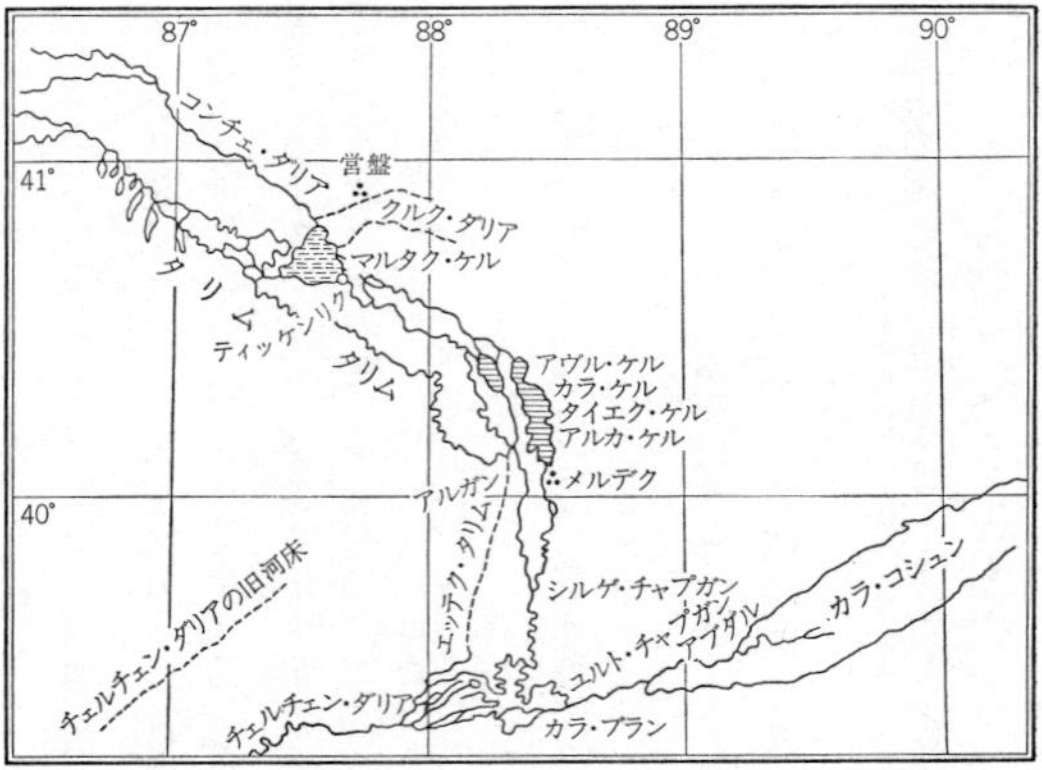

ロプ・ノール地方に関するわたしの最初の地図、1896年。

クルク・ダリアすなわちクム・ダリア。砂漠の低地（凹地）およびカラ・コシュン北部の新しい湖。1900年と1901年。

大し、その平坦な湖岸からあふれようとすることになる。地形は北岸からアスティン・タークの麓《ふもと》に向かって目立たぬほどに上りになっているが、北岸は北に向かってはあまりにも平坦であるので、一九〇〇年と一九〇一年とにわたしが発見したように、カラ・コシュンの北には、急速に姿を消す小さな湖が形成される。

数世紀にわたって不断に進行したこの北と南とのあいだの相互作用は、結局次のようななりゆきとなる。すなわち、比較的深いくぼ地が砂漠の北部にでき、河と湖は必然的に前には乾上っていたもとの河床に戻らざるを得ない。一方、タリムの流れの南に向かう部分は涸渇《こかつ》し、南の湖カラ・コシュンは水が新たに流入して激しい蒸発を補うことがないので、急速に乾上るのである。

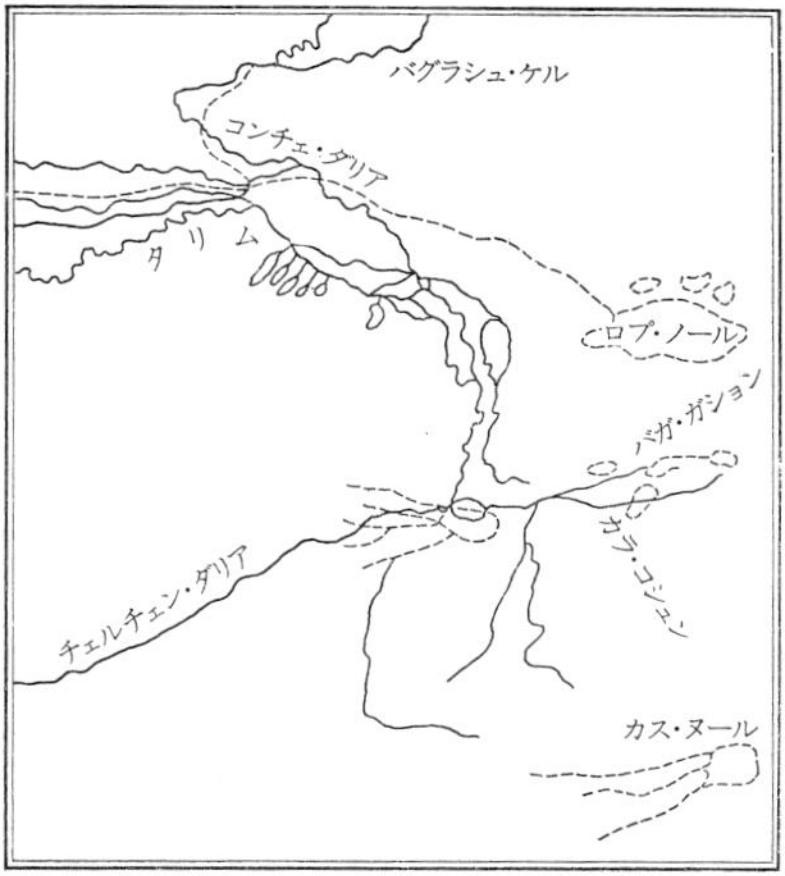

武昌地図（点線）を、1901年のロプ・ノール地域図（実線）を基礎として明確化しようとした試み。

この理論は、さまよえる湖がおこした一見気まぐれな変動に基づいてのちになって組み立てた、「あとになって思いついたうまい知恵」ではない。これは一九〇〇年と一九〇一年にクルク・ダリアの乾上った河床について測量したとき、またカラ・コシュンの岸辺に居たときに考えたものである。これはわたしの著書『アジアの心臓部にて。未知の踏跡を一万キロ』（ライプチヒ、一九〇三年、第二巻八四ページ以下）に出ていて、次のように述べてある。

「この数十年間つまりプルジェワルスキーの時代から以後、カラ・コシュンは目に見えて乾燥する傾向を示している。数年後には、湖が、中国の記録によればかつて存在したはずの場所、そしてリヒトホーフェンが明敏にも理論的に証明したように実際に存在していたに違いない場所に再び見出されるであろう、とわたしは固く信じている……純粋に機械的で、局地的環境のもとにおける力の法則に支配されるこのような水面の変化に対して、タリム水系の最後の貯水池となっている湖は極端に敏感であるに違いない。物理的な必然性に基づいて、結局、水はいわば氾濫《はんらん》して、相対的に低いくぼ地を求めるということにならざるを得ない。植物も動物の生活も、漁夫とその風通しのよい小屋ともども新しい岸辺へ引っ越し、古い湖は乾上るのである。将来も同様の現象が逆の順序で、しかも同様の法則に支配されてくり返されるのである。そうなったときにはじめて、一層豊富な資料によって、その周期の長さを規定することができるであろう。われわれが現在十分確信をもって承知しているのは、紀元後二六五年、元帝[*38]統治の最後の年に、ロプ・ノールは砂漠の北部に存在していた、ということである」

わたしの著作『一八九九年から一九〇二年にかけての中央アジア旅行の科学的成果』（ストックホルム、一九〇五年、第二巻三五三ページ以下）に第一章「ロプ・ノールの移動」というのがあり、そこで移動問題のすべてが詳細に論議されている。なかでもわたしが詳論したのは以下のことである。

「われわれが現在ロプ砂漠の地表の状態について持っている知識に照らして、河がいつかはクルク・ダリアに戻って行くに違いないと主張しても、大胆にすぎるということはない……タリム最下流とカラ・コシュン付近の土地が沖積土で満たされて、そのために河が北の河床に戻らざるを得なくなるのは、単に時間の問題にすぎないのである」

この著作には、タリムの最下流とその末端湖とが、北にあるロプ・ノール低地と南にあるカラ・コシュン低地とのあいだを振子のように往復することを示す略図が掲げてある。

河と湖とがやがてもとの河床湖床に戻るであろうという、余りにも大胆すぎるようなわたしの予測に、地理学者たちは何ら特別の注意を払わなかった。地表の地質学的変化に関する予言というのは、疑問が介在する性質のものであるのが通例である。それが結局正しいものであるにしても、実現するまでには数千年あるいは数十万年かかる可能性がある。そして、そのときにはもう予言者もその著書もとっくに忘れられているのだ。

わたしの知るかぎり、わたしの学説の根本的な点を吟味した研究者はオーレル・スタイン卿ただひとりであった。ここで彼の論証を詳細に述べることはできない。その論証は後年の出来事のために意味を失ってしまったのだから、なおさらである。彼はそのすぐれた労作『極奥アジア』第二巻七六一ページにこう述べている。

「ヘディン博士が一九〇〇年から一九〇一年にかけて行った踏査によっていわゆる（！）ロ

プ・ノール問題の解決として提起した学説に基づいて、この地方を調査することが重要であるとわたしには思われた。この学説によれば……クルク・ダリアは支流たるコンチェ・ダリアをも含めた全タリム水系の水量を旧ロプ・ノール湖へ導くという。彼の見解では、旧い湖ロプ・ノールは楼蘭《ロウラン》の廃墟の南にあり、比較的新しい時代からタリムの現在の流れのところまで広がっているという。この学説は、楼蘭《ロウラン》の廃墟の南と東にある重要な地域にはっきり描かれたクルク・ダリア・デルタでわれわれが地図測量したところと一致させることができなかった。さらに注意すべきことは、その学説が中国の記録に支えられていないということである。それらをわれわれは自由に使えるのだが、ヘディン博士が学説をたてたときには入手できなかったものである。この記録は、極めて意義深い物語であるとわたしは考える。そしてそれはシャヴァンヌ氏[*39]が酈道元《リータオユアン》の『水経注《すいけいちゅう》』を抜粋して、魏略の西戎伝[*41]に関する傑出した研究の「補足注」のなかで翻訳したものである。

酈道元《リータオユアン》の注に関するシャヴァンヌのすばらしい翻訳とスタインの洞察力に富んだ解釈は、クルク・ダリアに関する限り、数年後には考え得る最も強い反駁《はんばく》を受け、未解決の問題に対して注釈を全然必要としない解答を得ることになった。タリム最下流とロプ・ノールの歴史に新たな脈動が起り、自然がみずからその秘密を明かして、われわれの眼前に、開いた書物のように公表したのである。酈道元《リータオユアン》の著作とは違って、誤解や間違った解釈を許さない自然の証明が始まったのである。

二一　最新の脈動

一九二八年二月二〇日、多人数のわが探検隊は古のトゥルファンにいて、ホッジャ・アブドゥルの家に住んでいた。ここでわたしは、いつものように旅行の経験を積んだ商人のトクタ・アフンに、この地方の商取引や商業ルートその他の事情についてたずねた。

話のなかで、彼はトゥルファンのバザールで売る羊を買入れに、毎年ティッケンリクへ行くと語った。どの道を取って行くことにしているか、またどこで夜を過ごすのか、とたずねると、彼はキャンプ地の名を挙げ、さらに営盤《インバン》で渡し舟を利用する、と教えてくれた。「水が深くて徒渉できないから、旅人や荷物は渡し舟で河を渡るのです」ということだ。

この話を聞いて、わたしは電光に打たれた思いだった。それは二八年前にわたしがたてた学説が正しかったというのみならず、またロプ・ノールとタリムの最下流が間もなく北にある旧河床へ戻ってくるだろう、というわたしの予言がすでに適中していたことをも意味したのである。

わたしはトクタ・アフンに何が起ったのか、とたずねた。なぜなら、一九〇〇年、わたしが最後に営盤《インバン》を訪れたときには、旧河床は乾上ったままであったからである。彼はこう答えてくれた。水は現在全く別の道を取っている、しかも、コンチェ・ダリアは七年前つまり一九二一年にいままでの流れを棄てて、クルク・ダリアの乾上がった河床に流れこんだので、今では営盤《インパン》の廃墟《はいきょ》のかなり近くを流れていて、その南にいま渡し場が作られている、と。他方、彼は河の流れが東へどれほど遠く続いているかは知らず、ラクダ猟師のアブドゥ・レヒムしかその消息を知るまい、ということであった。

一九二八年二月二〇日ほど、わたしは原住民に根掘り葉掘りものをたずねたことはなかった。わたしはすぐに、この日が内陸アジア発見史上画期的な日である、とさとった。この日、さまよえる湖の謎《なぞ》の解決がかなえられたのである。ここに、フォン・リヒトホーフェンとプルジェワルスキー、コズロフとわたしとの見解の相違に対する回答がなされ、ハンチントンとオーレル・スタイン卿の研究成果の矛盾が解明されたのである。

一八九六年以来、わたしはロプ・ノールの地理学的問題に心を奪われてきた。その北岸に沿い、クルク・ダリアに沿って古代のシルク・ロードは走っていた。楼蘭《ロウラン》はこの地方におけるその中心地であった。河と湖が紀元後三三〇年頃に南へ移ると、シルク・ロードは断ち切られ、楼蘭《ロウラン》は見捨てられ忘れられてしまった。いま、水は旧河床に戻って来て、歴史的意義をもつ新たな展望がわれわれの眼前にくりひろげられたのである。一六世紀の長きにわたって、不毛と死の静寂と忘却とが支配していたこの地方が、現在突然また重要になったのである。不安定な連鎖を結びあわせて完全なものにすることがわが探検隊の手に残されていた。われわれの過去には、中国人がロプ・ノールについて識っていた二千年の歳月が横たわっており、またわれわれの未来には——数え切れない、もやがかったように遥かな年月を思うと

1900年３月、わたしのキャラバンは1600年前から乾上がっているクルク・ダリアの河床を通った。その同じ河床を、1934年の４月と５月、われわれはカヌーで航行したのである。

めまいがする。時が流れ、新しい交通路、自動車道路、鉄道、戦略的連絡網がアジアの心臓部に建設され、一五〇〇年にわたって極めて貧しく、サソリやトカゲの住処にすらなれなかった砂漠地方に、新たな駅や都市が復活することであろう。かつてはクルク・ターグの塩泉から野生ラクダがここにさまよってきたくらいだったが――しかし現在、水が戻ってきて、人間もまた動きつつあるのであって、今やこの砂漠のさまよえるオランダ人たちは、自分たちの自由に行動できる地域が削られ制限されるのを知って驚くことであろう。

二八年前にクルク・ダリアの河床を進んで行ったときには、何と困難で面倒だったことだろう。わたしは、広く深くて曲りくねり、カラカラに乾上った河床と、岸辺の枯死した森の様子を思い出した。墓場の十字架のように、木々は灰色でひび割れ、一六〇〇年来枯れ切ってガラスのようにもろくなっていた。以前は大きな河が貫流し、砂漠の風が密生したポプラの樹冠にたわむれていたこの河床には、ひとかけらの生命も一滴の水もなかった。しかもここには、精巧な装飾を施した寺院や、仏陀《ブッダ》をたたえて建てられたパゴダのような塔のある都市があった。ここには北方の蛮族を防ぐために強力な守備隊が駐屯し、隊商宿や市場では西方諸国やインド、中国から来た小商人たちが取引をした。帝政時代のローマで遊女たちが踊るときに身を飾った高価な中国の絹は、束ねあわせて梱包《こんぽう》され、ズックで縫いくるめられ、ラクダや牛車でこの町を通って送られたのである。

わたしは一九〇〇年に見出した状態を、このように思い起した。一九二一年に河はもとの河床に戻ってきて、一九二八年に、わたしの予言の正しさが証明されたという第一報を受け取った。わたしがこの世の人間の誰よりも早く何が起ったかを知るに至ったのは、全く不思議なありそうにもない運命の摂理であって、文芸作品のなかでこんなめぐりあわせを考えついたら、失敗だと思われることだろう。

とにかくわれわれはトゥルファンから新疆《シンキャン》省の主都ウルムチへと旅を続け、そこで省長である老将軍楊増新《ヤンツオンシン》に手厚く迎えられた。

しかし、トクタ・アフンの口頭の説明だけではわれわれには十分ではなかった。東洋人にはあふれんばかりの空想力があって、彼らにとって真実とは極めて柔軟性に富んだ概念なのである。われわれは自身の眼で、かつ自分の道具を使って、トクタ・アフンの述べたことが事実と一致しているかどうか、確かめなければならなかった。

ヤルダンのあいだの広い溝（1900年）。

ヤルダンのあいだの風にけずられた溝にいる
わたしのラクダ数頭（1900年）。

ヤルカンド・ダリア右岸の侵蝕段丘（1899年）。

タリム中流域の右岸にあるわたしの渡し舟（1899年）、
アクス・ダリアの流入口より遠くないところ。

わが地質学者エリック・ノーリン博士を復活した河に派遣する許可を楊将軍から得るのはむつかしいことではなかった。

一九二八年四月一一日にノーリンはクルク・ターグ山中の寒村シンガーを出発し、間もなく新しい河の水面が陽光にきらめくのを見た。河床が乾上っていたあいだ、それはクルク・ダリアつまり「乾いた河」あるいはクム・ダリア「砂の河」、と呼ばれた。いまだにこの名前を使っているのは、東トルコ人だけである。

淡い灰黄色の砂漠のなかを、青い帯のようにうねっているクム・ダリアを、最初のヨーロッパ人として目撃することが、ノーリンのためにとってあった。彼は河を東へ二二〇キロたどって、楼蘭《ロウラン》の北北東数キロの地点に達し——岸から見わたすことのできるかぎり——河の流れを地図にとり、巨大な水の帯が、豊富な水量で二八年前にわたしが地図を作製したのと同じ河床を流れているのを見出した。新しい河は上流で幅一〇〇メートルから一五〇メートル、深さは数メートル、流速は毎秒約一メートルであった。

ノーリンはさらに、河が楼蘭《ロウラン》の北で内陸デルタに分岐していることを確かめたが、このデルタにさまたげられて、町の廃墟そのものにまでは進むことができなかった。

そのときにはすでに広大な葦原《あしはら》が岸辺に広がっていた。新しいタマリスクが根をおろし、わたしの若い頃には月面と同じく死と不毛の様相を呈していたこの砂漠のなかへ、流れがいよいよ深く植物の種子を運んでいた。いまはカモシカ、ウサギ、イノシシなどがいて、葦のなかで土を掘り、青い湖には鴨《かも》やガチョウが群らがり、沼地にはコウノトリやアオサギが餌《えさ》

ヤルカンド・ダリア右岸のけわしい砂の侵蝕段丘（1899年）。

を探していた。

一九三〇年二、三月、ノーリンは若い天文学者ニルス・アムボルト博士を同伴してクム・ダリア畔における研究をまとめ、東経九〇度すなわち楼蘭《ロウラン》の北北東四〇キロのところまで河をたどって行った。ノーリンとアムボルトが協同して仕上げた地図――クルク・ターグとその南の土地の或る部分――は、この種の砂漠地帯のものとしては珍しく正確であるという点で傑出している。

一九二八年秋、わたしは自分でクム・ダリアを訪れ、冬、流れが氷結したら、河の末端湖つまり新しい湖ノプ・ノールへ行ってみたいと思って、新しい新疆《シンキャン》省長である頑固《がんこ》で融通の利かない金樹仁《チンシュウレン》に許可を求めたけれども、無駄だった。この湖は、中国の地理学者が言及し中国の地図に載っている古典的な蒲昌海《プーチャンハイ》と同じ湖床にあるにちがいなかったが、ノーリンとアムボルトは、季節が進んでいたために、カヌーなしではこの場所に行きつくことができなかった。そのうえ、彼らの任務は別の領域にあった。ノーリンにとっては地質学が眼目であり、一方アムボルトは測地学的天文学的観測をしなければならなかった。だから、わたしはこのふたりと協定して、ロプ・ノールの探索はわたし自身に取っておいてもらうことにした。けれども、省長の敵意のために、この計画は放棄しなければならなかった。

徐 炳昶《シュービンチャン》教授とフンメル博士とわたしが、省長の頑固さを訴えに南京《ナンキン》へ行ったのは、この時、つまり一九二八年一二月のことであった。蔣 介石《チアンカイシェク》元帥は援助を約束してくれた。関係筋の力で、わたしはその後新たな手がかりを得たが、しかしロプ・ノールは追って沙汰《さた》あるまで待たなければならなかった。

われわれは問題の主要な点を解明したのだが、末端湖だけが欠けていた。わが探検隊の五人の隊員は一九二八年にタリム下流のデルタを通過したが、そこはプルジェワルスキーが最初に訪れ、またその二〇年後にわたしがラクダとカヌーあるいは渡し舟でさすらったところである。これら五人のうちの二人は考古学者のフォルケ・ベリマンと気象学者のヴァルデマル・ハウデ博士であって、わたしの以前の旅行と観察とに関する報告を送ってくれた。彼らはタリムの最下流部とコンチェ・ダリアの流れがほとんど乾上っているのを発見した。増水期の最も水嵩《みずかさ》が高くなったときに、わずかな水量がこの河床に入りこむだけだった。一九二一年以来、流水はもう一摘もアルグハンには届かなかった。タリムの棄てられた河床には、ただ止水がたまって残っているだけだった。

タリムもその支流であるコンチェ・ダリアも、すでに一九二八年には、今はクム・ダリア

タリム中流域の左岸にて。渡し舟は流れを下っている。

タリム中流域の森にある「マサル」すなわち聖者の墓。(1899年)

と呼ばれているクルク・ダリアの乾いた旧河床に、はっきりとその流れを移していた。これでもって、コンチェ・ダリアのみならず、東トルキスタンの河系の主流であるタリムまでが、一九二一年以来クルク・ダリアの旧河床へと移っていたという点でも、わたしの学説の正当性が証明されたのである。一九〇〇年三月一二日にわたしが営盤《インパン》を訪れたとき、すでにそこにある河床、最深部になお塩水がたまっている河床を、昔はタリム全体が貫流していたことが明白であった。わたしの旅行記『アジアの心臓部にて』第一巻二一七ページにはこう言ってある。

「そのうえ、原住民も、われわれがここ、つまりあの河（タリム）の昔の流れのところに居ることを認めた。けれども、水分はもっと東の方へ伸びてはいない。河床はほくちのように乾いていて、ついに旧ロプ・ノールの、同じように乾いている盆地の中に消えてしまう」

　ロプ・ノールとタリム最下流が最近みせた移動を発見したことに関するスウェーデンの優先権を、最後的にしかも永久に確定するために、わたしは最後の瞬間つまり一九二八年の夏、その頃印刷に付するばかりになっていたわたしの著書『大旅行にて』に、この題目に関する二ページを挿入し、一九二一年以来の出来事を、当時分っていたかぎり報告することができた。この本は一九二八年一〇月にストックホルムで出版された。ドイツ版が一九三〇年春に最初に出版された。イギリス版とアメリカ版とは一九三一年以前にはできなかったので、好都合にも、前もってニルス・ヘルナー博士とパーカー・C・陳《チエン》の作製した新しい湖ロプ・ノールそのものの地図を挿入することができた。

網をひろげる漁夫。1899年、タリム下流にて。

こんなに徹底した、しかも極めてまれな地表の情景変化のことが知られれば、他の旅行者たちがこの地に群らがるだろう、と予測された。この発見についてわれわれの持っている優先権を守るためにわたしの講じた処置が十分根拠のあるものであったことが、すぐにはっきりした。

一九二八年の六、七月、わたしがストックホルムに居たとき、イギリスのR・C・F・ショーンバーグ大佐はウルムチとボグド・オーラに居て、われわれの隊員数名と出会った。その数年間、彼はインド政府に勤務し、東トルキスタンを対象として、徹底的な調査を行っていた。『ジェオグラフィカル・ジャーナル』(第七四巻、一九二九年七月～一二月)の五七三ページから五七六ページに、ショーンバーグは「東タリム盆地における河川の変化」という題で報告を公けにし、こう述べている。

「わたしはウルムチで、中国・スウェーデン探検隊の隊員から、タリム盆地の河川に変化が生じている

タリム下流、砂漠を貫流している（1899年）。

タリム下流の右岸にあるけわしい砂丘（1899年）。

ことを聞いた。そして、アブドゥル・ラヒムはこの報告を確認し、より一層の細目を付加する立場にあった。わたしの本来の計画は、河をその終点までたどって行くというのだったが、しかしその目的を実現させるには季節が早すぎた。水と沼地と全般的な状況のために不可能であって、旅行は沼地が凍結し、水量が減少する時点まで延期した。

ヤンギつまりクム・ダリアの終点は楼蘭《ロウラン》の西と北西にある大きな沼地だということだから、古代都市には、今のところ東と南からしか、つまりロプ・ノールの方角からしか行けないのである」

ショーンバーグ大佐は、新しい河を終点まで偵察するための最善の策が、本書の最初の数章で述べたように、カヌーによる航行であるとは思い及ばなかった。新しい湖の位置について彼の受けた報告は事実の正反対であった。というのは、われわれが知っているように、さまよえる湖は楼蘭《ロウラン》の東と南東に広がっていたのである。一九三四年にわたしが訪れたとき、ロプ地方の原住民で湖の所在を知っているものは、たしかひとりもいなかった。

ショーンバーグ大佐のクム・ダリアとロプ・ノールへの冬の旅行は実行される運びにはならなかったようである。何故なら、彼の著書『中央アジアの峰と平原』一九三三年刊で、彼はこれについてあまり触れず、ただこう書いているだけである。(一二三ページ)

「わたしはウルムチで幸運にも会うことのできたスヴェン・ヘディン博士の探検隊員から、タリム盆地の河川に変化が生じ、長いあいだ乾いていた河床に再び水が流れるようになったことを聞いた。わたしは計画が無駄になったことを実に腹立たしく思ったが、見るものはま

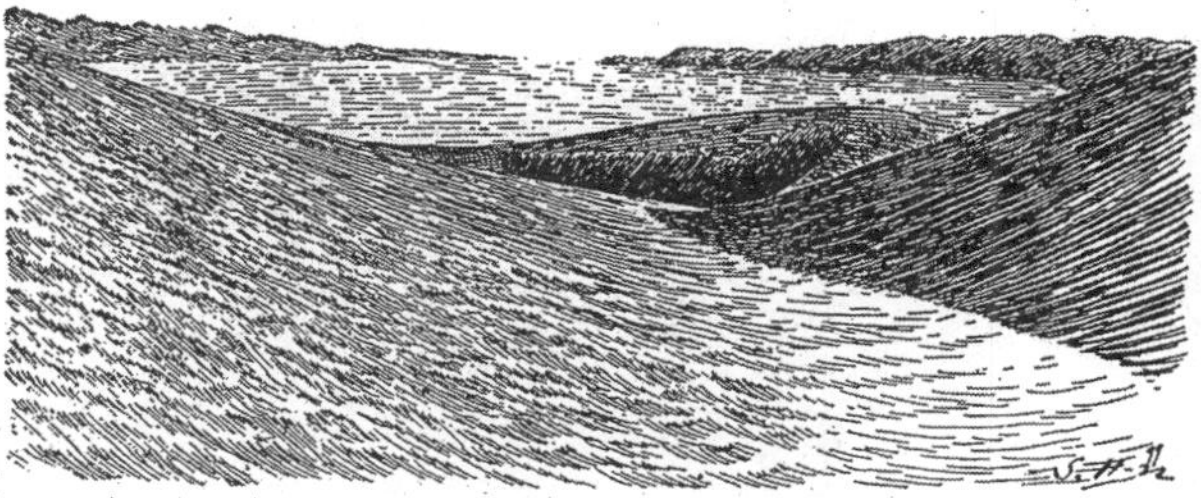

タリム下流の沿岸湖のひとつ、ヤンギ・ケル。
北北東方面の眺望（1899年）。

高さ4.6メートルの河岸段丘（1899年）。

ディルバル付近の森でキャンプ（1900年３月）。

タリムの一支流カルマク・オットゴ、
以前にはティッケンリクの耕地を灌漑していた（1900年）。

だたくさんあると思ってみずから慰めた」

さらにこう言っている。（一二九ページ）

「われわれはいま、少し前に興味深い地理学的変化の起った地方に到達しようとしていた。数世紀前、クルク・タークの麓《ふもと》と楼蘭《ロウラン》の町のところを通って、ひとつの河がロプ・ノールに注いでいた。後に河は流れを変え、その旧河床周辺の土地は不毛になり、見捨てられた。現在、旧河床にはまたもや水が満ちている。そのため、天山《ティエンシャン》の南側のほとんどすべての流れを取り入れているタリム河は、水がもとの流れのほうにそれて行ったのでほとんど乾上ってしまった。これは極めて興味深い現象であって、必然的に土地の状態に影響を及ぼしたに違いなく、牧場は乾燥し、耕地は滅び、集落を放棄せざるを得なかったのである。千年前に楼蘭《ロウラン》で起ったのと同じ変化が、タリムのこちら側でも実際に生じたのである」

楼蘭《ロウラン》付近の情景の変化は、実は一六〇〇年前つまり紀元後三三〇年に起ったのである。

一九三三年七月、中国の英字新聞にオーレル・スタイン卿がわがロプ地方に企画した新しい探検について、詳細な記事が多数掲載された。そのひとつ（一九三〇年、七月二四日付「ペキン・アンド・ティエンチン・タイムズ」）には「ロプ砂漠へ」という見出しで、「タリム盆地、ロプ砂漠、楼蘭《ロウラン》、絹のキャラヴァン・ルート」というサブ・タイトルがついていた。別ものは七月一九日付「ザ・ステイツマン」紙に発表され、「中央アジアの荒野探検」というものであった。これにロプ地域の略図が続き、「オーレル・スタイン卿調査予定地域図」という見出しがついていた。この地図によれば、クム・ダリアは楼蘭《ロウラン》地域の扇状デルタに終っていて、末端湖を形成してはいない。これに反して、ロプ・ノールは以前のプルジェワルスキーの時代のように、依然としてアブダルの北東に横たわっているのである。

スタインはその著書『古代中央アジア交通路考』（ロンドン、一九三三年刊）で、一九一五年にクルク・ダリアのくぼんだ場所数か所で浅い井戸を掘り、塩分を含んだ水を得ることができたと報告したあとで、こう言っている。

「だから、わたしはタリム盆地に四回目の旅行をしたとき（一九三〇—三一年）、最近、タリムに水文学《すいもんがく》上の大変化が起り、その夏期の水の大部分が前よりもはるかに北方でコンチェ・ダリアにぶつかり、そのため、両河を合体した水量をあらためて『乾いた河』と古代の楼蘭《ロウラン》地域へと導いている、と聞いてもさほど驚きもしなかった。ロプ盆地が遭遇したこの最新の変化を研究する機会を待ち望んでいたのだが、残念ながら中国の妨害によってかなえられなかった」

ショーンバーグやスタインが公けにしたところから推せば、ロプ・ノールとタリム最下流の最新の脈動に注目していたのは、われわれだけではなかったのである。エリック・ノーリンはすでにスタインの旅行の二年半前に、クム・ダリアの流れを楼蘭《ロウラン》付近のデルタに至るまで調査したし、一方、ベリマンとハウデはタリムの旧河床に水がなくなったことを確認していた。まだなされていない唯一のことは、タリムの水が蒸発して消えてしまう末端の湖が、砂漠のどこにあるかを決定することであった。

上述のごとく、わたしの探検隊はスウェーデンと中国との共同企画であって、隊員のなか

タリム・デルタの支流に生い茂る植物（1900年）。

岸辺の葦とポプラの森（1900年）。

には徐《シュー》炳昶《ピンチャン》教授やP・L・袁《ユアン》のような傑出した学者がいたのだけれども、ロプ砂漠旅行に着手する許可を、金樹仁《チンシュウレン》省長からどうしても得ることができなかった。換言すれば、新疆《シンキャン》省内ではロプ・ノールに通ずるすべての道がわれわれに対して無条件に閉ざされている、ということが分ったとき、わたしは、蔣介石《チアンカイシエク》元帥の命令にさえ反抗するこの金《チン》を無力にさせる——しかも新疆《シンキャン》と名のつくものは一切排除するという計画を実行に移そうと決心したのである。

すみやかに行動する必要があった。ショーンバーグは天気が良ければロプ・ノールへの冬期旅行計画を実施するかも知れず、また、スタインがこの湖への途上にあることをわれわれは新聞で知っていた。われわれがロプ・ノール問題に投入した努力とわたし自身が捧げた三四年の歳月との結実を他人の手につみとられることに、わたしは堪えられなかった。

一九三〇年、われわれの探検隊のふたつがエチン・ゴル河畔で行動していた。考古学のフォルケ・ベリマンと、第四紀地質学と測地学のニルス・ヘルナーと陳《チエン》であった。ゲスタ・モンテルとイエオリ・ゼーデルボムは北京に居たわたしのところに滞在していた。このふたりをわたしはフォードに乗せて百霊廟《ベリミャオ》を経由し、砂漠を通ってエチン・ゴルへ派遣した。彼らはいろいろな用事を果さなければならなかった。わたしにとって一番重要なことは、彼らがヘルナーと陳《チエン》を探し出して、ヘルナーに手紙を渡してもらうことだった。手紙の主旨はおよそ次のようであった。

「強力なキャラヴァンを仕立てて、敦煌《トンホアン》を経由して北山《ペイシャン》の南の砂漠の道をロプ低地へ進ま

イレク河にかかる橋（1900年４月）。

れたい。一九二一年以後、新たに形成された湖ロプ・ノールを発見するまでは帰還されぬように。湖の状況を地図に作製し、クム・ダリアの河口デルタを調査されたい」

ヘルナーと陳《チエン》はあらゆる点で任務を立派に遂行した。わたしはその旅について今までにしばしば語る機会があった。

続いて、南京《ナンキン》の中央政府が自動車探検隊を準備した。これはわたしの指揮下に置かれ、一九三三年秋から一九三五年春まで実施されたのだが、そのことをわたしは『大馬《ターマー》の逃亡』と『シルク・ロード』のなかで述べておいた。そのなかでわたしは、対馬《マー》仲英《チュンイン》戦の北方軍指揮官ベクティエフ将軍、ロシア総領事G・A・アプレゾフ氏が好意的な援助の手をさしのべ、盛世才《ションシーツァイ》督弁に勧《すす》めて、われわれをいやおうなしに直ちにロプ・ノールに行かせるようにさせてくれたことを報告した。

その旅行が本書の内容である。しかし、一九二八年から三四年にかけてわれわれがロプ地域で行った調査が、さまよえる湖の歴史における最終章であると思いこんではならない。われわれはロプ・ノール問題を、今までに解けるところまでは解いた。けれども、この落着きのない湖は、過去数千年と同じく現在も、砂漠の北部にある河床に永続的に位置していることはないのである。一九二一年以後に変化が生じて、わたしが一九〇一年にたてた学説が正しいことが分ってから、今日次のような主張をすることは当時ほど勇気を要しない。すなわち、タリム下流と末端湖は、今始まった周期がいずれ終り、振子運動も終れば、目下の河床を放棄して南へさまよい帰り、砂漠の比較的低い部分、つまりプルジェワルスキーの時代のと同じかも知れないし違うかも知れない、現在は乾いている地方を探すことだろう、という主張である。

この学説の基礎となるふたつの有力な根拠は、生きている水に含まれる固形成分の沈積物と、粘土質の砂漠が風によって侵蝕されることとであって、その経過についてはヘルナーが彼の論文「互生の湖」で裏書きしている。そのなかで彼はこう言っている。「大体において、河の流れの変化と湖の転移は、沈澱と風蝕の作用によると思われる」と。これらの力が来たるべき数百数千年のあいだ、過去と同様に作用するであろうことは明らかである。われわれが中国の年代記や記録のなかに、また自然自身の偉大な書物のなかに、出来事の推移をたどることができたところと全く同じことが、未来にも確実に起ることとであろう。

今始まった周期が持続する期間については、一切の予言をさしひかえておくのが最善の策である。河と湖が紀元後三三〇年にその河床と湖床を棄て去ったときまでに、何世紀のあい

ケリヤ・ダリアにおける冬季のポプラの密林（1896年）。

だ楼蘭《ロウラン》の付近に存在していたのか、われわれは知らない。次の大きな周期も、やはり一六〇〇年続くのだろうか。あるいは一八世紀初頭に起った状態に似た中間期が始まるのであろうか。こういう質問に答えてくれるのは未来だけである。

けれども最も確からしいのは、河と湖が長期にわたってその河床と湖床に留まり、次の振子運動を経験するのは遠い未来になるであろう、ということである。しかし恐らく、トルコ人たちがいずれ堤防を築いて河をもとの河床に押しこめることに成功するだろう。

ロプ・ノール地域に周期的に起る変化は、植物界、動物界、人間界に真の破局を惹《ひ》き起す。河が不意に涸《か》れはじめ、しばらくして完全に乾上ってしまっても、人間にとってはそれほど危険ではない。人間は水量の減退によって注意を促されて、時機を失せず他の地方へ移住することができる。森や藪《やぶ》や岸辺に棲《す》む高等動物、鳥類、羽根を具えた虫などでさえ、

チェルチェン・ダリアの河口にて（1900年）。

水がいつも流れているところへ移ることができる。けれども、あらゆる魚類、軟体動物、水棲《すいせい》昆虫などは急激な絶滅を宣告される。一方、植物は根が地下水に届いているかぎり、まだ長く破滅に抵抗することができる。けれども、その命脈は尽きようとしている。われわれはクム・ダリアを航行したとき、毎日、乾からびた木々や茂みのそばを通って眺めたものだった。その木々は古い墓の上の白や灰色の十字架に似ていた。また以前旅行したときにも、楼蘭《ロウラン》の周辺とかロプ砂漠の他の部分とかで同じような光景を目にしたものである。無数の嵐が飛砂を吹きつけて荒れ狂ったにもかかわらず、ポプラの幹が一六〇〇年経ってもまだまっすぐ立っているのには、何回見ても驚嘆させられる。けれども、持ちこたえているのは幹だけであって、大枝や小枝はとっくになくなり、木質は乾き切って明灰色でもろく、勢いよく燃え、水に入れると沈んでしまう。水に入れると沈むという性質は、ほんの偶然に発見したことだが、恐らく、これらの幹は樹皮がはがれて乾燥し、裂け目ができて、飛砂や砂塵が入りこんだためであろう。こうしたことによってきっと幹が保たれ固くなって、そして風に対する抵抗力も強められたのであろう。

こういう経過をたどった事件がクム・ダリア沿岸と楼蘭《ロウラン》周辺に起ったのは、紀元後三三〇年のことであった。軍事的政治的崩壊が町の放棄を促したにせよ、河と湖が南に移動したことが、この地方における人間と有機物の生命の存続をさまたげる決定的な障害となったのである。一九〇〇年三月二八日、この古代都市に一番乗りをしたとき、わたしはすべてに死の刻印が押された風景に取り囲まれた。ただ、砂漠のはるか南にあるいくつかの低地には、ある中間的な時期にタリムの水がデルタ支流となって届いたのだろうか、今なお生命のひらめきを宿している数本のタマリスクがあった。

砂漠で水のないところには、生命の存在は不可能である。もし水が戻れば、そのあとを生命もまた追ってくる。水中に棲む動物が最初の移民である。流れは葦やその他の植物の種子を運び、種子は岸辺にすぐ安住の地を得て、根をおろす。下流へ行くに従って、生きているタマリスクの数がふえるのには驚かされる。かなり前に述べたが、楼蘭《ロウラン》に向かっている水路のような支流にはそれが特に多い。恐らく、そういう古い水路のところでは、地下水が地表のごく近くにあって、タマリスクは長い中間期を通じて生命を保つことができたのであろう。

最後にポプラが移住するのだが、われわれは旅行のあいだに、東トルキスタンにおける砂漠縁辺の象徴であり前哨《ぜんしょう》であるこのポプラでさえ、河が乾上ったときに追い出されたもとの砂漠の国へと帰りはじめているのを見た。

一九三四年の四、五月、わたしはかつて征服したことのあるこの国を、この水によって東に運ばれて、高揚した厳粛な気持につつまれていた。わたしは、自然がみずからの勝利を祝う祭典に臨んだ外人客であるかのように感じ、風が葦にサラサラと吹き、水がつぶやきながら張り出した岸辺を迂廻するとき、凱旋《がいせん》行進の伴奏を聞く思いがした。ほんの数年前までは、死の無常だけが住処にしていた静寂な砂漠へ、生命はさまざまな形をともなって戻ってきた。タマリスクは小さな丘や砂の堆積の上に元気で生き生きと君臨し、見はるかす去年の黄色い葦原には、すぐに新しい春の緑の茎《くき》や葉が芽ぐむことであろう。彼方《かなた》のデルタには、すでにイノシシが棲みつき、まだ淡水であるロプ・ノールの北部には、驚くほどたくさんの魚が居ついていた。年々、葦原は広がって密になり、動物の生活は発展する。もし河が長いあいだ流れをそのままに保てば、コンチェ・ダリア沿岸の森林はクム・ダリアのデルタにまで広がるであろう。

プルジェワルスキーの古い水路と、彼の発見した湖カラ・コシュンのほとりでは、今日、自然は凱旋行進曲を演奏してはいない。そこには死の静寂がみなぎり、われわれの見る行進は退却であり、葬送の行進なのである。昨年、動物は水が引いたことに気づいたが、しかし、本能と数世紀にわたって受け継いできた経験によって、春か秋の増水がいつものように新しい生き生きした洪水を伴なうだろう、と考えた。新しい水は来なくなり、最後の水溜りも蒸発し、魚や軟体動物は底の泥土に横たわり、窒息して死んだのである。

葦の中を流れる自然の水路（1900年）。

葦はしぼみ、株だけが残る。森はまだ根が地下水から生命の水分を摂取する限りはまだ生きている。けれども今のような水の割当てが続くならば、枯れて死んでゆくように運命づけられているのである。南方にあるその最前哨は、前の振子運動のあいだに森がどれだけ広がることができたかを、後世に示すことになるだろう。それはカラ・コシュンにまでは届かなかった。この湖の岸辺は、何もなく露《あら》わなまだった。これについては、プルジェワルスキーの昔なじみ、八〇歳になる村長クンチェカン・ベグが、一八九六年に漁村のアブダルでわたしに知らせてくれたことで確認される。彼は、祖父のヌメット・ベグが若い頃カラ・コシュンの北に横たわる大きな湖のほとりに住んだこと、カラ・コシュンは一七二〇年頃にはじめてできたことなどをわたしに伝えてくれた。従って、プルジェワルスキーの湖は、二、三〇〇年前に砂漠の最も南にある低地に落ち着く前に、ある中間的な期間を経たことは明らかである。

二本のポプラの老木（1900年）。

タリムがカラ・コシュンに流入しているところのすぐ上手《かみて》にある、葦でふいた小屋の小さな村々で一九〇一年にわたしが見た漁師たちは、湖が乾上りはじめ河の水が引いたとき、生活条件をおびやかされた。大部分の人たちはチャルクリクに引っこんで農民になり、他のものは河をさかのぼって移って行った。あたり一帯の風景は、いまやプルジェワルスキー当時とは全然違った姿を呈しているのであって、こんなに完全な変化は地表における稀有《けう》の現象である、と言っても問題ないであろう。

クム・ダリア畔の情景の変化を観察することは、後世の地理学者にとって興味ある研究であろう。カヌー旅行では陳《チエン》もわたしも、河の上流で羊の群を放牧している羊飼いをほんのわずかしか見なかった。この新しい河のほとりには、彼ら以外にひとりの人間もいなかった。けれども夏には、われわれが自動車で行ってキャンプした地域ともっと下流には羊の大群がやって来ている。水のあるところ生命も存在し、生命を与えてくれる河は人間をも連れて行く。コンチェ・ダリアのほとりには、昔から灌漑用水路を掘鑿《くっさく》して河から水を引いた耕地がある。新しい河に沿って人工灌漑をすることは、ヤルダンの土地という悪条件のため、大へんな問題であるし、またもし成しとげようとすれば未曾有の労働を要するであろう。

タリム最下流のロプリク族のように無欲な漁民であれば、クム・ダリア沿岸で生計を立てる可能性もある。そこには牛や羊向きの広大な牧草地が広がっている。

一九三四年に計画された自動車道路がいつの日にか実現すれば、現在のところ大へん貧しいが水の豊富なこの土地は、われわれの時代におけるのとは全く違う意義を持つことになろう。そのときには、恐らく眠れる都楼蘭《ロウラン》も——場所や形態は違うとしても、死から蘇ることであろう。

ベリマンと著者、クム・ダリア畔にて。

訳者解説

鈴木啓造

将来、地球はこう変るとか、地表がこのように変化するだろう、といった推測が地理学や地質学の立場からなされることがある。たいていのばあい、遠い未来のある時期に、ということで行われる。だから、あまり現実感はない。

けれども、その予測を発表してから大して時間が経たないうちに、自然がみずからその正しさを立証してくれるという事態にめぐりあった研究者は、極めてまれであろう。

ヘディンは、その数少ないうちのひとりであって、その点、彼は幸運な人であったといえる。

ロプ・ノールがタリム河下流のどこに位置するか、という当時地理学界の論争の的《まと》となっていた問題を解決しようとして、ヘディンは第二回中央アジア探検（一八九九―一九〇二）を行った。

その結果、彼は、砂漠と河の状態の変化に応じて、ロプ・ノールはその位置を移動させる、という大胆な推論を導き出し、一九〇五年に発表した（Scientific Results of a Journey in Central Asia 1899—1902第二巻〈一九〇五年刊〉）。

それから四半世紀も経たないうちに、砂漠の河と湖は、彼の説が単なる推論や予測ではなく、事実の予言であったことを裏書きしたのである。

一九二八年二月、彼はトゥルファンに居て、その地からシンガー、営盤《インパン》を経てコンチェ・ダリア畔のティッケンリクに至る道に異変が生じたことを耳にする。

徳門堡《トメンプ》から営盤《インパン》を通って東に伸びる乾上った旧河床——第二回探検で彼がキャラヴァンとともに歩いた道——に水が流れているというのである。それを聞いて、彼は「電光に打たれた思い」（本文三二五ページ）がした。

徳門堡《トメンプ》から東南に流れていたコンチェ・ダリアが東に方向を変え、彼の歩いた旧河床を通って流れるようになったのであり、それこそが彼の予言した湖の移動の源動力である、と彼は悟ったのである。そして、河が流れを変えたのは一九二一年であったことも、彼は確かめる。

流れを変えた河の行きつくはて、そこに新たに形作られるロプ・ノールの調査へと彼は乗り出すのである。そして、その結実が一九三七年に刊行された本書となる。

一九〇五年に公けにした予言が一九二一年には現実のものとなったのだから、ヘディンは幸運であったと言わなければなるまい。

しかし、これは決して僥倖《ぎょうこう》ではなかった。

トゥルファンからティッケンリクへ行く途中、営盤《インパン》で渡し舟を利用しなければならなくなったという、ただそれだけの話を聞いて、その裏にひそむ重大な意味を理解するために、へディンは研究に実地踏査に、長い辛苦《しんく》に満ちた積み重ねをしなければならなかった。研究者の幸せとは、こうした永い苦しい前提のうえにもたらされるものであることを理解しなければならない。

具体化された予言をその目でたしかめるために、「さまよえる湖」へのカヌー旅行を敢行したとき、彼はすでに六九歳、東洋へ最初に旅立ったときから、約五〇年の歳月が流れていた。そして彼の探検旅行はこれが最後になるのだが、本書のどこを探しても、「老い」を感じさせるところはない。

探検家へディンの名を高からしむるゆえんである。

彼は一八六五年二月一九日、建築技師ルドヴィヒ・ヘディンの長男として、スウェーデンの首都ストックホルムに生まれた。六歳で小学校入学、一〇歳のとき教育者ベスコフの経営するギムナジウムに入学し、二〇歳で卒業した。彼は、リヴィングストン、スタンレー、ノルデンシェルド等の影響を受け、一二歳のときすでに探検家を志望し地理学を専攻しようと決心した、と語っている。

卒業後、家庭教師の職を得たが、その任地はカスピ海沿岸のバクーであった。こうして、旅行家へディンに旅立ちの最初の機会が訪れる。

比較的短かった任期を終えると、彼はペルシアに旅行し、はじめて東洋の風物に接する機会を得た。

帰国後、ストックホルム大学に進み、さらにウプサラ大学に転じて地理学を修めた。

一八八九年、二四歳のヘディンはベルリン大学に留学し、地理学の泰斗フォン・リヒトホーフェン教授に師事した。しかし同年、スウェーデンのペルシア派遣使節団の一員に加えられたため、学業を一時中断し、約一年にわたってトルコ、ペルシアを旅行し、さらにロシア領中央アジアを経て、中国新疆《シンキャン》省のカシュガルにまで足を伸ばした。

帰国後、再びドイツに留学し、学位論文をハレ大学に提出し、博士号を得た。

この間、彼は大規模な中央アジア探検を計画し、具体化につとめていた。眼の病気と資金難とが重なって、予定はかなり遅れたが、しかし一八九三年一〇月に出発する運びとなった。これが第一回中央アジア探検（一八九三—九七）で、時に彼は二八歳であった。

彼はロシア領から中国領トルキスタンに入り、最初、数年前に訪れたカシュガルを拠点として周辺を調査したが、その間、ヤルカンド河からホータン河を目指してタクラ・マカン砂漠を横断しようとし、途中、水がなくなり、従者二名が犠牲となって、彼は九死に一生を得てホータン河にたどりつく、という事件があった。

次いで調査範囲を東に移し、天山《ティエンシャン》南北道を縦横に踏査し、コータンの近くでダンダン・ウイリクの遺跡を発見し、またロプ・ノール付近を調査するなど、得るところが多かった。

その後、道をチベット高原にとり、青海《チンハイ》省、甘粛《カンスー》省を経、中国北部を横断して北京《ペキン》に到着した。このとき中国は清朝末期、日清戦争に敗れてからわずか数年しか経っていなかった。北京で彼は李鴻章に会見している。

北京からロシア経由で帰国した彼は、地理学者として国際的に認められ、講演に著述に多忙な日を送るようになった。しかし、ヘディンの心の中には、再度中央アジア探検に乗り出すプランが熟しつつあり、帰国後席のあたたまるひまもなく、一八九九年二月、第二回中央アジア探検（一八九九―一九〇二）に出発した。

今回もロシアからカスピ海を渡り、パミールを越えてカシュガルに到着した。彼はヤルカンド河（タリム河の上流の呼称）を舟で下り、その終点のロプ・ノールにまで到達して、恩師フォン・リヒトホーフェンとプルジェワルスキーのロプ・ノール位置問題を解決したい、という計画を胸に秘めていた。九月、彼は数名の従者とともに舟で河を下り、他はキャラヴァンで岸沿いに進んだ。約三か月後、タリム河が氷結し、舟が閉じこめられたので、以後、陸行してロプ・ノール調査へと向かった。途中、召使のひとりエルデクが前のキャンプ地にシャベルを忘れ、取りに行って戻ってくるあいだに遺跡を発見した。これがヘディンの楼蘭《ロウラン》遺跡発見のきっかけであり、またこの遺跡を調査した結果楼蘭《ロウラン》はロプ・ノールが移動し、湖水が消滅したために廃棄されたことが明らかとなった。ロプ・ノールとは移ろいさまよう湖である、というヘディンの推論がここに成立するのである。

この間、彼はチベット高原踏査を志し、さらに大キャラヴァンを仕立てて、ラサを目指して行進した。しかし、チベット側の頑強《がんきよう》な拒否にあって失敗に終り、結局インドに入ってインド総督カーゾンに会見し、その後再びカシュガルに戻ってロシア経由で帰国した。

帰国後のヘディンは前にも増して多忙であった。短時日のうちに数々の大著を刊行したが、なかでも、本訳書の註その他でしばしば引用したScientific Results of Journey in Central Asia 1899―1902は当時の地理学界に大きな影響を与えるものであった。

多忙な日々を送るヨーロッパでの生活は、半面、ヘディンにとって次期探検のプランが芽生え、開花する期間でもあった。

一九〇五年一〇月一六日、彼は故国スウェーデンを出発し、同年末、テヘランに着いた。第三回中央アジア探検(一九〇五―〇八)がはじまるのである。

彼はテヘランでキャラヴァンをととのえ、インドへと向かった。今回の目標は、前回に果せなかったチベットの踏査であった。当時、チベットの中央部から南部にかけては、ヨーロッパ人の眼が全く届かず、地図上の空白部として残されていたのである。

そこで、まずインドへ行き、入国許可を得てからチベットに入る、という手続きをとる必要があった。

しかし、旧知のカーゾン総督はすでにしりぞき、チベットの入国許可は与えられなかった。彼はカラコルム峠を越えて東トルキスタンへ向かうとよそおって、チベットに潜入した。非常手段であった。

彼のキャラヴァンは人目を避けて、全く不案内の荒涼たる土地へ踏み入った。季節は冬を迎え、家畜は次々にたおれて、一行は極度に窮迫した状態に陥った。そのときチベット人に出会って彼等は救われたが、同時に国外退去を迫られることになった。

しかし、チベット側の態度が変って、シガツェへ行くようにと言ってきた。ここで彼はタシ・ラマの知遇を得るが、それも長くは続かなかった。宗主国である中国の強い退去命令によって、彼の一行はチベット兵の監視を受けながら、西へ、インドのラダックに向かった。

この間、彼は重要な発見をした。それは、ヒマラヤ山脈の北側に、それと平行して走る大山脈の存在である。彼はこれをトランス・ヒマラヤと名づける。

また、西に向かいながら、マナサロワール湖、聖山カイラスの周辺などを調査した。

彼は調査がまだ不十分であると考え、退去を命ぜられたチベットへ危険を冒して再び潜入した。そして約九か月にわたってトランス・ヒマラヤを調査し、一九〇八年八月、インドに出て第三回探検を終了した。

インド滞在中、彼は日本地学協会の招請に応じて来日し、明治天皇はじめ各界名士に会見する機会を得た。このとき、政府は勲一等瑞宝章を授け、また日本地学協会は金メダルを贈っている。

その後、彼は朝鮮満州を旅行し、シベリアを経由して、一九〇九年、ペテルスブルクに出てツァーに会見し、帰国した。

彼の探検に注目していたヨーロッパの地理学界はこぞって招待し、彼はベルリン、ウィーン、パリ、ロンドン等、各国の首都に講演旅行をした。探検を終えても、彼には故国にのんびり落ち着くことが許されなかった。

こうしたヘディンの活動に対して、スウェーデン地理学会はヨハン・アウグスト・ワールベリ金メダルを、ベルリン地理学会はフンボルト金メダルを、イタリア地理学会も金メダルを贈呈し、またイギリスはインド帝国上級勲爵士（K.C.I.E）に任命した。

一九一〇年五月、ヘディンはスウェーデンを訪れていたアメリカ大統領セオドア・ルーズヴェルトと会見し、アメリカ講演旅行の勧誘を受けた。

彼はこうしてヨーロッパ各国の講演旅行に多忙であったが、それのみならず、探検の成果としての学術論文「南チベット」の執筆に、またそれに付する地図の作製に忙殺されていた。当時ヨーロッパをおおう暗雲は厚く、各国は戦争の予感におののいていた。ロシアはバルト海に海軍力を増強しつつあり、ヘディンはこれを祖国に対する威圧として憂え、パンフレット「警世の呼びかけ」を発行して国民に訴えた。今までロシアとヘディンとのあいだに結ばれていた友誼《ゆうぎ》関係は、これによって急速に冷却し、彼はロシア帝室地理学会から除籍された。

一九一四年、第一次世界大戦がはじまると、ヘディンは中立の立場を守る祖国スウェーデンの防衛を叫びながらも、ドイツとの友誼関係を一層強め、カイゼルはじめヒンデンブルク、ルーデンドルフ等と会見し、西部、東部戦線を視察するなど、たびたびドイツを訪れた。この間、彼はイギリス王立地理学会員を除籍された。

一九一六年、彼は中東方面の戦線視察を兼ねて、小アジア、メソポタミア、パレスチナを旅行した。ユーフラテス河で一千キロに及ぶ舟旅をしたのはこのときである。のちに彼は、最も興味を覚えたのはバビロンの遺跡見学であった、と語っている。

以後、彼は旅行記の執筆、約三〇〇年前のスウェーデン人の旅行家ベンクト・ウクサンシヤールナの事跡調査、大著『南チベット』の完成に数年を費やすこととなった。

一九一八年、ドイツに革命が起り、カイゼルは退位し、第一次大戦はドイツの降伏によって幕を閉じた。戦争の惨禍は重く全ヨーロッパにのしかかり、ヘディンも自由な活動を封じられた。しかし、ドイツに対する彼の友好的な態度は変ることがなかった。彼はドイツ、オーストリア難民の救済に乗り出し、また、ヴェルサイユ条約の苛酷《かこく》さを非難した。

一九二二年、『南チベット』の刊行を成しとげると、彼は再び外遊を考えた。翌年二月、彼ははじめて大西洋を越えてアメリカへ渡り、ニューヨーク、シカゴ等の都市を歴訪し、アメリカ大陸を東へと向かった。途中立ち寄ったグランド・キャニオンは地理学者ヘディンの注意を引かずにはおかなかった。

サン・フランシスコから彼は日本に向かった。時に関東大震災の直後で、東京はまだ破壊のあとがなまなましい状態であった。

ヘディンはさらに中国に渡った。かつて訪れた中国は満州族の清王朝が約二五〇年にわたる支配を誇っていたが、辛亥《しんがい》革命によって、一九一二年、最後の皇帝が退位し、共和制が布かれた。しかしその政権は軍閥によって奪われ、ヘディンが訪れた一九二三年当時、革命勢力は追われて南に移り、北京の軍閥政府に対立するという情勢となっていた。

北京から彼は蒙古経由でロシアへ行こうとした。ロシアも一九一七年の革命によって帝政はたおれ、ソヴィエト政権が成立していた。また外モンゴルもロシアの援助のもとに独立への道を歩んでいた。

大戦を契機として、世界は大きく変りつつあった。

ヘディンは中国駐在ロシア外交官の好意によって外モンゴルを自動車で走破し、シベリア鉄道によってロシアを横断し、モスクワ経由で帰国した。五八歳にしてはじめての世界一周旅行であった。

一九二五年夏、彼はドイツの著名な飛行機製作者フーゴー・ユンカース教授と会う機会があり、このときから、中央アジアを空から探検したいという希望を抱くようになる。

ところが、ユンカースとの提携が挫折し、ヘディンは強い不満の意を表明するなど、一時、ドイツ側との雲行きがあやしくなったが、しかし翌年、ルフトハンザ社が引き受けることになって中央アジア飛行計画は再び軌道に乗った。

そこでヘディンは直ちに行動を起して、シベリア鉄道経由、北京に向かった。北京には同国人の考古学者アンデルソンが居た。彼の協力を得てヘディンは、翌年、北京政府から新《シン》疆《キャン》省上空の飛行許可を得ることに成功した。

しかし、彼が交渉し許可を得た政府は、中国民衆から全幅の信頼を受けているものではなかった。首都北京においてすら、市民の心は政府とは逆の方面に向かっていた。また、孫文亡きあとその強い遺志を受けついだ革命勢力は、力によって北京の軍閥政権と対決し、三民主義に基づく共和政府を樹立しようとして国民革命軍を組織し、蔣介石を総司令として、すでに広東を後にして進軍を開始していた。いわゆる北伐がこれである。

北伐は国民党と共産党との連合――いわゆる第一次国共合作――で始められたが、その総司令蔣介石はひそかに浙江財閥と手を結んで共産党弾圧の準備を進めていた。そして彼が反共の態度を明らかにし、麾下《きか》の軍隊を使って共産党員の逮捕にふみ切ったちょうどその頃、北京で、ヘディンは軍閥張作霖が掌握していた政府を対手に交渉を重ねていたのである。

彼の行為は反帝国主義を叫ぶ学生文化人等から激しく非難された。宣教師ないしは探検家がまず訪れて、その後にその本国が進出し侵略するというパターンを、中国人はいやというほど見せつけられていたのである。

民族主義に目覚めた中国民衆の意向を無視して、ヘディンは余命いくばくもない軍閥政府に対して自己の主張をあくまでも貫き、一九二七年四月末、政府との合意がなされて「中国・スウェーデン探検隊」——中国名は西北科学考察団——が成立した。構成員は中国人、スウェーデン人、ドイツ人であった。

ヘディンは直ちに大キャラヴァンを組織して、包頭《パオトウ》から新疆《シンキャン》省の首都ウルムチ目指して出発した。第四回中央アジア探検（一九二七―三三）が始まるのである。

新疆《シンキャン》省でも事態は楽観を許さないものがあった。中央の北京政府ですら、政権はより勢力の強い軍閥に左右されていた状態であり、西辺の新疆《シンキャン》においても、省長（民政長官）督弁（軍政長官）ともに中央から任命されるというのは名目上のことにすぎず、実力者の握るところとなっていた。加えて、新疆《シンキャン》は民族的宗教的に複雑な様相を呈し、これらの諸矛盾が表面化しつつある時代であった。

ヘディン一行はゴビ砂漠を横断した。このとき、彼はトゥルファンで、タリム河がコンチェ河を捨ててクルク河の旧河床へと流れを変えたニュースを耳にし、新しいロプ・ノールをぜひ確かめなければ、という思いに駆られるのである。

ウルムチに着いて、彼は時の督弁楊増新《ヤンツオンシン》から科学的調査を行う許可を得たが、しかし飛行許可を得ることはできなかった。彼は一時帰国して対策を講じたが成功せず、ルフトハンザ社はこの件から手を引くことになった。

この間、楊増新は暗殺され、金樹仁《チンシューレン》が新督弁として登場する。彼はヘディンのロプ・ノール探検を拒否した。ヘディンはその対策に、また多くの研究者によって構成された中国・スウェーデン探検隊の資金繰りに追われて、北京、アメリカ、ヨーロッパ等ひろく世界各国を転々としなければならなかった。すでに六〇の坂を越えて、なおあわただしい日を送るヘディンにとって、唯一の救いは、隊員のニルス・ヘルナーと陳宗器とが、はるか昔に存在していた場所に戻ってきた新ロプ・ノールを調査し、その地図を作製したことであった。

結局、ヘディンは陣頭指揮をとることなく、隊員個々の研究にまかせたかたちで第四回探検を打ち切り、中国・スウェーデン探検隊も一応解散ということになる。

この頃、中国の政局は一段と深刻さを増した。

一九二八年、北伐に成功した蔣介石は南京《ナンキン》に国民政府を置き、共産党掃討にとりかかった。井岡山を拠点とする毛沢東、その他各地に組織された共産勢力はこれに対抗し、江西省瑞金に中華ソヴィエト臨時政府を樹立した。

日本は中国侵略の意図を明らかにして、まずその東北区を植民地化しようとはかり、山東出兵、張作霖爆死、満州事変、上海事変、熱河出兵と武力進出をくりかえして、「満州国」を立てて、まず東北区を中国から切り離した。

新疆《シンキャン》省も平穏ではなかった。楊増新は一九二八年、南京《ナンキン》政府成立とともに、同政府に加盟する旨《むね》打電し、蔣介石から改めて新疆《シンキャン》省政府主席に任ぜられ、同年七月一日に就任した。しかし彼はその六日後に暗殺され、凡庸貪欲と評される金樹仁がその地位を継いだ。

また新疆《シンキャン》省では、住民の大半を占めるイスラム教徒への対策が清朝時代から円満に行われず、しばしば反乱が起った。

楊増新時代も同様であったが、彼はそれを抑えて、一時少康状態を保った。金樹仁が継ぐと、イスラム教徒内部の指導者に対する不満、それに乗じた新疆《シンキャン》省政府の圧政等に端を発して、一九三一年三月に反乱が起った。

事件は拡大し、イスラム教徒は馬仲英《マーチユンイン》に救援を仰ぎ、ハミを中心として激しい攻防戦が展開された。戦況は一進一退であったが、戦火は徐々にひろがって、翌年冬にはウルムチが主戦場となった。この戦いを通じて軍人盛世才《ションシーツァイ》の力が強められてゆく。

また金樹仁の無能ぶりに、省政府内部からも打倒の声が起り、遂にクーデターによって彼は追放され、盛世才《ションシーツァイ》が軍政を一手に握ることになった。

南京《ナンキン》の中央政府も事態を重くみて、参謀次長、続いて外交部長を派遣して調停をはかるが、内乱を終結させるまでには至らなかった。

中国・スウェーデン探検隊が活動した時期、新疆《シンキャン》は以上のような動乱のさなかであった。

そしてそれはなお止む気配はなかった。

一九三三年、中国・スウェーデン探検隊が活動を停止せざるを得なかった年、ヘディンは南京《ナンキン》政府から、鉄道部顧問の資格で、古代のシルク・ロード沿いに自動車道路を通すための実地踏査を依頼された。彼にとっては新ロプ・ノールを直接確認するまたとないチャンスであった。

彼は直ちに準備にとりかかり、自動車隊を編成して一〇月に北京を出発し、新疆《シンキャン》へと向かった。第五回中央アジア探検（一九三三―三五）であって、その旅行記が本書である。そしてこれが、彼の最後の中央アジア探検となった。

ヘディン一行は新疆《シンキャン》省に足を踏み入れるや否や、動乱にまきこまれた。南京《ナンキン》政府の指令を受けている彼の一行は、戦闘中の両軍に対して中立を主張するが、しかし疑惑の眼を向けられ、また自動車隊という機動力を利用され、到るところで停止または軟禁され、生命の危険を感ずることすらあった。

両軍の側からすれば、敵に通ずるかも知れない、または中央政府の何らかの思惑のもとに行動しているかも知れない一行に、戦場をうろつかれるのは迷惑なことであったろう。またヘディンら外人にもしものことがあれば国際問題に発展するおそれもあった。

そこで盛世才《ションシーツァイ》は人気《ひとけ》のない砂漠へ引込んでいるように、と言う（本文九ページ）。ヘディンはこの言葉を待っていた。そしてすぐさまタリム河をカヌーで下る旅を始めるのである。ヘディンは今回の探検の自己の立てた仮説を自然が実証してくれたありさまを観察して、ヘディンは今回の探検の本来の目的を達成する。しかし自動車道路は、ゴビにはばまれて開発の見通しの立たないままに終る。

それは、中国紅軍が国民政府軍の大規模な攻勢をかわして、江西省の瑞金から辛苦のかぎりをつくして、延安への道をたどる一万二千キロに及ぶ「大長征」が開始された年であった。

帰国した探検家の晩年は決して安穏なものではなかった。彼は第四回第五回探検に要した巨額の資金の精算に、旅行記の執筆に、また各地の講演旅行に時間を費やさなければならなかった。

世界情勢は深刻になった。一九三七年、「さまよえる湖」が出版された年、東アジアでは蘆溝橋事件に端を発する日中戦争が始まり、日本の中国侵略は進んでいった。その翌々年、ドイツのポーランド進撃によって第二次世界大戦の火ぶたは切られ、全ヨーロッパは動乱のるつぼと化した。

二四歳でベルリン大学に留学して以来、ヘディンはドイツと深いかかわりを持ってきた。それは、彼の専攻する地理学を通じてのことであった。

しかし、第五回探検の直後から、新しい局面が加わる。ヒトラー、ゲーリング等ナチ首脳との友好関係である。これを通じて、彼はドイツと北ヨーロッパ諸国との複雑な国際関係の渦にまきこまれ、翻弄《ほんろう》される。

こうして彼は数年を、故国とドイツとを往復して過ごす。戦火はますます激しさを加えるが、彼は一九四三年、中国・スウェーデン探検隊の研究成果（Reports from the Scientific

Expedition to the North-Western Provinces of China under the Leadership of Dr. Sven Hedin）の第一冊を、やっと刊行することができた。しかし同じ年の末、彼のドイツ語版の著書をすべて出版していたドイツのブロックハウス社が連合軍の爆撃を受けて、彼の著書はことごとく灰《かい》燼《じん》に帰した。

ドイツの降伏によってヨーロッパに平和がよみがえり、八〇歳になったヘディンにも、故国に落着いて過去の業績を整理し、著作にふける時間ができるようになった。

書斎の人となって数年、老いの目立つヘディンは、なおドイツとのつながりが切れなかった。一九五二年、翌年に行われる予定のヒマラヤ遠征隊――ナンガ・パルバット登山隊――の名誉総裁の椅子を、という依頼がそれである。ヘディンは承諾したが、これがドイツとの結びつきの最後であった。

登頂成功の報を耳にすることなく、彼は死んだ。一九五二年一一月二六日のことであった。

現在、わが国でシルク・ロードにあこがれを抱く人は依然として多い。若者はそこにロマンがある、という。こういう人たちの大方の果しえぬ夢を、ヘディンは約半世紀にわたって十分に味わった。その甘露も苦汁も、あますところなく飲みほした。そして、地理学上の発見をし、地図の空白部を埋めた。こうしたヘディンの業績、その不屈の探検精神を讃える人は多い。

しかし、彼の探検を回顧するとき、批判し、その轍《てつ》を踏んではならない点のあることを、とくに探検に強い関心を抱く若い読者のために指摘しておきたい。

いわゆる文明世界に住む人びとにとっては未知であり、地図上の空白部であったアジアの土地にも、そこに住み、そこを熟知し、独自の生活、文化を築きあげている人たちがいた。彼等を単なる研究対象または自己の目的達成のための手段として用い、得た成果を自己と祖国の栄光に帰し、彼等住民に還元することを全く考慮しないという態度が、ヘディンと彼の同時代の探検家たちに共通して認められる。

しかも時代は、アジア各国の人びとが植民地化しつつある自国の状態に目覚め、それに抵抗する動きが高まっているときであった。探検家はそうした時代思潮を察知し、国民または民族の感情を理解し尊重しなければならなかった。

探検はすぐれた歴史認識を必要とする段階に到達していたのである。

訳者あとがき

本書はSven Hedin《Der Wandernde See》Brockhaus 1937（ドイツ語版初版）の全訳である。原書に載っているヘディンのスケッチもすべて収録した。

ちなみに、いま訳者の手もとには、一九六五年に同じくブロックハウス社から出た同名の書があるが、これはエルハルト・リューレによるダイジェスト版で、原本とは全く違ったものとなっている。

翻訳にあたり、本書を最初に訳された岩村忍氏の訳書名『さまよえる湖』をそのまま使わせて頂いた。地理学的な用語に関しては、東京大学名誉教授多田文男氏、早稲田大学教授大矢雅彦氏の御教示を得るところがあった。また解説執筆にあたって、金子民雄氏『ヘディン伝――偉大な探検家の生涯――』と深田久弥氏『中央アジア探検史』を参照した。ここに記してお礼を申し上げる。

一九七五年一二月

訳者

追記

二十六、七年前に本書を訳したとき、中華人民共和国は、普通の外国旅行者が気軽に訪れることのできる国ではなかった。まして新疆ウイグル自治区の砂漠や甘粛省の敦煌に立ち入ることは厳しく制限されていた。内奥アジアの乾燥地帯とそこを流れる川の情景は、近隣の国の似通った地域を訪れ、類推し想像するしかなかった。

また翻訳のさい、中国音の地名等の漢字表記は、日本で見ることのできる地誌等を参照するしかなく、不安が残った。

十数年前、蘭州大学・西北学院の教授たちと河西回廊を走って敦煌を訪れ、市政府の楊部長に同市の水利機構を案内してもらったことがあった。その折、本書に載る敦煌周辺の地名の漢字表記を確かめておいた。今、ここに訂正する機会を得た。なお十全とは云えまいが、気の安まる思いがする。

二〇〇一年九月

訳者

注釈

序言

*1 Scientific Results of a Journey in Central Asia 1899—1902. 8vols. 1904—1907

*2 ダヴィッド・フンメル。スウェーデンの医学博士。一九二七年より中国スウェーデン探検隊の医師をつとめ、かたわら人類学・動物学の分野を担当した。

*3 陳宗器。中国浙江省出身の地質学者。中国スウェーデン探検隊に参加し、ヘルナーと共同で研究を進めた。

*4 フォルケ・ベリマン。スウェーデンの考古学者。中国スウェーデン探検隊の一員で、考古学の分野を担当。

*5 尤寅《ヨウイン》照《チャオ》。無錫出身。中華民国政府鉄道部派遣の技師。中国スウェーデン探検隊の一員。この旅行から帰って、彼は龔継成、陳宗器と共著で『綏新勘路報告』一九三五年を刊行した。

*6 龔継成。未詳。

*7 ニルス・アンボルト。スウェーデンの天文学者。一九二八年から中国スウェーデン探検隊に参加し、新疆南部の各地で研究した。

*8 この研究書はReports from the Scientific Expedition to the North-western Provinces of China under the Leadership of Dr. Sven Hedin——The Sino-Swedish Expedition——という名称で一九二七年にストックホルムから第一冊が刊行され、以後毎年続けられ、最新のものは一九六七年刊行の第四九冊である。

*9 エリック・ノーリン。スウェーデンの地質学者。一九二七年に中国スウェーデン探検隊に参加。

*10 未詳。

一　ロプ・ノールへの旅立ち

＊1　ヘディンの探検隊は、当時新疆省に起っていた内乱にまきこまれた。彼らは国民政府から任務を与えられていたので中立を宣言した。しかしその機動力を、最初は反乱軍の馬仲英に利用され、ついで反乱軍に味方したのではないかと疑われるとともに、自動車を利用されて、隊員はコルラに拘留された。

＊2　トンガン人の将軍。はじめ軍閥馮玉祥の部下であったが、のち各地で掠奪を働き、勢力を拡大。一時、国民政府に帰順して甘州の司令官に任ぜられたが反乱を起し、政府側の盛世才軍と戦った。

＊3　東干人。漢回とも呼ばれる。甘粛、新疆地方に住む、中国語を話すイスラム教徒のこと。

＊4　帝政ロシアの将軍。ロシア革命後、新疆省都ウルムチに亡命してロシア語を教えていたが、新疆に内乱が起ると、中華民国政府軍の指揮官に任命された。

＊5　トルキスタンとはトルコ人の国という意味。地域は普通にいう中央アジアを指し、パミールを境として東西に分かれる。本書にいう東トルキスタンは現在の中華人民共和国の新疆ウイグル自治区にあたる。

＊6　崑崙、天山、アルタイの各山脈タリム、ズンガルの二盆地から成る、西域の主要地域。清朝の乾隆帝の時代に中国領となり、一八八二年省となる。現在新疆ウイグル自治区。新疆とは新しく拓かれた土地の意。

＊7　当時、中華民国の地方行政は軍政・民政に分れ、軍政の長官を督弁、民政の長官を省長といった。このとき、新疆省の督弁は盛世才将軍であって省長を兼務していた。

＊8　烏魯木斉とも書き、迪化ともいう。新疆ウイグル自治区の主都。ボグド山脈の西、ジュンガリア盆地の南方に位置し、天山北路における要衝である。

＊9　タリム河の最下流とロプ・ノールが、紀元三三〇年頃まで存在していた場所に戻ってきたいきさつは、本書第二〇章に詳しい。これを調査することが、ヘディンの探検の主目的であった。

＊10　ヘディンの探検隊は馬仲英軍の支配からのがれるため、コルラから南下して砂漠地帯へ脱出しようとするが、途中、銃撃を受けて停止し、コルラへ連行されそこで抑留された。

＊11　ヨーロッパ・ロシア東南部、シベリア西南部にある大草原地帯。

＊12　モンゴル語で「砂漠」の意。

＊13〔原注〕北方軍の総司令官は四名のロシア・コザックを護衛につけてくれた。

＊14　灤柳《ぎょりゅう》のこと。和名はまた御柳ともいう。漢名は三春柳、河柳、雨師柳などともいう。落葉小喬木で直幹、枝は細長く、多数分枝し、小さくとがった葉が一面につく。大きいものは六メートル余りにもなる。

＊15　コンチェのこと。中華民国が設置した新疆省の県名。

＊16〔原注〕コンチェまたはコンチとは「皮なめし工」の意味である。この河名の発音はコンチェ・ダリアとケンチェ・ダリアの中間である。ダリアdarjaとは河の意味で、またdariaともdaryaとも書かれる。

＊17　長官を意味する満州語またはウイグル語。漢字では安本・按班・諳版などと書く。ここでは尉犁県の県長をさす。

＊18　砂漠の状態の変化に応じて河が流れを変え、今までのコンチェ・ダリアは乾上り、乾燥していた旧河床クム・ダリアに新たに水が流れるようになった。

＊19　ヘディン第一回中央アジア探検（一八九三―九七）。彼は一八九六年一月、コータンを出発し、タクラ・マカン砂漠を縦断してコルラに着き、そこからロプ・ノールを求めてコンチェ・ダリア沿いに南東に向う途中、この地を通った。

＊20　ロプ・ノールの位置が当時地理学上の重要な問題になっていた。

＊21　新疆ウイグル自治区西部の都市。天山南路の交通の分岐点に位置する。紀元前からオアシス国家として発展し、漢代は莎車と呼ばれたが、後漢の武将班超の進攻によって衰えた。一〇世紀頃再興し、西遼（カラ・キタイ）、チャガタイ汗国、チムール帝国などで重要な地位を占めた。

＊22　七河の意味。ソ連領カザフスタンの南東部。北はセミパラチンスク、東と南は中国、南から南西はフェルガナ、シル河に接する地域。住民は大部分キルギス人である。
＊23　中国、甘粛省。主都は蘭州。新疆ウイグル自治区の東に位置する。
＊24　漢代、東西貿易が盛んになってから、シルク・ロードの中国側の門戸になった都市。四世紀頃から、石窟寺院が造られるようになり、「千仏洞」として知られている。

二　水上第一日

＊1　ヘディンの第二回中央アジア探検（一八九九―一九〇二）年のこと。
＊2　北インドやチベットの約四〇〇〇メートル以上の高地に棲む牛科の動物。駄用、肉用、乳用として使用されている。
＊3　ヒマラヤに源を発し、ツァンポ川の名でチベット南部を東流し、アッサム谷を西にベンガルを南下してガンジスに注ぐ大河。その名の称はブラフマ（梵）の息子という意。
＊4　ヘディンの第三回中央アジア探検（一九〇六―〇八）。
＊5　ヘディンは一九一六年、メソポタミア地方を探検旅行し、翌年その記録Bagdad, Babylon, Ninive. 1917を刊行した。
＊6　この年、ヘディンは北京から、かつて清朝の皇帝の行宮《あんぐう》のあった熱河を訪れた。
＊7　河川、湖沼、地下水などのかたちで陸地に存在する水の状態を研究する学問のこと。
＊8　地質時代の新生代に属し、現世と最新世とに分れている。
＊9　ヒマラヤ、崑崙、ヒンズークシュ等の山脈が集まり、アム（オクサス）、タリム、インダス等の河源のある地方を指す。世界の尾根といわれる。中国では古く葱嶺《そうれい》と称した。
＊10　カシミール北部と中華人民共和国との国境付近に位置する。チベット高原から始まり、ヒンズークシュ山脈に続く、崑崙山脈とヒマラヤ山脈にはさまれた山脈。
＊11　中国新疆ウイグル自治区西部の都市。漢代には疎勒の名で知られ、オアシス国家として発展。後漢時代には班超の攻撃を受け、唐代には安西四鎮の一つとなった。
＊12　パミールの北端から東へ弧状に伸びる大山脈。最高峰はポベーダ峰、七四三九メー

トル。山中に多くの広い谷を開き、遊牧民の生活に重要な役割を演じた。古くはアク・ターグといい、南北山麓に多くのオアシス都市が形成された。

＊１３　天山山脈の高峰の一つ。六九九五メートル。新疆ウイグル自治区とキルギス共和国の国境付近に位置する。

＊１４　新疆ウイグル自治区中部、ポスト・ノール東北にあるオアシス都市。天山北道の要地で、中国では漢代以来焉耆《えんき》と呼ばれている。唐代安西四鎮の一つであった。

＊１５　ラテン語で野性の羊の意味。マルコ・ポーロ『旅行記』「パミールと呼ばれる国についての話」の中に、この地方には大型の野性羊が多数棲み、その角が大きいことを述べた箇所がある。

＊１６　チベットカモシカ。チルーともいう。チベット、ラダックの海抜三七〇〇―五五〇〇メートルの高山地帯に棲む。

＊１７　古代、エニセイ河上流にいたアーリア系民族。その後、匈奴、突厥、ウイグル、モンゴル等に服属し、トルコ化した。清代、天山の北側からパミール方面に居住するようになり、現在はキルギス共和国を形成している。

＊１８　中央アジアの遊牧民が用いるフェルト製の円錐形テント。

＊１９　ヘディンが初めてこの他に入った第一回中央アジア探検は一八九三―九七年のことであった。

＊２０　カシュガル南方に位置する高山。普通ムズ・ターグ・アタと呼ばれる。海抜七五四六メートル。

＊２１「世界の屋根パミール」の意。

＊２２　漢字では札什倫布と書く。チベット仏教黄帽派の大寺院。西部チベットの主都シガツェの南西一・六キロにある。

＊２３　ヘディンの第三回中央アジア探検（一九〇六―八年）。彼はタシ・ラマに迎えられて、シガツェに四七日滞在した。

＊２４　ヘディンが第三回中央アジア探検（一九〇六―〇八年）の途中から乗馬にしたラダ

ク産の白い小さな馬の名。

＊２５　ヘディンは第二回中央アジア探検（一八九九—一九〇二年）の間にロプ人のエルデクをやとった。

＊２６　ウイグル語で「新しい湖」の意。

＊２７　漢代、シルク・ロードの要衝として栄えたオアシス都市。ロプ・ノールの移動によって滅亡した。この遺跡でヘディンが発見した木簡や古文書は、重要な史料として高く評価されている。のち一九〇六年にスタインも訪れ、考古学的調査を行った。

＊２８　バイカル湖付近から黒竜江上流地方にかけて居住する北モンゴル人の部族。現在はロシアのブリヤート・モンゴル自治共和国を形成している。

＊２９　ヘディンは一九〇一年五月、チャルクリクを出発し、巡礼に変装してラサを目指したが、チベット人にさえぎられて失敗に終った。

＊３０　ヘディンの第一回、第二回中央アジア探検（一八九三—九七）（一八九九—一九〇二）。とくに第二回には、一九〇〇年四月と一九〇一年三月の二度にわたってカラ・コシュンを訪れている。

＊３１　プルジェワルスキーが発見した湖。この湖底と北方の砂漠の状態の変化によって、一九二一年、湖に注ぎこむ河の流れが変り、カラ・コシュンは急速に減水し、現在の湖ロプ・ノールが新たにできたのである。

＊３２　ニコライ・ミハイロヴィッチ・プルジェワルスキー（一八三九—八〇）。ロシアの軍人、探検家。モンゴル、東トルキスタン、チベット等の広大な地域を数次にわたって探検。ロプ・ノールを調査し、その位置に関してリヒトホーフェンと論争した。本書第二〇章参照。

＊３３　現在、中華人民共和国内蒙古自治区の主都フホホト市。

＊３４　甘粛省のガシュン・ノール（古代の居延沢）に注ぐ河の名。

＊３５　漢字では哈密と書く。新疆ウイグル自治区東部の都市。天山山脈南麓東端に位置し、古来東西交通の要衝。

＊36　漢字では吐魯蕃と書く。新疆ウイグル自治区の都市。古代から天山北路の要衝として発達。漢代に中国領となり、唐代には安西都護府が置かれた。

＊37　新疆ウイグル自治区西部、天山山脈南麓の都市。漢代には亀茲、のち庫車と書かれる。かつては天山北道の要衝として栄え、仏教遺跡が多い。

三　探検隊、サイ・チェケに集合

＊1　ヘディンの第一回中央アジア探検（一八九三—九七）のこと。

＊2　中国、甘粛省西部の都市安西《アンシー》付近を東西に流れる河。

四　コンチェ・ダリアにおける最後の日々

＊1　天山山脈中の渓谷。カラ・シャールの北に位置する。

＊2　ヘディンは蚊を防ぐために煙草を吸い、そのヤニを取って顔や手にすりこんだ。

＊3　ヘディンのチベット探検の時。

＊4　ロプ・ノール北部に東西に伸びている山脈。

＊5　『水経』とは漢の桑欽《そうきん》が著わした古代中国の河川について述べた書物。ここでヘディンが引用している話は、『水経』の本文にはなく、北魏の酈道元《れきどうげん》がこの書に注をつけた『水経注』河水篇の第二巻に収められている。

＊6　中国の皇帝が使者とか将軍に与えた旗印のこと。

＊7　穀量の単位の名。地方により異なる。五〇—一八〇リットル。

五　クム・ダリアにおける最初の日々

＊1　南京を首都とし蒋介石を主席とした当時の中華民国政府。

＊2　タマリスクが生えていると、その根もとに砂が吹きよせられて円錐形の小さな砂丘を形成する。

＊3　ヘディンは第二回中央アジア探検（一八九九—一九〇二）で、タリム河を渡し舟で下

った時二匹の犬を連れていた。

＊4　マーク・オーレル・スタイン（一八六二―一九四三）。イギリスの探検家、東洋考古学者。ブダペスト生れ、のちイギリスに帰化。ラホールの東洋学校長、のちインド古跡調査局に入り、第一回（一九〇〇―〇一）、第二回（一九〇六―〇八）、第三回（一九一三―一六）にわたって中央アジアを探検。この間、敦煌千仏洞における古文書、経典、古壁画等の発見はとくに有名である。一九一二年、Sirの称号を許される。一九四三年、アフガニスタンで発掘にとりかかろうとして急死した。

＊5　敦煌北方にほぼ東西に伸びる山脈。

＊6　ヘディンは第二回中央アジア深検（一八九九―一九〇二）の時、一九〇〇年一月、森の中で彼に会い案内人としてやとった。

＊7　ベクティエフ将軍麾下のロシア人大佐。コルラに居たヘディン一行を取調べ、また彼らの砂漠旅行の便をはかった一人。また、ヘディンにコルラ守備隊長デヴィアシン大尉を紹介した。

＊8〔原注〕一プード＝一六・三八キログラム。

六　神秘の砂漠に向かって

＊1　北極海にあるノルウェー領の群島。

＊2　kalben　氷河から氷塊が落下すること。

＊3　柳葉刀ともいう。

＊4　ロシア、アルハンゲリスク州の主都で、北ドヴィナー河口付近に位置した大きな河港。

＊5　カザフスタン共和国の州で、南は天山山脈北麓、北はバルハシ湖に及ぶ地域。

＊6　現在はビシュケク。キルギス共和国の首都。

＊7　ヘディンの第一回中央アジア探検（一八九三―九七年）のときのこと。一八九五年四月一〇日、彼は四人の召使を連れて、ヤルカンド河畔のメルケトを出発、タクラ・マカン砂漠を横断してコータン・ダリアを目指した。携行する水の量を間違えてキャラヴァ

ンは壊滅状態となり、召使のヨルチとモハメッド・シャーは死に、イスラムとカシムは辛うじて永らえた。ヘディンは最後にはひとりきりになって、五月五日、コータン・ダリアに到達し、その水でやっと救われた。

七　知られざる王女の墓へ

＊1　蒙古高原にいた騎馬遊牧民。中国と西域諸国との中間に位置した。戦国時代から中国にしばしば進攻し、冒頓単于《ぼくとつぜんう》のときに強勢を誇った。漢の武帝の攻撃によって弱体化し、以後、東西に分裂。後漢にはさらに南北に分裂して勢力は衰退し、その後次第に歴史の舞台から姿を消すに至った。

八　デルタの迷路にて

＊1　黄麻のこと。漢方薬の原料で、煎じて鎮咳祛痰剤に用いる。主成分はエフェドリン。
＊2　古代エジプトの石柱。方柱で先端がとがっている。はじめは太陽神ラーの象徴であったが、のち王の記念碑として建てられるようになった。
＊3　広東の人。北京大学出身の考古学者。一九二七年から三三年まで西北科学考察団員であった。ロプ・ノール遺跡を調査し、「羅布淖爾攷古記」（中国西北科学攷察団叢刊之一）を一九四八年に刊行した。
＊4　アケメネス朝ペルシア（前六世紀—前四世紀）の首都。
＊5　アケメネス朝ペルシアの王。ダリウス大王の子、クセルクセス一世（在位前四八五—四六五）のこと。
＊6　中国語名は欧亜航空公司という。

九　ロプ・ノールへの旅

＊1　コルラの東にある湖。
＊2　フェルディナント・ツェッペリン（一八三八—一九一七）。ドイツの軍人。退役後飛行

船を製作。一九〇六年にその第一号が完成した。

*3　その日その日になすべきことを定めた指令をいう。

*4　中国、甘粛省北部、ガシュン・ノールの東にある湖。

*5　新疆ウイグル自治区にある。北を天山山脈、南を崑崙山脈にさえぎられた、タリム盆地にある砂漠。

*6　ヘディンの第一回中央アジア探検（一八九三―九七）。

*7　ヘディンの第二回中央アジア探検（一八九九―一九〇二）。

*8　細長い船体に多数の橈を数段に配置した快速船。地中海を中心としてギリシア・ローマ時代から近代に至るまで使用された。のち、橈は一段となり、さらに帆と併用されるようになった。

*9　〔原注〕水面が半メートル低下するだけで、岸が五キロメートルも位置をずらすということによって、この地方がいかに平坦であるかということが分る。

*10　湖水の塩分が一リットルにつき五〇〇ミリグラム以上のものを鹹湖または塩湖といい、それ以下のものを淡水湖という。

*11　スタインは楼蘭付近の遺跡にはその頭文字のL・を冠し、敦煌付近の遺跡には同じく頭文字T・を冠した。

*12　〔原注〕この廃墟はオーレル・スタインが紀元後二六六年、二六七年の中国の古文書を発見したL・E・呰《とりで》である。

一〇　ロプ・ノールと楼蘭における最後の日々

*1　ヘディンの第二回中央アジア探検（一八九九―一九〇二）のときのことであった。

*2　地下の墓所。紀元三―五世紀にキリスト教信者の礼拝所としても使われた。墓室が小道によって網の目のように連なり、ローマのものが最大の規模である。

一一　ベース・キャンプへの帰還

＊1　モンゴル、新疆、チベットで、シャーマニズムの神霊をまつるもの。山頂とか境界などにあって、石を積み重ねた形のものが多い。

＊2　ステアリン酸とパルミチン酸との混合物。多種の脂肪で、蠟燭の製造に使われる。

一二　コンチェ、クム・ダリア畔の動物

＊1　ヘディンは第一回中央アジア探検（一八九三―九七）中、一八九六年にガンの方向感覚などを観察し記している。

一三　ベリマンの砂漠旅行

＊1　ギリシア語でネクロは死、死者。ポーレはポリス、町、都市の意。

＊2　〔原注〕『シルク・ロード』「ウルムチにおける最後の日々」の章。

＊3　前四世紀のシラクサ人。王者の幸福を讃えていたので、その主ディオニソス（シラクサの僭主）は、宴会の席上、彼を一本の髪の毛で吊した剣の下に坐らせ、王者の幸福とはこのようなものであるとさとした、と伝えられる。

一四　クム・ダリアにおける陳の仕事

（なし）

一五　敦煌と千仏洞へ

＊1　ドイツ人通訳。一九三〇年西北科学考察団に参加し、チベット語通訳に任じた。

＊2　ハミを中心とする東トルコ族の指導者。一九二八年、金樹仁が督弁となり圧政をほしいままにしたので、東トルコ族は反乱を起し、彼は馬仲英に援助を求めた。ヘディンの探検隊が巻きこまれた戦乱はこれが発端であった。

＊3　敦煌県城の東南三〇キロの峡谷にある五〇〇近い数にのぼる洞窟寺院。古くは莫高窟

として知られ、四世紀半ばから開掘されて一一世紀に及んだ。一九〇七年、スタインがこの地を訪れ、秘匿されていた古文書、経典、仏画など九千点を得、一九〇八年にはこの地を訪れたフランスの東洋学者ペリオが約一万点を得た。

＊4　文昌、文昌帝君、梓潼帝などという。中国では一般に北斗七星のうち、北極星を除いた六星が文昌星と呼ばれ、文学の神として祭られた。

＊5　中国同盟会が一九一一年一〇月一〇日武昌で起した辛亥革命のこと。

＊6　ポール・ペリオ（一八七八―一九四五）。フランスの探検家、中国学者。ハノイの極東フランス学院研究員となり、次いで中央アジア探検隊（一九〇六―〇八）を率いて中国西北部、東トルキスタンを調査。その間、敦煌千仏洞で古文書、経典、絵画等を得る。帰国してコレジュ・ド・フランスの教授。「通報」の編集を主宰。

＊7　敦煌文書と呼ばれる。現在、ロンドンの大英博物館（スタイン将来）、パリの国立図書館（ペリオ将来）に収められ、残余は北京図書館に保管されている。内容は古文書、経典、仏画等で、また用いられている言語も、漢文をはじめとして、チベット語、コータン語、ウイグル語等多種に及ぶ。

＊8　インドのムガール帝国皇帝シャー・ジャハンが一七世紀に愛妃を追悼してヒンドスタン平野西部の都市アグラに建てたイスラム風の建物。白大理石で作られ、世界で最も美しい建築物のひとつに数えられている。

＊9　スウェーデン王。（在位一六一一―三二）。デンマーク・ロシア・ポーランドと争い、バルト海を制覇し、絶対主義体制を固めた。

＊10　ワシの頭と翼を持ち、身体がライオンの姿をした怪獣。ギリシア神話に登場する。

＊11　ピョートル・クジミッチ・コズロフ（一八六三―一九三五）。ロシアの軍人、探検家。プルジェワルスキーの最後の探検（一八八三―八五）に参加してゴビ、チベット北部、タリム盆地を調査。その後、チベット、東トルキスタン、ジュンガリア、モンゴル等を探検。エチナ河畔の西夏時代の古都カラ・ホトの発見、ノイン・ウラにおける匈奴の古墳発掘などがとくに著名である。

＊12　モンゴル人の部族名。一七世紀以来ヴォルガ下流付近に遊牧。一八世紀、清朝のイリ平定以後、その地に移住し、天山北路に住むようになった。

＊13　鼓楼は中国の城壁都市の中央または一隅にあり、鼓を置いて、危急の際にそれを打って知らせる建物。敦煌の町は、他の中国の都市と同様、城壁に囲まれていたが、東、南、北の三面には、さらに外城つまり郭城が築かれ、二重の城壁になっていた。

一六　北山の迷路へ

（なし）

一七　ガシュン・ゴビの砂丘

＊1　エズル・ブライアント・フォード（一八九三―一九四三）。アメリカの自動車王ヘンリー・フォードの子。一九一九年よりフォード社長となり、西北科学考察団にフォード・トラックを寄付した。団員はこれを「エズル」と呼んだ。

一八　野生ラクダの故郷を通って

＊1　キリスト教で、四旬節の第四日曜日をいう。

＊2　中国、陝西省の主都。渭水《いすい》盆地の中心にあり、周（鎬京）・秦（咸陽）・漢（長安）・唐（長安）など、各王朝の首都の地であった。

＊3　一八八四―一九四四、イギリスの外交官、旅行家。中央アジア、チベット旅行で知られる。一九三五年、彼はウルムチへの要務を兼ねて、中央アジア経由で帰国した。途中、綏遠からカシュガルまでは自動車で、パミールとカラコム山脈を越えてギルギットまでは馬と徒歩で、そこからデリーへは飛行機を用いた。

＊4　中国、甘粛省張掖県の東南、交通路沿いの地名。

＊5　内蒙古の中心地帰化城付近に清朝時代に建設された新市街の名。民国二年（一九一五）、両市合併して帰綏と称した。現在の中国内蒙古自治区の主都フホホト市。

＊6　北方戦争を起してロシアと戦ったスウェーデン国王。（一七一一～四〇在位）

一九　旅路の終りに

＊1　一八七六―一九四七、アメリカの地理学者、探検家。二度にわたって中央アジアを探検し、旅行記を刊行した。
＊2　バルト海にあるスウェーデン領の島。
＊3　ヘディンの第二回中央アジア探検（一八九九―一九〇二）。
＊4　敦煌からハミを経てトゥルファンに至るルートが漢王朝の公道として開かれたのでこう呼ばれる。
＊5　神への誓いにそむいたオランダ人が七つの海をさまようという伝説による。これに基づいてワグナーの作った同名の歌劇が有名である。

二〇　さまよえる湖

＊1　中国青海省の中央部から北西部にかけての地方。
＊2　パレスチナのガラリヤ湖の別名。
＊3　ヘディンの第二回中央アジア探検（一八九九―一九〇二）。
＊4　ヘディンの第三回中央アジア探検（一九〇六―〇八）。
＊5　チベット西南方、ヒマラヤ山脈の北側にある湖。
＊6　ヒンズー教の三大神の一。恐怖と恩恵の両極を兼ねる神。
＊7　インド思想で万有の根源であるブラフマンを神格化したもの。ヒンズー教の三大神の一。宇宙の創造を司る大神。漢字では「梵天」と書く。
＊8　中国の漢王朝時代（前二〇六―後八年）の歴史を叙述した官撰の史書。後漢の班固（三二―九二）が中心となって書いた。
＊9　南宋の高宗の紹興七年（一一三七）に作られた禹蹟図刻石を指す。
＊10　一一五〇年頃在世。地理学者、数学者。

＊11　クラウディウス・プトレマイオス。一三九―一六一頃在世。ギリシアの天文学者、地理学者。アレクサンドリアで天文観測を行う。地理学の著作と、『天文学大全』をあらわして天動説を唱えたことによって知られる。

＊12　天山山脈の北、ジュンガル砂漠西部にある湖。新疆ウイグル自治区にある。

＊13　マルコ・ポーロ『旅行記』の「ロプ市に関する話」のなかに、ロプ砂漠の端から端まで行くためには一年もかかると言われる、とその大きさを述べ、またこの砂漠を横断する際、精霊に名前を呼ばれてあらぬ方向へ迷いこんでしまうことがある、と述べている箇所がある。

＊14　一五六一―一六〇七、ポルトガルのイエズス会士。カセイと中国とが同一か否かを確かめる目的で、一六〇三年、アルメニア商人に変装し、イサックという召使を連れてラホールを出発。オクサス河畔からヤルカンド、コータン、カラシャール、トゥルファンを通り、粛州に到着。カセイと中国とは同一であるという結論を得たが、同地で病死した。彼の記録は失われ、わずかに残ったメモと、召使イサックが北京でマテオ・リッチ（一五五二―一六一〇、イタリアのイエズス会士）に語った旅行の記憶が、ゴエスの旅行についてのすべてである。

＊15　清の第六代皇帝（一七三五―九六在位）。祖父康熙帝、父雍正帝とともに清の全盛時代を出現した。

＊16　アウグスト・フォン・ハレルシュタイン（一七〇三―七四）。オーストリアのイエズス会士。一七三八年、中国に到着、数学に長じ、欽天監に勤めた。中国名を劉松齢と言った。

＊17　フェリス・ダ・ローシャ（一七一三―八一）。ポルトガルのイエズス会士。一七三八年、中国に到着。数学によって宮廷に仕えたが、のち皇帝の命で東トルキスタンの測地旅行、地図作製に従事した。中国名を傅作霖と言った。

＊18　ジョゼー・ド・エスピニャ（一七二二―八八）。ポルトガルのイエズス会士。ダ・ローシャと東トルキスタンの測地旅行、地図作製に従事した。中国名は高慎思と言った。

＊19　大清一統輿図という。

＊20　ギョーム・ドリル（一六七五―一七二六）フランスの地理学者、地図学者。ヨーロッパ、アジア、アフリカの地図及び地球儀を作製した。

＊21　砲兵中尉。ポルタヴァの戦でロシア軍捕虜となりジュンガルと東トルキスタンの地図を製作した。

＊22　ジャン・バプティスト・ブルギニョン・ダンヴィル（一六九七―一七八二）フランスの地理学者。科学的地理学の創始者と言われる。清の康熙帝がイエズス会士に製作させた中国地図を縮尺増訂して刊行した。

＊23　ロバート・バークレイ・ショウ（一八三九―七九）イギリス人。はじめ商用で東トルキスタンに旅行し、イギリス政府の用務をも兼ねた。これに基づいて旅行記A Visit to High Tartary, Yarkand and Kashgar. 1871を刊行した。その後、ビルマのマンダレーに弁務官として駐在した。

＊24　一七七九―一八五九。ドイツの地理学者でベルリン大学教授。フンボルトとともに近代地理学を創始した人物。

＊25　天山山脈東部のボグド連山の最高峰。海抜五四四五メートル。ウルムチの東南にある。モンゴル語でボグドは「聖なる」、オーラは「山」の意。

＊26　アドルフ・シュティーラー（一七七五―一八三六）ドイツの地図学者。主著のStielers Handatlas.1817―22はドイツ最初の最も著名な地図書として知られる。本文に「一八七五年に出た」とあるのは、本書が初版以後、増訂し版を重ねたことをあらわす。

＊27　エルンスト・ベーム（一八三〇―八四）ドイツの地理学者。

＊28　フェルディナント・フォン・リヒトホーフェン（一八三三―一九〇五）。ドイツの地理学者、地質学者。プロイセンの東アジア探検隊に参加、その後、アメリカ西部、オランダ領インド、中国、日本等の地質学調査を行う。ボン、ライプチヒ、ベルリン各大学教授を歴任。中国の地質調査を行い、十一省を踏査して大著『シナ』を刊行した。

＊29　アウグスト・ハインリッヒ・ペーターマン（一八二二―七八）ドイツの地理、地図

学者。

＊３０　アフリカ、マリ共和国の地名。古く、「サハラにおけるスーダンの港」と称され、遺跡に富む。現在、サハラ砂漠越えの自動車輸送路の重要拠点。

＊３１　後述のノルデンシェルドがヴェガ号で世界周航を終え、ストックホルムに帰港した一八八〇年四月二四日にちなんで、同月同日を「ヴェガの日」と称してたたえた。

＊３２　ニルス・アドルフ・エリク・ノルデンシェルド（一八三二―一九〇一）スウェーデンの地理学者。スピッツベルゲンを探検した。またヴェガ号に乗ってユーラシア大陸の北方航路をひらいた。日本書の収集家としても知られる。

＊３３　ガブリエル・ボンヴァロ（一八五三―一九三三）。フランスの探検家。中央アジアを三回にわたって踏査し、それぞれ旅行記を著わした。第三回のとき、アンリ・ドルレアン公爵と同行。イリ川をさかのぼり、プルジェワルスキーとほぼ同じルートをたどって天山山脈を越え、ロプ・ノールに至る。

＊３４　アンリ・ドルレアン公爵（一八六七―一九〇一）フランスの探検家。極東関係、外交、移民問題に関する著述がある。

＊３５　ミハイル・ヴァシリーヴィッチ・ピェフツォーフ（一八四三―一九〇二）ロシアの軍人、探検家。ジュンガル、モンゴル地方、東トルキスタン、チベット等を探検し、多くの資料を収集した。

＊３６　ハロルド・リトゥルデイル（一八五三―一九三〇）。

＊３７　ヘディンの第一回中央アジア探検をさす。

＊３８　中国の三国魏王朝最後の天子（二六〇―六五在位）。

＊３９　エマニュエル・エドゥアール・シャヴァンヌ（一八六五―一九一八）フランスの中国学者。コレジュ・ド・フランスの教授。「通報」の編集を主宰。司馬遷『史記』の翻訳、中国宗教史の研究等、多方面にわたるすぐれた著作を刊行した。

＊４０　三国魏の人魚豢《ぎょかん》が著わした魏王朝の歴史書。第二代明帝（二二六―二三九在位）までの事迹を記したと言われる。その後、散佚して伝わっていない。ただし、西域諸国の

記事をまとめた西戎伝は、他の諸書に引用された文をまとめて、後世、不十分ながら復現されている。

二一　最新の脈動

（なし）

『さまよえる湖』一九七五年十二月　旺文社刊

中公文庫

さまよえる湖《みずうみ》

2001年10月25日　初版発行
2021年 6 月10日　4刷発行

著　者　スヴェン・ヘディン
訳　者　鈴《すず》木《き》啓《けい》造《ぞう》
発行者　松田陽三
発行所　中央公論新社
〒100-8152　東京都千代田区大手町1-7-1
電話　販売 03-5299-1730　編集 03-5299-1890
URL http://www.chuko.co.jp/

印　刷　三晃印刷
製　本　小泉製本

Published by CHUOKORON-SHINSHA, INC.
Printed in Japan　ISBN978-4-12-203922-3 C1125

中公文庫既刊より

各書目の下段の数字はISBNコードです。978－4－12が省略してあります。

へ-5-3
シルクロード
スヴェン・ヘディン
西　義之 訳
北京からゴビ砂漠を経てハミへ。ウルムチでの幽囚を経て西安へ。最後の大旅行の全行程を「道」をテーマに綴った、西域自動車遠征隊三部作の第二部。
204187-5

カ-2-2
ガンジー自伝
マハトマ・ガンジー
蠟山芳郎 訳
真実と非暴力を信奉しつづけ、祖国インドの独立に生涯を賭したガンジー。民衆から聖人と慕われた偉大なる魂が、その激動の生涯を自ら語る。〈解説〉松岡正剛
204330-5

カ-4-1
世界最悪の旅　スコット南極探検隊
チェリー・ガラード
加納一郎 訳
南極点初到達の夢破れ極寒の大地でほぼ全滅した悲劇のスコット隊。その探検行の真実を、生存者である元隊員が綴った凄絶な記録。〈解説〉石川直樹
204143-1

カ-6-1
塩の世界史（上）　歴史を動かした小さな粒
M・カーランスキー
山本光伸 訳
人類は何千年もの間、塩を渇望し、戦い、求めてきた。古代の製塩技術、各国の保存食、戦時の貿易封鎖とともに発達した製塩業……壮大かつ詳細な塩の世界史。
205949-8

カ-6-2
塩の世界史（下）　歴史を動かした小さな粒
M・カーランスキー
山本光伸 訳
悪名高き塩税、ガンディー塩の行進、製塩業の衰退と伝統的職人芸の復活。塩からい風味にユーモアをそえておくる、米国でベストセラーとなった塩の世界史。
205950-4

キ-6-1
戦略の歴史（上）
ジョン・キーガン
遠藤利國 訳
先史時代から現代まで、人類の戦争における武器と戦術の変遷と、戦闘集団が所属する文化との相関関係を分析。異色の軍事史家による戦争の世界史。
206082-1

キ-6-2
戦略の歴史（下）
ジョン・キーガン
遠藤利國 訳
石・肉・鉄・火という文明の主要な構成要件別に「兵器と戦術」の変遷を詳述。戦争の制約・要塞・軍団・兵站などについても分析した画期的な文明と戦争論。
206083-8

ケ-6-1
13日間 キューバ危機回顧録
ロバート・ケネディ
毎日新聞社外信部訳
互いに膨大な核兵器を抱えた米ソが対立する冷戦の時代。勃発した第三次大戦の危機を食い止めた両国首脳ケネディとフルシチョフの理性と英知の物語。
205942-9

ケ-8-1
黒死病 ペストの中世史
ジョン・ケリー
野中邦子訳
ある日、人びとは「この世の終わり」が来たことを知った――十四世紀の欧州を覆い尽くした史上最悪の疫病に、あらゆる角度から迫った克明なる叙事詩。
206914-5

コ-7-1
若い読者のための世界史(上) 原始から現代まで
E・H・ゴンブリッチ
中山典夫訳
歴史は「昔、むかし」あった物語である。さあ、いまからその昔話をはじめよう――若き美術史家ゴンブリッチが、やさしく語りかける、物語としての世界史。
205635-0

コ-7-2
若い読者のための世界史(下) 原始から現代まで
E・H・ゴンブリッチ
中山典夫訳
私たちが知るのはただ、歴史の川の流れが未知の海へ向かって流れていることである――美術史家が若い世代に手渡す、いきいきと躍動する物語としての世界史。
205636-7

サ-8-1
人民の戦争・人民の軍隊 ヴェトナム人民軍の戦略・戦術
グエン・ザップ
眞保潤一郎
三宅蕗子訳
対仏インドシナ戦争勝利を決定づけたディエン・ビエン・フーの戦い。なぜベトナム人民軍は勝利できたのか。名指揮官が回顧する。〈解説〉古田元夫
206026-5

シ-8-1
エンデュアランス号漂流記
ジャクルトン
木村義昌
谷口善也訳
初の南極大陸横断を企てた英国のシャクルトンによる探検記。遭難し氷海に投げ出されて孤立無援となった探検隊を率い、全員を生還させるまでを描く。
204225-4

タ-7-1
愚行の世界史(上) トロイアからベトナムまで
B・W・タックマン
大社淑子訳
国王や政治家たちは、なぜ国民の利益と反する政策を推し進めてしまうのか。世界史上に名高い四つの事件を詳述し、失政の原因とメカニズムを探る。
205245-1

タ-7-2
愚行の世界史(下) トロイアからベトナムまで
B・W・タックマン
大社淑子訳
歴史家タックマンが俎上にのせたのは、ルネサンス期教皇庁の堕落、アメリカ合衆国独立を招いた英国議会の奢り。そして最後にベトナム戦争をとりあげる。
205246-8

各書目の下段の数字はISBNコードです。978－4－12が省略してあります。

チ-2-1
第二次大戦回顧録 抄
チャーチル
毎日新聞社 編訳
ノーベル文学賞に輝くチャーチル畢生の大著のエッセンスをこの一冊に凝縮。連合国最高首脳が自ら綴った、第二次世界大戦の真実。〈解説〉田原総一朗
203864-6

テ-3-2
ペスト
ダニエル・デフォー
平井正穂 訳
極限状況下におかれたロンドンの市民たちを描いて、カミュの『ペスト』以上に現代的でなまなましいと評される、十七世紀英国の鬼気せまる名篇の完訳。
205184-3

テ-3-3
完訳 ロビンソン・クルーソー
ダニエル・デフォー
増田義郎 訳・解説
無人島に漂着したロビンソンは、持ち前の才覚と粘り強さを武器に生活を切り開く。文化史研究の第一人者が不朽の名作を世界経済から読み解く、新訳・解説決定版。
205388-5

テ-6-1
仏の教え ビーイング・ピース ほほえみが人を生かす
ティク・ナット・ハン
棚橋一晃 訳
詩人・平和活動家として名高いヴェトナム出身の禅僧である著者が、平和に生きること、仏の教えを平易な言葉で語る。現在のこの瞬間への冒険と発見の書。
203524-9

ハ-11-1
細菌と人類 終わりなき攻防の歴史
ウィリー・ハンセン
ジャン・フレネ
渡辺格 訳
古代人の鋭い洞察から、細菌兵器の問題まで、〈見えない敵〉との闘いに身を投じた学者たちのエピソードとともに、発見と偏見の連綿たる歴史を克明にたどる。
205074-7

ハ-12-1
改訂版 ヨーロッパ史における戦争
マイケル・ハワード
奥村房夫
奥村大作 訳
中世から現代にいたるまでのヨーロッパの戦争を、社会・経済・技術の発展との相関関係においても概観した名著の増補改訂版。〈解説〉石津朋之
205318-2

ハ-13-1
新訳 メトロポリス
テア・V・ハルボウ
酒寄進一 訳
機械都市メトロポリスの崩壊は、ある女性ロボットの誕生に始まる。近代ドイツの黄金期を反映した耽美に満ちたSF世界が新訳で登場！ 詳細な訳者注・解説を収録。推薦・萩尾望都
205445-5

ハ-17-1
イエズス会の歴史（上）
W・バンガート
上智大学中世思想研究所 監修
イエズス会は近代初期に誕生したカトリックの修道会である。激動の近代史に巨大な足跡を残し、いまなお全世界で活動する。その全体像を包括的に詳述する決定版。
206643-4

ハ-17-2
イエズス会の歴史（下）
W・バンガート
上智大学中世思想研究所 監修

「教会」対「啓蒙」。一七世紀の欧州で苛烈な闘いが始まる。攻撃に晒されつつも、会は発展を遂げ、海外宣教と近代教育に専心し続けた。詳細な文献表、注、索引付。

206644-1

フ-3-1
イタリア・ルネサンスの文化（上）
ブルクハルト
柴田治三郎 訳

歴史における人間個々人の価値を確信する文化史家ブルクハルトが、人間個性を謳い上げたイタリア・ルネサンスの血なまぐさい実相を精細に描きだす。

200101-5

フ-3-2
イタリア・ルネサンスの文化（下）
ブルクハルト
柴田治三郎 訳

本書はルネサンス文化の最初の総括的な叙述であり、同時代のイタリアにおける国家・社会・芸術などの全貌を精細に描き、二十世紀文明を鋭く透察している。

200110-7

フ-10-1
ヨーロッパ諸学の危機と超越論的現象学
E・フッサール
細谷恒夫
木田元 訳

著者がその最晩年、ナチス非合理主義の嵐が吹きすさぶなか、近代ヨーロッパ文化形成の歴史全体への批判として秘かに書き継いだ現象学的哲学の総決算。

202339-0

フ-13-1
藁のハンドル
ヘンリー・フォード
竹村健一 訳

20世紀初頭、自動車産業に革命をもたらしアメリカ社会を一変させたヘンリー・フォードが、その経営思想と大衆社会への夢を情熱溢れる筆致で紡ぐ自伝。

203985-8

フ-14-1
歴史入門
F・ブローデル
金塚貞文 訳

二十世紀を代表する歴史学の大家が、その歴史観を簡潔・明瞭に語り、歴史としての資本主義を独創的に意味付ける、アナール派歴史学の比類なき入門書。

205231-4

マ-5-2
人口論
マルサス
永井義雄 訳

「人口の力＝国力」なのか。人口増こそ富める国の証しとされた一八世紀ヨーロッパで、その負の側面に切り込んだ先駆的論考。〈解説〉藤原辰史

206762-2

マ-10-1
疫病と世界史（上）
W・H・マクニール
佐々木昭夫 訳

疫病は世界の文明の興亡にどのような影響を与えてきたのか。紀元前五〇〇年から紀元一二〇〇年まで、人類の歴史を大きく動かした感染症の流行を見る。

204954-3

各書目の下段の数字はISBNコードです。978－4－12が省略してあります。

コード	タイトル	サブタイトル	著者	訳者	内容紹介	ISBN
マ-10-2	疫病と世界史（下）		W・H・マクニール	佐々木昭夫 訳	これまで歴史家が着目してこなかった「疫病」に焦点をあて、独自の史観で古代から現代までの歴史を見直す好著。紀元一二〇〇年以降の疫病と世界史。	204955-0
マ-10-3	世界史（上）		W・H・マクニール	増田義郎/佐々木昭夫 訳	世界の各地域を平等な目で眺め、相関関係を分析しながら歴史の歩みを独自の史観で描き出した、定評ある名世界史。ユーラシアの文明誕生から紀元一五〇〇年までを彩る四大文明と周辺部。	204966-6
マ-10-4	世界史（下）		W・H・マクニール	増田義郎/佐々木昭夫 訳	俯瞰的な視座から世界の文明の流れをコンパクトにまとめ、歴史のダイナミズムを描き出した名著。西欧文明の興隆と変貌から、地球規模でのコスモポリタニズムまで。	204967-3
マ-10-5	戦争の世界史（上）技術と軍隊と社会		W・H・マクニール	高橋 均 訳	軍事技術は人類社会にどのような影響を及ぼしてきたのか。大家が長年あたためてきた野心作。上巻は古代文明から仏革命と英産業革命が及ぼした影響まで。	205897-2
マ-10-6	戦争の世界史（下）技術と軍隊と社会		W・H・マクニール	高橋 均 訳	軍事技術の発達はやがて制御しきれない破壊力を生み、人類は怯えながら軍備を競う。下巻は戦争の産業化から冷戦時代、現代の難局と未来を予測する結論まで。	205898-9
マ-14-1	セレンディピティと近代医学	独創、偶然、発見の一〇〇年	M・マイヤーズ	小林 力 訳	ピロリ菌、心臓カテーテル、抗うつ剤、バイアグラ…みんな予期せぬ発見だった！〈失敗〉そして〈偶然〉。ドラマチックな医学の発見史。	206106-4
マ-16-1	クーデターの技術		クルツィオ・マラパルテ	手塚和彰/鈴木純 訳	いかに国家権力を奪取し、いかにそれを防御するかについて歴史的分析を行うとともに、引き起こす人間の人物論や心理状態の描写も豊富に含んだ古典的名著。	206751-6
ミ-1-3	フランス革命史（上）		J・ミシュレ	桑原武夫/多田道太郎/樋口謹一 訳	近代なるものの源泉となった歴史的一大変革と流血を生き抜いた「人民」を主人公とするフランス革命史の決定版。上巻は一七九二年、ヴァルミの勝利まで。	204788-4

ミ-1-4
フランス革命史（下）
J・ミシュレ
桑原武夫／多田道太郎／樋口謹一 訳
下巻は一七九二年、国民公会の招集、王政廃止、共和国宣言から一七九四年のロベスピエール派の全員死刑までの激動の経緯を描く。〈解説〉小倉孝誠
204789-1

ミ-1-6
ジャンヌ・ダルク
J・ミシュレ
森井真 田代葆 訳
〈祖国〉はひとりの少女から生まれた——。『フランス史』で知られる歴史家・ミシュレが情熱をこめて描く、救国のヒロインの受難と死。〈解説〉佐藤賢一
206785-1

モ-5-4
ローマの歴史
I・モンタネッリ
藤沢道郎 訳
古代ローマの起源から終焉までを、キケロ、カエサル、ネロら多彩な人物像が人間臭い魅力を発揮するドラマとして描き切った、無類に面白い歴史読物。
202601-8

モ-5-5
ルネサンスの歴史（上）黄金世紀のイタリア
I・モンタネッリ
R・ジェルヴァーゾ
藤沢道郎 訳
古典の復活はルネサンスの一側面にすぎない。天才たちが活躍する社会的要因に注目し、史上最も華やかな時代を彩った人間群像を活写。〈解説〉澤井繁男
206282-5

モ-5-6
ルネサンスの歴史（下）反宗教改革のイタリア
I・モンタネッリ
R・ジェルヴァーゾ
藤沢道郎 訳
政治・経済・文化に撩乱と咲き誇ったイタリアは、宗教改革と反宗教改革を分水嶺としてヨーロッパ史の主役から舞台装置へと転落する。〈解説〉澤井繁男
206283-2

レ-2-2
マヤ神話 ポポル・ヴフ
A・レシーノス 原訳
林屋永吉 訳
アメリカ大陸の創世記といわれる、マヤの神と英雄たちのダイナミックで聖なる古伝説。古代マヤ人の後裔部族が、貴重な口承文学をスペイン語で記録。
206251-1

ま-4-4
インカ帝国探検記 ある文化の滅亡の歴史
増田義郎
わずか百十数人のスペイン人に滅ぼされた太陽と黄金の帝国インカ。膨大なスペイン語資料と実地調査を元に鮮やかに再構成された帝国史。待望の復刊！
206372-3

う-15-9
文明の生態史観
梅棹忠夫
東と西、アジア対ヨーロッパという、慣習的な座標軸のなかに捉えられてきた世界史に革命的な新視点を導入した比較文明論の名著。〈解説〉谷泰
203037-4

各書目の下段の数字はISBNコードです。978－4－12が省略してあります。

お-47-3
復興亜細亜の諸問題・新亜細亜小論 大川周明
チベット、中央アジア、中東。今なお紛争の火種となっている地域を「東亜の論客」が第一次世界大戦後の〈復興〉という視点から分析、提言する。〈解説〉大塚健洋
206250-4

こ-11-5
グランドジョラス北壁 小西政継
アルプス三大北壁の中で最も困難といわれた垂壁に、日本人として初めて挑んだ六人の男たちの生への脱出となった苦闘の十一日間。〈解説〉植村直己
204017-5

さ-39-2
長谷川恒男 虚空《こくう》の登攀者《とうはんしゃ》 佐瀬稔
谷川岳からアルプス三大北壁、アコンカグアまで輝かしい足跡を印しながら、ヒマラヤの頂を前に逝ったクライマーの生を骨太に描く。〈解説〉長谷川昌美
203137-1

や-33-4
みんな山が大好きだった 山際淳司
雪煙のなかに消えていった男たちをいま一度よみがえらせ、その鮮烈な生を解剖する！ 急逝したノンフィクション作家の尖鋭的な名作。
204212-4

ね-2-3
遥かなるチベット 河口慧海の足跡を追って 根深誠
明治三十三年、単身禁断の国チベットに潜入した僧侶慧海の潜入経路を辿る、ヒマラヤ辺境紀行。第四回JTB紀行文学大賞受賞作。〈解説〉近藤信行
203331-3

ま-39-1
カルタゴ興亡史 ある国家の一生 松谷健二
ローマと三たび戦って破れ、歴史から葬り去られた悲劇の国カルタゴを、その成立から消滅まで、時代に沿って人物像を追い、叙情性豊かに描写する。
204047-2

も-33-1
馬の世界史 本村凌二
人が馬を乗りこなさなかったら、歴史はもっと緩やかに流れていただろう。馬と人間、馬と文明の関わりから「世界史」を捉え直す。JRA賞馬事文化賞受賞作。
205872-9

よ-62-1
モンゴル騎兵の現代史 チベットに舞う日本刀 楊海英
アジアに勢力を広げる日本のもとで闘った騎兵は、戦後の中国の支配下でチベット制圧に加わることとなった――。波瀾と悲劇の歴史を追う。〈解説〉安彦良和
206863-6